➤ 国家自然科学基金项目"长江经济带新型城镇化与水生态韧性的相互影响及耦合协调关系"（项目编号：72363022）

➤ 江西省社会科学基金项目"数字经济驱动中部地区水资源集约安全可持续利用研究"（项目编号：22GL56D）

➤ 江西省自然科学基金重点项目"中部地区新型城镇化与水生态韧性的耦合协调关系研究"（项目编号：20232ACB203024）

新型城镇化与水资源集约安全可持续利用

New-type Urbanization and Intensive, Safe and Sustainable Use of Water Resources

吕连菊　阚大学　姚文清　叶兴娅　李丹阳◎著

经济管理出版社

ECONOMY & MANAGEMENT PUBLISHING HOUSE

图书在版编目（CIP）数据

新型城镇化与水资源集约安全可持续利用 / 吕连菊
等著. -- 北京 ：经济管理出版社，2024. -- ISBN 978
-7-5096-9767-2

Ⅰ．F299.21；TV213.4

中国国家版本馆 CIP 数据核字第 2024L4N271 号

组稿编辑：郭　飞
责任编辑：郭　飞
责任印制：许　艳
责任校对：陈　颖

出版发行：经济管理出版社
　　　　　（北京市海淀区北蜂窝 8 号中雅大厦 A 座 11 层　100038）
网　　址：www. E-mp. com. cn
电　　话：（010）51915602
印　　刷：北京晨旭印刷厂
经　　销：新华书店
开　　本：720mm×1000mm/16
印　　张：19
字　　数：292 千字
版　　次：2024 年 11 月第 1 版　　2024 年 11 月第 1 次印刷
书　　号：ISBN 978-7-5096-9767-2
定　　价：88.00 元

前　言

　　自改革开放以来，中国城镇化取得了显著成绩。常住人口城镇化率由1978年的17.92%提升至2022年的65.22%，并以年均增速1.05%保持稳定增长，高于同期世界平均水平。然而，由于中国长期以来忽视了城镇化内涵建设，粗放式的城镇化模式尚未得到根本转变，导致城镇化出现重速轻质的发展格局，从而造成水资源供需矛盾尚未解决、水资源绿色利用效率不高、水环境污染尚需治理和水生态文明建设滞后等问题依然存在，影响了人水和谐共生。因此，如何在城镇化进程下提高水资源绿色利用效率，改善水生态环境，推进水生态文明建设，实现水资源集约、安全、可持续利用，成为政府亟待解决的问题之一。据此，本书包括三篇内容，分别以长江中游城市群、中部地区、长江经济带为研究对象，分析新型城镇化与水资源绿色利用效率（水资源集约利用）的协调性、新型城镇化与水生态环境（水资源安全利用）的耦合协调性、新型城镇化与水生态文明（水资源可持续利用）的耦合协调性。

　　第一篇以长江中游城市群为研究对象，探讨新型城镇化与水资源绿色利用效率的协调性。首先，对新型城镇化、水资源利用效率以及城镇化与水资源关系的相关文献进行梳理；并对新型城镇化、水资源绿色利用效率的概念及相关理论做出详细阐释。其次，采用熵值法测度各地区新型城镇化发展水平，采用超效率SBM模型及Malmquist指数模型对水资源绿色利用效率进行测度分析；在此基础上，采用耦合协调度模型研究两者之间的协调性，详细分析两者协调性的时空演化。再次，采用 Tobit 模型研究两者协调性的影响因素。最后，根据研究结论，针对提高长江中游城市群新型城镇化与水资源绿色利用效率的协调性提出对策建议，为实现水资源集约利用提供政策参考。

第二篇以中部地区为研究对象，分析新型城镇化与水生态环境的耦合协调。首先，构建理论框架体系深入剖析新型城镇化与水生态环境的关系，对中部地区及其六省份、2010~2020 年中部地区 80 个地级市新型城镇化和水生态环境水平进行测度。其次，借助耦合协调度模型实证分析 2010 年、2015 年、2020 年新型城镇化和水生态环境耦合协调状况，利用面板数据 Tobit 模型对其影响因素进行分析，并利用灰色预测 GM（1，1）模型进一步对 2021~2030 年中部地区及其六省份耦合协调度进行预测分析。最后，根据实证分析结果提出相关对策建议，为实现水资源安全利用提供政策借鉴。

第三篇以长江经济带为研究对象，探讨新型城镇化与水生态文明的耦合协调。首先，分析了新型城镇化对水生态文明的影响机理。然后从人口城镇化、经济城镇化、空间城镇化、社会城镇化和数字城镇化五个维度，构建新型城镇化指标体系和基于 PSR 模型构建水生态文明指标体系。利用熵值法测度新型城镇化与水生态文明，借助自然断裂法、重心迁移模型和标准差椭圆等空间分析法探讨新型城镇化与水生态文明时空演变特征；并运用长江经济带省域面板数据模型实证研究长江经济带新型城镇化对水生态文明影响；借助门槛回归模型和空间计量模型探讨新型城镇化对水生态文明的非线性效应和空间溢出效应。进一步基于江西省地级市面板数据，从人口城镇化、经济城镇化、数字城镇化和绿色城镇化四个维度，探究新型城镇化对水生态文明的影响；并利用多期 DID 模型检验新型城镇化试点政策作用于水生态文明的效果。其次，借助状态协调度函数分析了长江经济带新型城镇化与水生态文明的静态和动态协调度，并构建计量模型实证探讨了协调度的驱动因素及异质性。最后，提出促进新型城镇化与水生态文明建设相融的对策建议，为实现水资源可持续利用提供政策启示。

目　录

第一篇　新型城镇化与水资源绿色利用效率
（水资源集约利用）的协调性

第二篇 新型城镇化与水生态环境 (水资源安全利用) 的耦合协调性

第三篇　新型城镇化与水生态文明 （水资源可持续利用）的耦合协调性

第一篇　新型城镇化与水资源绿色利用效率（水资源集约利用）的协调性

1 绪论

1.1 研究背景与研究意义

1.1.1 研究背景

随着我国经济的蓬勃发展，新型城镇化建设是大势所趋，也是我国实现现代化的必由之路。但随着城镇建设步伐的不断加快，社会对各种资源要素的需求和消耗不断增加，这与有限的资源之间形成了严重的供需矛盾。水资源作为人类生存的基础性资源，在城镇化建设和经济发展过程中发挥着重要的支撑作用。若盲目追求经济增长和城镇化，忽视对水资源的集约利用和科学保护，则可能会反过来制约人们的生产生活，同时也会对经济发展和城镇化产生约束作用。因此，在新型城镇化建设过程中，集约利用和保护水资源，实现两者协调发展显得尤为重要。

长江中游城市群是一个特大型国家级城市群，由武汉城市圈、环长株潭城市群和环鄱阳湖城市群为主体组成，共涉及湖北省、湖南省、江西省中的 31 个城市。它是长江经济带的重要组成部分，也是推进中部崛起和新型城镇化的重点区域。2022 年 2 月，国务院批复《长江中游城市群发展

"十四五"实施方案》，计划于 2025 年将城镇化率提高至 67%。城镇化的持续推进，一方面可以为农村劳动力提供更多的就业机会，有助于优化就业结构，加强城乡交流，推动农村经济发展，缩小城乡差距；另一方面可以激发消费活力，扩大内需，促进经济增长。

长江中游城市群人口密集，2021 年人口总量约为 1.27 亿，土地面积 32.61 万平方千米，以全国 3.4%的土地承载着全国 9%的人口，水资源开发利用强度较高。随着城镇化的推进，人口集聚和工业发展使得用水需求持续增加，与此同时产生了大量的生活污水和工业废水，若不及时加以处理会对水环境造成严重污染。另外，部分居民节水意识薄弱，生产生活中存在严重的浪费现象，水资源利用效率较低。

长远来看，用水需求的持续增加和水污染将会严重制约长江中游城市群的城镇化进程和经济增长，而提高水资源绿色利用效率是集约利用水资源、缓解供水压力和保护水资源的有效措施。因此，在长江中游城市群大力推进新型城镇化的背景下，考虑环境因素，研究新型城镇化与水资源绿色利用效率之间的协调性，探究实现人水和谐，促进绿色发展的路径是需要重点关注的问题。

1.1.2 研究意义

1.1.2.1 理论意义

长江中游城市群新型城镇化的持续推进与有限的水资源之间存在较为尖锐的矛盾，该矛盾不仅会制约新型城镇化建设，也会对产业结构的调整优化产生消极影响，不利于国家相关政策方案的实施。基于上述背景，在搜集查阅大量相关文献的基础上，本着在推进新型城镇化建设的同时高效利用和科学保护水资源，实现两者协调发展的目的，本篇对新型城镇化和水资源绿色利用效率等相关概念进行了详细阐释，并详细分析两者之间的关系和影响机理，探究两者协调性的影响因素。通过系统的理论分析，对现有文献中相关理论进行补充，为长江中游城市群新型城镇化进程中保护水资源的制度设计提供理论基础。

1.1.2.2 现实意义

长江中游城市群是推进新型城镇化的重点区域，以其为研究对象，具有一定的代表性。本篇采用熵值法测度新型城镇化发展水平，运用超效率 SBM 模型和 Malmquist 指数科学评价该地区水资源绿色利用效率，利用耦合协调度模型研究新型城镇化与水资源绿色利用效率的协调度，分析两者协调度的时间演变特征和空间差异，探究两者之间协调性的影响因素。为促进长江中游城市群新型城镇化稳步推进，高效利用和保护水资源以及提高新型城镇化与水资源绿色利用协调性，提供具有针对性的对策建议，助力社会生态和谐发展。

1.2 国内外研究现状

在当今世界经济快速发展与科技不断进步的大背景下，城镇化已是大势所趋，各国对城镇化建设给予高度重视，学者们也对城镇化发展做了大量研究。与此同时，城镇的扩张建设持续消耗着大量要素资源，甚至对部分自然资源造成了严重破坏，水资源作为人类生存的基础性资源，在城镇化进程中遭到严重污染。因此，在城镇化建设过程中如何充分利用和保护水资源，更好地发挥水资源对城镇化建设的支持作用，已得到社会的广泛关注，并成为学者们的一个重要研究方向。目前学者们已对新型城镇化和水资源利用效率做过大量的研究，本篇在研究之前对新型城镇化和水资源利用效率的相关研究进行了梳理，并将现有针对城镇化与水资源关系的研究总结为三个方面。

1.2.1 新型城镇化研究

自 21 世纪以来，中国城镇化发展水平大幅提升，国家统计局数据显示，我国城镇化率在 2001～2020 年由 37.66%上升至 63.89%，城镇人口已突破 9

亿。王鑫等（2018）认为农村人口将继续向城市流动，预计2035年城镇化率将超过70%。但不可忽视的是，城镇化发展面临着诸多问题。余江和叶林（2018）指出我国目前户籍人口城镇化率仍然较低，城镇化各维度发展不平衡，正面临着资源匮乏、环境污染和发展质量滞后等问题。Sun等（2020）指出世界各地大城市的城镇化主要表现在城市人口快速增长，并且快于城市扩张和城市绿化增长，这一现象在低收入国家尤其明显。Liang等（2019）研究发现京津冀城市群在城镇化进程中人口集聚、工业发展、城市建设等对环境造成了严重污染。Ahmed等（2020）以七国集团为研究对象，研究发现进口、能源消耗和经济增长对环境有负面影响。Guan等（2018）认为城镇化不应只是农民向城市迁移，应该是农民可以永远留在城市，同等享受城市的政策，并指出中国传统的城镇化具有高投资、高扩张、高消费、高排放、低包容、低水平、低协调度、低质量、低可持续的"四高五低"特征。

传统粗放的发展模式已经导致了资源匮乏、环境恶化等诸多问题，近年来，国家高度重视环境保护和资源利用，倡导建设绿色、高质量的新型城镇化，为此，新型城镇化发展水平的测度已成为国内外学者研究的重点。现有文献多是基于指标体系的构建，并运用综合评价分析方法测度新型城镇化发展水平。赵永平和徐盈之（2014）基于2000~2011年我国30个省份的数据，运用熵值法对这些省份进行新型城镇化发展水平测度，研究发现，我国新型城镇化发展水平呈现逐年上升的态势，并在空间上呈现由东至西逐级递减的分布格局。王新越等（2014）在充分理解新型城镇化内涵的基础上，从人口、经济、社会、空间和生态环境等8个准则层共选取42个指标，构建了较为完善的新型城镇化指标体系。研究不仅发现新型城镇化发展水平存在空间差异性，而且还发现各地区内部新型城镇化发展水平类型具有多元化；并通过灰色关联度得出新型城镇化发展水平的高低与经济城镇化、创新与研发、社会城镇化、生活方式城镇化密不可分。王建康等（2016）、梁雯等（2018）分别从地级市和流域也均证实了新型城镇化发展水平存在东高西低的异质性。此外，前者不仅发现新型城镇化发展水平在空间分布格局上呈现相关性，而且还发现大城市的新型城镇化发展水平要明显优于中小城市。

一些学者对各地的城镇化发展质量展开了深入研究。Yu（2021）指出新型城镇化建设更加注重质量，政府对污染排放的严格管理和引进外资对改善环境和提高效率做出了重要贡献。韩冬（2022）以京津冀城市群为研究对象，采用熵值法评价城镇化质量，研究发现北京的创新与开放程度较高，但在共享发展成果方面仍亟待改善。天津作为港口城市，其对外开放对城镇化发展做出了重要贡献。近年来，河北高度重视生态环境保护，严格控制工业排放，因而其绿色指数较高。城镇化发展质量也表现在内部子系统的协调程度以及其与环境、乡村振兴等之间的协调。陈家敏和王知桂（2021）以长江经济带为研究对象，利用耦合协调模型分析城镇化6个子系统的协调程度，结果表明，东部地区领先于中部和西部地区，其新型城镇化发展水平和协调度均处于较高水平。Wang等（2019）指出广东省城镇化与能源环境效率的耦合度逐渐提升。Liao等（2020）通过耦合协调模型研究我国城镇化与环境承载力的协调状况，发现近年来整体协调性稳定增长，经济发达地区协调性较好，其他大部分地区协调性仍有待增强。蔡绍洪等（2022）指出西部地区普遍存在乡村振兴落后于新型城镇化现象，两者之间协调度具有明显的地区差异，并且深受政府支出和产业结构的影响。方典昌和王国荣（2022）认为农民工是沟通城乡的重要载体，给予农民工市民化有助于将农村富余的劳动力转移到城镇，增强城市活力，也有利于城市的技术、资本等引入乡村。另外，应该积极引导资本和城镇人才流向乡村，并加强乡村信息设施建设，推动乡村振兴。

新型城镇化发展的影响因素也一直是学者们的研究热点，众多学者在王新越等（2014）运用灰色关联度首次得出新型城镇化发展水平的影响因素后，运用各种计量模型探究新型城镇化发展水平影响因素的相关文献接踵而来，以期了解新型城镇化建设需要跨越的障碍，便于更好地推动新型城镇化发展。马国勇和王颖（2021）采用 C-D 函数分析东部、西部地区城镇化发展水平的影响因素，结果表明市场发展程度和对外开放对城镇化有正向作用。戴一鑫等（2022）认为产业集聚能够促进人才流动和技术创新，服务业集聚能够吸引劳动力，推动完善公共服务设施建设，缩小城乡差距，从而提升新型城镇化质量，此外，研究发现对外开放对新型城镇化建设有积极作用，而政府过度干预则会产生负面作用。赵永平和熊帅（2022）也认为产业集聚通常会创造更多的就业机会，并促进基础设施建设，良好的生态环境也可以增强城市吸引力，有助于吸引资本和劳动力，从而推动新型城镇化发展。杜修立和张昱昭（2022）通过与其他国家城镇化路径的比较，发现经济和政策改革对城镇化有很强的驱动作用，并预测我国城镇化率未来仍将快速增长。李长亮（2015）、熊湘辉和徐璋勇（2018）基于新型城镇化具有空间自相关性，借助空间计量模型探究了其影响因素。前者研究发现，本地区的经济发展水平、产业结构非农化、外商直接投资等影响因素有助于促进新型城镇化水平的提升，但邻近地区产业结构非农化和固定资产投资会制约本地区新型城镇化的发展。后者研究发现，市场动力较之外部动力、内源动力和政府动力，其更易推动新型城镇化建设；且该研究进一步表明，市场动力驱动新型城镇化建设的促进作用在东部地区更为显著，而政府动力驱动新型城镇化建设的提升效应在中部、西部地区较为明显。此外，由于各地区在经济规模、技术进步、资源禀赋和政策扶持等方面存在差异性，为了准确地分析新型城镇化的影响因素，以期有针对性地为推动新型城镇化建设提供理论依据与实践指南。张金瑞（2021）、马胜春等（2023）分别以中部和西部地区为研究对象进行影响因素的差异性探讨。前者通过静态面板模型实证发现，产业发展是推动新型城镇化的主要因素；后者通过空间杜宾模型研究得出，无论是直接效应还是间接效应均显示城镇居民人均可支配收入在推动新型城镇化发展中占主导地位。

近年来，新型城镇化试点政策效果的评估也成为学界关注的热点之一。为了积极推动新型城镇化建设，我国于 2014 年、2015 年和 2016 年先后三次公布入选新型城镇化试点地区名单，以期解决由于快速城镇化导致的能源耗竭，碳排增加、生态破坏等"城市病"问题。Cheng 和 Wang（2023）

选取了 2005~2020 年中国 285 个城市的面板数据，利用 DID 模型考察了新型城镇化对城市全要素能源效率的影响及其传导机制。研究发现，新型城镇化能够显著提升城市全要素能源效率，且这种提升效应在城镇化后期、非资源型城市和大城市更为显著；并通过中介效应模型进一步得出新型城镇化能通过创新效应、产业效应、结构效应和管制效应提升全要素能源效率。樊学瑞等（2022）基于能源效率视野，探究了新型城镇化试点政策能否提升城市能源利用效率。研究发现，该政策能够显著提升城市能源利用效率，且该政策可通过产业结构高级化、创新创业水平和市场化进一步提升城市能源利用效率。Yang 等（2019）选取了 2000~2021 年中国 294 个城市的面板数据，运用多时期动态双重差分模型探讨新型城镇化试点政策对碳排放的影响。结果表明，该试点政策能显著降低碳排放，且可通过影响国内研发活动、城市间技术外溢和外商直接投资技术溢出促进碳排放的减少；并进一步分析减碳效应在地理位置、城市等级和城市规模的异质性，研究发现，新型城镇化试点政策的减碳效应在西部地区、二级及以上城市和中心城市更为明显。Xiao 等（2023）从建筑碳排放视角，从规模、平均和结构三个维度探讨新型城镇化建设对城市建筑碳排放的影响。研究发现，新型城镇化建设降低了城市建筑碳排放，但从规模、平均、结构等维度来看，仍存在明显的碳排放效应。产业升级和城市绿地对城市建筑碳排放的减少有明显的积极作用，但第三产业的增加值仍有明显的碳排放效应。此外，城镇化率、人口密度和人口总数都增加了新型城镇化建设下的城市建筑碳排放。Li 等（2022）通过构建基于 2013~2018 年区县数据的多时期双重差分模型，探讨了新型城镇化建设与雾霾污染之间的关系。研究发现，新型城镇化试点政策可以明显改善雾霾污染，且这种改善效应在非资源型城市、东部地区更为明显；进一步通过政府治理能力这一调节变量发现，政府财政支出能力对新型城镇化改善雾霾污染的能力具有重要意义，即政府财政支出能力较弱的新型城镇化试点城市在治理雾霾污染方面效果较差。此外还发现，在新型城镇化试点年份内，地区官员的更替增强了新型城镇化建设对改善雾霾污染的作用。

综上所述，学者们对新型城镇化进行了大量研究，为本篇规范新型城镇化指标体系构建、减少实证结果误差和分析影响机理提供了参考。在新型城镇化发展水平测度方面，学者们基本一致得出了我国省域、各地级市、城市群和流域之间的新型城镇化发展水平存在显著异质性，且整体呈现东高西低的态势，以此检验本篇指标系统构建是否合理。新型城镇化发展水平的影响因素包括：人力资本、科技创新、技术进步和收入分配等因素以及新型城镇化建设过程中辐射效应和示范效应，这些潜在变量和空间地理位置因素也会影响其本身的发展，为此本篇在后续讨论新型城镇化的影响效应时，需要考虑将其纳入控制变量范围，以提升实证结果准确性。在新型城镇化试点政策的评估中，多数学者通过实证分析了新型城镇化试点政策对改善生态环境治理具有积极性，进而为本篇梳理影响机理等奠定了理论基础。

1.2.2　水资源利用效率研究

随着经济的蓬勃发展，人类对水资源的需求不断增长，加上部分居民节水意识薄弱，水资源浪费现象频发，提高用水效率已是势在必行，水资源利用效率近年来也成为学术界的研究热点。一些学者对各地区的水资源利用效率进行了系统评价，Huang 等（2021）指出我国农业综合用水效率不高，并且有进一步下降的趋势。陈威等（2018）研究发现武汉城市群水资源利用效率整体水平不高，部分地区水资源浪费现象较为严重，需通过技术进步来提高用水效率。何伟和王语苓（2021）研究发现黄河流域上游和中游水资源利用效率整体上逐渐上升，下游则处于下降阶段，大多城市存在用水效率低下和浪费问题。

值得注意的是，我国水资源利用效率存在显著的空间差异性，如 Qi 和 Song（2020）采用 SBM 方法研究发现长江经济带下游地区的工业水资源利用效率较高，上游和中游地区的效率则不理想，这可能与下游地区开放程度较高有关。Wang 等（2018）认为我国水资源利用效率的空间格局与经济发展的总体格局一致，经济发达地区用水效率较高。在评价方法上，DEA

模型、水足迹理论较为常用。如杨超和吴立军（2020）以我国 286 个城市为研究对象，利用 DEA 模型对水资源利用效率进行测度，研究发现我国城市用水综合效率整体上较低，大多数城市未达到 DEA 有效，综合效率、技术效率以及规模效率均具有明显的地区差异。朱斌等（2019）利用生态足迹模型分析淮河流域水资源利用情况，发现人均水资源生态足迹经历了先上升后下降的过程。此外，刘云江和邓光耀（2021）、操信春等（2020）从水足迹视角对水资源利用效率进行评价。

在水资源利用效率影响因素方面，部分学者已经进行了深入研究，如Wei（2021）等采用 SBM-DEA 方法研究长三角地区的农业用水效率，并利用空间 Tobit 模型研究其影响因素，结果表明，技术进步、水资源禀赋及经济发展水平对农业用水效率有正向影响，城镇化水平和政府支出则对其有负面影响。Ding 等（2019）采用 SE-SBM 模型研究发现长江经济带水资源利用效率整体呈现先降后升趋势，技术创新和环境规制对水资源利用效率具有显著的正向影响，工业化对其有负面影响，外商直接投资则影响不大。类似地，乔睿楠和金明姬（2022）认为规模效率和技术水平是影响水资源利用效率的主要因素。Bao 和 Chen（2017）认为城镇化水平和人均 GDP 对水资源利用效率有正向影响，并且效率值会受到相邻省份的影响。也有一些学者采用空间计量模型来研究影响因素，如郭炳南等（2022）以八大综合经济区为研究对象，研究发现，技术进步、产业结构、城镇化水平以及环境规制对不同地区的水资源利用效率的影响具有显著差异。Song 等（2022）认为我国水资源利用效率近年来有较大提升，通过空间计量模型研究发现工业发展水平、人口密度、经济发展水平、用水结构、外商投资以及政府环境政策均对效率值有显著影响。Jin 等（2019）采用 STIRPAT 模型对工业水资源利用效率进行研究，发现环境监管对效率值的影响不显著，技术创新和环境监管的互动作用对我国整体工业用水效率有积极影响，对外开放程度、教育水平、工业发展水平均对整体效率值有正向作用，但各个因素对东部、中部、西部地区的影响具有较大差异。

传统粗放的发展模式造成了严重的水污染问题，一些学者逐渐认识到测算水资源利用效率时还需要考虑到环境因素，故将非期望产出纳入研究范畴。如汪克亮等（2017）采用 EBM 模型测算长江经济带的工业水资源绿色利用效率，采用泰尔指数分析不同地区之间效率差异的形成机理，并通过 Tobit 模型分析各因素的影响机制，结果表明效率水平总体较低，经济发展和技术进步有利于提高效率，工业用水强度则对效率有负面影响。任丽霞等（2021）从社会、经济、环境三个维度选取指标，采用区间多指标评价模型测算山西省各市水资源绿色利用效率，研究表明各市效率值差异较大。

1.2.3 城镇化与水资源关系研究

现有文献对城镇化与水资源的动态关系研究主要集中于城镇化对水资源利用的影响、水资源对城镇化进程的约束以及两者间的耦合协调。

1.2.3.1 水资源对城镇化的作用

水资源作为人类社会的基础资源，既能够满足农业、工业等各行业和日常生活所需，也可以作为生态用水美化环境，从而吸引资本、物质、人力聚集，助力城镇化建设。傅春等（2021）表示城镇化发展极大地依赖水资源的开发利用程度。丛东来等（2020）利用响应度模型也发现水资源变动对城镇化发展有较大影响。刘勇等（2017）运用综合协调度模型评价水资源对新型城镇化建设的支撑力，研究发现支撑力逐年提高。Ding 等（2016）考虑到资源的有限性，认为提高水资源利用效率才能持续发挥水资源对城镇建设的促进作用。

水资源对城镇化建设具有正向促进作用，但随着产业发展和气候变化，导致可供生存和生产生活的水资源量减少，水资源与人类社会之间出现了显著的供需矛盾，且水污染问题频发，对城镇化发展产生了一定的约束作用。正如许英明（2013）指出水资源短缺和水污染已成为城镇可持续发展的瓶颈性约束。类似地，汪克亮等（2017）指出长江经济带水资源短缺、利用率低且水污染问题严重，多种问题交织对城镇可持续发展形成了巨大压力。聂春霞和秦春艳（2020）以天山北坡城市群为研究对象，通过建立胁迫模型和实证检验发现水资源对城镇化建设的胁迫作用与城镇化率有关，胁迫力总体呈现倒 V 形趋势。Su 等（2018）通过计算水生态足迹发现北京、天津等大城市易出现水生态赤字，认为应调整与水资源分配相关的产业结构，以改善区域水资源不平衡状况。Dai 等（2019）运用水生态足迹和系统动力学模型研究发现，提高用水效率虽能够缓解张家口的供水压力，但仍然无法满足经济发展过程中持续增加的水资源需求。王宾和杨琛（2019）以长江经济带为研究对象，研究发现水资源严重抑制了城市经济增长，进而影响城镇化发展。秦腾等（2018）利用水资源约束模型来测算水资源对城镇化的约束强度，结果表明即便是水资源禀赋优良的地区，由于粗放的用水模式和城镇规模扩张，用水需求增加，城镇化发展也受到水资源约束。An 等（2018）认为水资源对城镇发展的约束作用要大于土地和煤炭。赵亚莉（2016）在测算水资源约束强度基础上对约束强度进行分类，并指出约束强度与城市规模以及经济总量呈正相关。金巍（2020）认为水资源的约束效应对于经济落后地区更为明显，并强调约束强度与教育水平有关。冯浩源等（2018）研究发现水质承载力严重阻碍了张掖的城镇化发展，必须提高用水效率才可能支撑未来城镇发展的用水需求。Wu 和 Tan（2012）以山东省为案例研究，详细介绍了过去几十年山东的城镇化进程、水资源短缺和水环境变化，并讨论了城镇化和水资源利用的互动关系。结果发现，城镇化的推进不仅加剧了城市供水和需求的紧张，而且还造成水生态环境发生巨大变化，包括地下水枯竭和地下水位下降、河流和泉水干涸、海水入侵、洼地扩张和水质下降，导致不能满足日益增长的生活用水和工业用水的需要，从而约束城镇化进程的推进。Bao 和 Fang（2009）基于定性和定量的方法，构建熵技术改造的 AHP 模型来研究水资源约束下河西走廊城镇化的进程。结果表明，河西走廊的水资源对城镇化的制约强度在东部较大，在西部较小。整体来看，河西走廊的水资源约束强度由不强变为强约束，但仍可通过合理调整水资源和城镇化体系，促进该地区在城镇化进程下实现水资源的可持续利用。Fang 和 Xie（2010）在 Bao 和 Fang（2009）的基础上，通过实地调查，计算出目前各主要经济部门的可用水资源总量和用水定额，并构建了基于经济基础理论的区域预测模型，得出水资源对河西走廊城镇化进程具有显著的约束作用。此外，部分学者借助仿真模拟和预警技术分析水资源对城镇化进程的约束作用，以此预测水资源和城镇化处于哪一阈值下，从而有益于通过建立城镇化与水资源的长效良性互动机制促进两者协调发展（聂春霞和刘晏良，2012；冯浩源等，2018；曹祺文等，2019）。

1.2.3.2　城镇化对水资源的影响

城镇化建设过程中会有越来越多的人口和产业集聚到城镇中，增加城镇的供水压力，生产生活也会加快资源消耗并加剧水污染。部分学者将城镇化对水资源的影响做了梳理分析，于强等（2014）运用生态足迹理论研究发现河北省长期处于水资源短缺状态，水生态赤字与城镇化关系显著。鲍超和贺东梅（2017）通过泰尔系数、曲线分析等方法研究京津冀城市群水资源开发利用的时空变化特征，研究表明该地区水资源分布严重失衡并且有加重的趋势。王保乾和沈龙泉（2021）指出在城镇化初期经济发展对水资源的压力不断加剧，中后期压力呈递减趋势。Wang 等（2022）采用固定效应回归方法分析城镇化与用水量之间关系的影响因素，研究发现城镇化与用水量之间呈现负非线性关系，两者之间的系数值会随经济结构变动而增大，又会随人口结构变化呈现先减小后增大的趋势。曹康博和何沅晶（2020）致力于研究两者之间的作用机制，认为城镇化通过人口迁移、经济发展、产业结构调整以及技术进步等间接影响水资源利用。阚大学和吕连菊（2017）基于城镇化水平、速度和质量的视角下，运用空间纠正系统GMM 探讨了中国城镇化对水资源利用的影响。研究发现，城镇化水平和速度的加快提升了用水量，不利于提升水资源利用效率，而城镇化质量的提升有助于降低用水量，从而提升水资源利用效率；进一步通过异质性分析表明，无论是地级市以上城市、地级市城市还是县级市城市，城镇化水平和速度的提升均不利于水资源利用效率的提升，而只有地级市以上城市的城镇化质量提升才能提升水资源利用效率。为了更加全面地了解城镇化进程下各行业的用水效率情况，海霞等（2018）、Zhao 等（2017）分别探讨了京津冀城市群和黄河中下游城市群城镇化水平对行业用水效率的影响。两者研究均发现，城镇化对不同行业用水效率具有显著的差异性。前者认为，城镇化水平的提升有助于提高居民生活用水效率，但不利于提高工业和农业用水效率，并进一步通过匹配状态分析得出，该地区城镇化水平与用水效率相匹配的城市较少，匹配状态有待提升。后者认为，城镇化水平的提高有利于工业用水效率的提高，但不利于农业用水效率的提高。此外，章恒全等（2022）、秦腾等（2017）研究了多维城镇化对水资源消耗影响的动态效应。结果表明，人口和经济城镇化增加了水资源消耗，产业城镇化降低了水资源消耗。

可见，对于发展中国家而言，现有文献普遍发现城镇化进程的加快不利于水资源利用效率的提升。部分学者认为城镇化对水资源的影响与城镇发展水平有着密切联系。Merret（1997）总结了发达国家城镇化建设的经验，他认为城镇化建设对水资源的需求并非直线上升的，在城镇化发展初期比较注重发展速度，工业发展势头猛烈，用水需求巨大，环保意识薄弱，致使资源快速消耗且严重污染水环境；中后期时察觉到水资源短缺和水污染问题，开始更加注重发展质量，加上技术进步和节水意识提高，用水效率有所改善。Solley 等（1998）通过调查发现，美国在城镇化中后期就通过产业结构优化、工艺技术进步和水资源政策实施倒逼水资源的需求量下降，从而实现水资源的自由零增长。章恒全等（2022）采用 VAR 模型和固定效应回归方法研究城镇化各维度对用水量影响的空间差异，研究发现在城镇化水平较高的地区，居民收入提高，产业结构得以优化，居民消费更倾向于节水型产品，用水效率较高，而对于城镇化水平较低的地区而言，效果反之。类似地，Morote 和 Hernández（2016）认为不同的城镇类型对用水效率有不同的影响。张炜和马竞熙（2020）则采用 STIRPAT 模型分析城镇化各维度对水资源利用效率的影响，结果表明人口集聚对水资源利用效率的影响最大，但对于每个地区的影响程度有所不同，这与不同地区城镇发展水平有关。章恒全等（2020）利用诺瑟姆理论，根据城镇化率将 31 个省份分为五类，对应不同的城镇发展水平，并且采用 STIRPAT 模型研究城镇化率、富裕程度以及技术对各省份水资源利用效率的影响，实证结果表明，这些因素对处于不同城镇化阶段省份的影响有明显差异。

随着城镇发展，人们逐渐意识到水资源短缺和水污染问题的严重性，政府开始重视环保政策的施行，传统高耗污染产业逐渐向高效绿色产业转变，新型城镇化朝着绿色、高质量稳步推进。部分学者研究发现城镇化发展有利于提高水资源利用效率。如 Shao 等（2017）认为我国城镇化和工业化会使得农业用水减少，农业灌溉技术进步和管理制度的完善可以提高农业用水效率。马远（2016）认为人口集聚有利于节水习惯的养成和实现用水集约化，并且采用 IPAT 模型研究发现城镇化带来的技术进步能够帮助提高水资源利用效率。Wang（2020）利用随机效应回归模型研究发现城镇化带来的人口集聚和城市土地利用对提高水资源利用效率有促进作用。秦腾等（2016）指出二三产业所占比重逐渐增大使得用水总量减少，用水效率也因技术进步得以提高。曾惠等（2020）也认为随着城市发展，节水技术得以改进，用水总量呈现下降趋势，用水效率提高，此外，污水处理技术和严格的环保政策极大地推动了水资源重复利用，整体上水资源利用效率得以提高。刘昌明等（1998）在《中国 21 世纪水问题方略》中介绍了瑞典水资源约束零增长的经验，其主要通过实施最严格的水污染控制法和运用循环用水技术，提升水资源的重复用水率，从而促进工业用水快速下降。

根据水资源利用的现实情况，一些学者做出了大胆预测。熊鹰等（2018）利用响应关系模型研究城镇化与水资源利用之间的响应特征，研究发现长株潭城市群用水负荷不断增加，水资源重复利用率低于全国平均水平，并预测未来供水压力将持续增加。Balha 等（2020）指出在城镇化进程中，城镇面积持续扩张，严重阻碍了雨水对地下水的补给，并根据模拟结果预测未来德里的城镇化进程还会继续加快，建成区面积每增加 1 平方千米，将会减少约 30 万立方米的雨水补给地下水。类似地，Tam 和 Nga（2018）也认为城镇化会造成地下水补给量减少。

1.2.3.3 城镇化发展与水资源协调性

城镇化与水资源两者并不是独立存在的，两者间存在相互影响、相互制约的关系。为此，众多学者在城镇化与生态环境交互耦合的基础上，延伸出以耦合协调的视角来探讨城镇化与水资源的动态关系，以期实现城镇化与水资源耦合协调发展。高云福（1998）从理论上详细阐述了城镇化与水资源的关系，并将两者之间的关系划分为适应、索取、制约、协调四个阶段。一方面，水资源支撑着人类的生活和各种生产活动；另一方面，城镇发展对水资源的过度索取致使水资源匮乏，同时"三废"的大量排放招致了严重的环境问题。任志安和张世娟（2016）认为合理有效地利用水资源能够助力城镇发展，但城镇化对水质会产生负面影响。这与刘洁等（2016）采用相关性分析方法研究城镇化和水资源关系得出的结论一致。Hu（2020）认为可以通过城镇化建设来控制水污染和修复水环境，并提高水资源利用率。正如马骏和彭苏雅（2021）指出城镇化水平越高，技术创新能力越强，从而能够为提高用水效率提供技术支撑，同时也可以助力地区经济发展。冯文文等（2019）表示水生态恢复措施对于提高城镇化与水环境协调度有明显的积极作用。

在研究方法上，现有文献中学者们采用的研究方法不尽相同，其中多数学者采用耦合协调度模型进行研究。如焦士兴等（2020）基于城镇化与水资源利用指标体系的基础上，通过耦合协调度模型得出，2005～2017年河南省耦合协调度呈现上升的趋势，但仍处于极度失调和弱度协调范围内波动；空间上呈现豫中、豫北优于豫南、豫西和豫东的分布格局。钞锦龙等（2022）通过构建城镇化与水资源系统指标体系，测度两者间的耦合协调度。研究表明，样本期间内汾河流域不仅整体耦合协调度处于不断攀升的阶段，而且该流域内各地级市耦合协调度也是不断提升的。Ma等（2022）基于城镇化与水环境指标体系的构建，借助耦合协调度模型探究了南京市城镇化和水环境之间的耦合关系。结果发现，南京市城镇化与水环境之间的耦合协调程度呈现出整体上升的趋势，由1990年的0.18增长到2018年的0.95；耦合协调度也由低耦合期的严重失衡过渡到高耦合期的极度协调。Ma等（2022）采用耦合协调模型研究发现我国城镇化与水环境的协调状态呈现由低耦合向高耦合转变的趋势。李珊珊等（2018）以北京市为研究对象，采用动态耦合模型研究北京城镇化与水资源的协调发展状况，测算了两者的发展速度，结果表明北京城镇化进程持续加快，城镇化已达到较高水平，但水资源的发展演变不稳定，两系统呈现协调到失调，再到协调的发展态势，城镇化质量仍有待提高。类似地，Zhang 等（2019）利用耦合协调模型研究发现北京市水资源系统和城镇化的耦合协调状态由不平衡逐渐转变为良好协调状态。刁艺璇等（2020）采用耦合模型研究发现黄河流域中下游城镇化发展水平提升较快，上游地区城镇化与水资源利用协调度较高，下游的水资源利用水平高于上游。Han 等（2019）运用耦合协调模型研究长三角城镇化与水生态系统的协调关系，结果表明各地区协调状况逐渐改善，空间差异逐渐缩小，并且发现空间城镇化是长三角城镇化发展的主要障碍因素。陈红梅和李青（2018）认为新疆的水资源利用效率和城镇化水平都在不断提高，但前者的发展速度跟不上后者，并且整体上两者间的协调程度呈下降趋势，贫困地区两者的协调度最低。沈菊琴等（2019）则通过 TOPSIS 法改进耦合协调度模型，研究发现长江经济带各省市城镇化快速发展，水资源利用水平不断提高，但城镇化与水资源协调度存在空间差异。也有一些学者采用水足迹理论等其他方法进行研究，如李宁等（2017）运用水足迹理论发现长江中游城市群整体用水效率不断提高，但第一产业用水占比过大，用水结构不合理，利用脱钩模型分析该地区经济增长与水资源之间的关系，研究发现两者多数年份仅处于初级协调状态。Wang 等（2022）采用 Lotka－Volterra 模型研究城镇化与水资源利用效率的协同关系，并运用 MCGP 模型计算协同系数，研究发现在我国部分地区两者之间具有互利关系，但在大部分省份两者之间协调水平较低。此外，还有不少学者研究城镇化与水环境承载力、水资源安全的耦合关系。如 Qiao 等（2021）运用耦合协调模型计算城镇化与水资源承载力的耦合协调度，并利用障碍模型分析了两者耦合协调度的障碍因素。李丽丽等（2021）、郑炜（2019）则分别研究发现，随着时间的推移，城镇化与水资源承载和水资源安全的耦合协调度始终处于上升的阶段，但地区间的差异仍存在不少差距。

1.2.4 研究述评

综观国内外现有研究，学者们对城镇化、水资源利用效率以及城镇化与水资源之间关系做了大量研究，本篇从以下三个方面进行总结：

第一，在研究内容上，有的学者单纯针对城镇化或水资源利用效率展开研究，有的学者对城镇化与水资源关系进行研究。目前关于城镇化的研究多集中于城镇化发展质量评价和影响因素分析，但多数学者对城镇化发展质量进行评价时，评价指标选取不够全面。关于水资源利用效率的研究多集中于各地区用水效率时空演化和影响因素分析，但多数学者在评价水资源利用效率时没有考虑环境因素，对水资源绿色利用效率的研究偏少。在两者关系方面，有的学者侧重于研究城镇化与水资源两者间的单向影响，有的学者对两者协调性及其变化规律进行研究，但缺乏对城镇化各维度与水资源绿色利用效率关系的研究，在两者协调性的影响因素方面也有待深入研究。

第二，在研究方法上，学者们在评价城镇化发展水平时大多通过构建综合评价指标体系，采用层次分析法或熵值法赋权测算城镇化水平。在对水资源利用效率的研究上，学者们常采用 DEA、水足迹、SBM 模型等方法。在对城镇化与水资源关系的研究上，学者们常采用响应度模型、水资源约束模型、固定效应模型等方法研究两者间的单向影响，运用耦合协调度模型、相关性分析等方法研究两者协调性。

第三，在研究范围上，学者们多选择全国、单个省份或水资源短缺地区作为研究对象，对水资源利用效率或城镇化与水资源关系进行研究，但现实中水资源丰富区域常出现用水效率低下，水环境污染等问题，针对这些区域的相关研究仍有待加强。

综上所述，现有文献已为本篇奠定了良好的基础，本篇将针对已有研究中的部分不足之处加以拓展研究。在评价城镇化发展水平时，从人口、经济、空间、社会四个维度选取指标，在指标选取上更为全面。在评价水资源绿色利用效率时，加入非期望产出指标，采用超效率 SBM 模型、

Malmquist 指数进行测度分析。运用耦合协调度模型研究新型城镇化与水资源绿色利用效率的协调性，并分析两者协调性的影响因素和影响程度，对现有相关研究加以充实完善。

1.3　研究内容、研究方法与技术路线

1.3.1　研究内容

本篇以长江中游城市群为研究对象，利用 2011～2020 年的数据，在对新型城镇化发展水平和水资源绿色利用效率测算分析的基础上，对两者协调性及影响因素进行研究，并根据研究结论为提高新型城镇化与水资源绿色利用效率协调性提出具有针对性的对策建议，主要内容如下：

第 1 章绪论。首先介绍本篇的研究背景、研究意义，然后对新型城镇化、水资源利用效率以及城镇化与水资源关系的相关文献资料进行梳理，总结现有文献研究内容、研究方法等，找出其不足和尚待研究之处，之后介绍研究内容、研究方法和创新之处。

第 2 章概念界定、理论基础及机理分析。本章在对相关概念进行详细阐释和界定的基础上，进一步从理论上分析新型城镇化各维度与水资源绿色利用效率的相互作用机理，为下文研究两者协调性和影响因素奠定理论基础。

第 3 章长江中游城市群新型城镇化水平与水资源绿色利用效率测度。本章首先对长江中游城市群新型城镇化和水资源利用现状做简单介绍，然后采用熵值法对 31 个城市的新型城镇化发展水平进行测度，运用超效率 SBM 模型、Malmquist 指数对水资源绿色利用效率进行测度分析。

第 4 章长江中游城市群新型城镇化与水资源绿色利用效率协调性分析。本章采用耦合协调度模型研究长江中游城市群新型城镇化与水资源绿色利

用效率的协调性，分析两者协调性的时间演化和空间差异。

第5章长江中游城市群新型城镇化与水资源绿色利用效率协调性的影响因素分析。利用面板数据，采用 Tobit 模型，实证分析两者协调性的影响因素及影响程度。

第6章研究结论、对策建议与研究展望。就长江中游城市群新型城镇化和水资源绿色利用效率测度、两者协调性及影响因素的研究结论进行总结，并根据结论，对提高两者协调性提出对策建议，最后是研究展望。

1.3.2 研究方法

1.3.2.1 文献分析法

通过搜集整理国内外关于城镇化与水资源利用的相关文献，了解新型城镇化、水资源利用效率以及城镇化与水资源关系的研究现状，找出现有研究中存在的不足和有待进一步研究的问题，为本篇完善评价指标体系和拓展研究奠定基础。

1.3.2.2 理论与实证相结合

一方面，从理论上分析新型城镇化各维度与水资源绿色利用效率相互作用的影响机理。另一方面，运用熵值法测度新型城镇化发展水平，采用超效率 SBM 模型和 Malmquist 指数测度水资源绿色利用效率，运用耦合协调度模型研究两者协调性，采用 Tobit 模型实证分析两者协调性的影响因素。将理论分析与实证研究相结合，使本篇内容更加系统全面。

1.3.2.3 静态与动态分析相结合

从动态角度分析长江中游城市群新型城镇化、水资源绿色利用效率以及两者协调性的演变规律，从静态角度分析两者协调性的影响因素和影响程度，能够更清楚地反映长江中游城市群新型城镇化和水资源绿色利用效率的发展规律以及两者协调性的演变情况，并且能够为提出针对性对策建议提供依据。

1.3.3 技术路线

本篇的技术路线如图 1-1 所示。

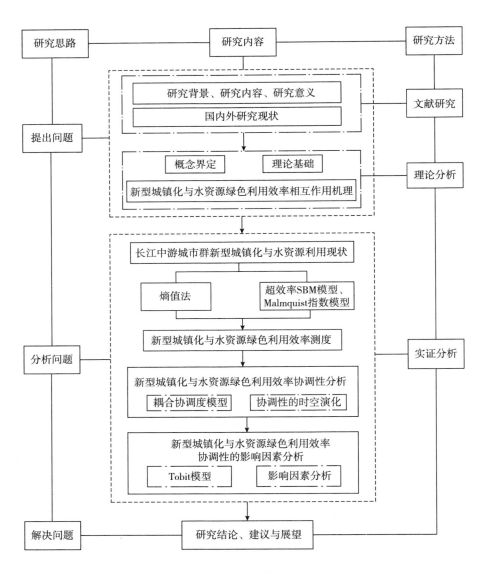

图 1-1　本篇的技术路线

1.4 创新之处

第一，现有文献多集中于研究各地区城镇化对水资源利用效率的影响，在两者协调性及其影响因素方面有待深入研究。本篇在双向分析新型城镇亿各维度与水资源绿色利用效率相互作用机理的基础上，从人口、经济、空间、社会四个维度选取指标，建立新型城镇化综合评价指标体系，在指标选取上更加全面，以综合反映长江中游城市群新型城镇化与水资源绿色利用效率协调性及其时空演化情况，并对两者协调性的影响因素进行实证分析。

第二，水资源作为自然界中的一种基础资源，与其他资源要素的结合投入并非只有经济产出，而现有文献中针对水资源利用效率的研究在产出方面大多只考虑经济效益，较少考虑环境因素，对水资源绿色利用效率的研究偏少，即现有测度难以反映水资源利用效率的真实水平。在倡导绿色发展的背景下，本篇将非期望产出纳入研究范畴，采用超效率 SBM 模型和 Malmquist 指数对长江中游城市群水资源绿色利用效率进行测度分析，更加直观地描述水资源绿色利用效率的变化特征。

第三，现有针对城镇化与水资源关系的研究多将全国、单个省市或干旱地区作为研究对象，对水资源相对充沛的地区缺乏研究，然而在这些地区水资源浪费问题往往更为严重。本篇以新型城镇化重点区域长江中游城市群为研究对象，具有一定的代表性。

2 概念界定、理论基础及机理分析

为了更加全面地构建综合评价指标体系，准确测度长江中游城市群新型城镇化和水资源绿色利用效率，并详细分析两者之间的协调性，本篇首先对新型城镇化、水资源绿色利用效率的相关概念以及城镇化与水资源利用理论做出详细阐释，并且在前人研究的基础上，根据新型城镇化与水资源绿色利用效率的内涵，从理论上双向分析两者之间的相互作用机理，为下文实证研究奠定理论基础。

2.1 概念界定

2.1.1 城镇化与新型城镇化

城镇化起源于英文 Urbanization，也可译作城市化，这一概念于 1867 年在西班牙工程师 A. Serda 所著的《城市化基本理论》中首次出现，国外学者常称为城市化，在引入国内时基于我国国情改称为城镇化，现已被国内学者普遍使用。

目前，学术界对城镇化的概念尚未形成统一的定义，不同学科基于不同的研究背景及视角对城镇化有着各自的见解和认知，其中，人口统计学认为，城镇化是大量的农村人口涌入城市并向城市人口转化的过程；经济学认为，城镇化就是乡村经济以及产业结构向城市或者非农业经济结构进行转变的过程；地理学认为，城镇化注重政治、经济、社会和文化等人为因素在地域空间上的分布情况，是城市地域逐渐扩大以及城市数量不断增加的过程；社会学认为，城镇化是人类文化教育、价值观念、生活方式等社会演化过程，是在各个方面更加社会化的过程，是个人、群体和社会之间相互依赖加强的过程；从社会结构变迁来看，城镇化是农村人口逐步转变为城镇人口以及城镇文化、生活方式和价值观念向农村扩散的过程；生态学认为，人类生态系统的形成、演化过程就是人类不断寻求最适宜生态位的过程，城镇化过程就是城市生态位更加优化于乡村生态位的过程。

可见，不同学科领域对城镇化的解释不尽相同，总体而言，城镇化是指一个国家或地区随着经济水平的提高、科学技术的进步、产业结构的调整，促使农村人口不断向城镇聚集，社会生产结构不断优化，由以农业为主的传统生产模式转向工业、服务业等非传统生产方式，从而促使该区域规模以及数量不断扩大的过程。城镇化是一个复杂的过程，涉及人口、经济、空间、社会等诸多方面。人口城镇化是从"人"的角度定义城镇化，是指农村人口逐渐向城镇迁移，或农村地区转变为城镇使得农村人口转变为城镇人口，农村人口逐渐减少，城镇人口比重逐渐上升的过程，并且在这过程中人口就业结构也会发生变化，主要表现为第一产业就业人口逐渐减少，第二产业、第三产业就业人口逐渐增多，同时，人们的价值观念、生活方式、行为习惯等都会发生变化。经济城镇化是指资源要素向城镇流动，生产结构调整，第一产业比重下降，第二产业、第三产业所占比重逐渐上升，产业结构不断调整优化，同时，地区的综合经济实力、对外开放程度、消费水平等均逐渐提升。空间城镇化是指建成区面积逐渐增加，农业农村用地转变为非农用地，城镇面积占地区总面积的比重不断提升，道路交通条件逐渐改善的过程。社会城镇化是指基础设施逐渐完善，生活便利度提高，文化、教育、医疗条件不断改善，生活质量不断提高的过程，也是人口、经济、空间城镇化的必然结果。综上所述，城镇化是农村人口转变为城镇人口，农业农村用地转变为非农用地，城镇人口和城镇面积比重不断增加的过程，其中伴随就业结构、产业结构、土地利用类型、生活条件等的转变。

新型城镇化是城镇化发展的新阶段，是对传统城镇化的扬弃，两者既有联系又有区别。在联系方面，新型城镇化仍然注重经济社会发展，需要依靠国家宏观引导。在区别方面，本篇将传统城镇化与新型城镇化的区别分为六个方面，如表2-1所示。一是侧重点不同，传统城镇化片面追求发展速度和发展规模，忽视发展质量，新型城镇化则更加关注发展质量和产业结构调整，在新型城镇化建设过程中，农业经济占比下降，取而代之的是第二产业、第三产业比重逐渐提升，产业结构实现转型优化。二是城乡关系不同，传统城镇化道路重城轻乡，优先发展城镇，新型城镇化则实行城乡统筹发展，力争实现公共服务均等化，缩小城乡差距。三是资源利用方式不同，传统城镇化采取的是粗放发展模式，资源利用率低，造成了大量的资源浪费，新型城镇化则强调资源的集约利用，发展规模经济。四是对环境的影响不同，传统城镇化时期，高耗、高污染的工业企业众多，对环境造成了恶劣影响，新型城镇化则倡导绿色发展，扶持低耗低污染的高效产业，更加重视环保。五是目标不同，传统城镇化强调"物的城镇化"，关注城镇土地规模扩张，新型城镇化则是以人为本，强调要使农村转移人口享受城市市民同等待遇，改善居民生活质量，实现共同富裕。六是在可持续性方面，传统城镇化表现为片面发展，重速度轻质量，重经济轻环境，重建设轻管理，导致了城乡分化、资源利用率低、环境恶化等诸多问题，严重制约了社会的可持续发展，新型城镇化则在追求经济增长的同时更加关注资源节约、环境保护以及生活质量，目的在于协调人、经济、社会、环境之间的关系，实现城乡一体化和经济社会可持续发展。

表 2-1 "传统城镇化"与"新型城镇化"对比

	传统城镇化	新型城镇化
侧重点	重速度、重规模	重质量、重结构

续表

	传统城镇化	新型城镇化
城乡关系	城乡分离，优先发展城镇，重城轻乡	城乡统筹，缩小城乡差距
资源利用	粗放发展，资源利用率低	集约利用，发展规模经济
对环境的影响	高耗、高污染、高碳	低耗、低污染、低碳，环保、绿色发展
目标	"物的城镇化"，土地非农化，城镇扩张	"人的城镇化"，以人为本，使农村转移人口享受城市市民同等待遇，改善居民生活质量，共同富裕
可持续性	不可持续	可持续

本篇参考吴殿廷等（2013）的研究，认为新型城镇化是以人为本的城镇化，是统筹协调发展的城镇化，更是具有中国特色社会主义的城镇化。新型城镇化不仅是城市人口数量增加和城区规模扩大，更是强调在人居环境、社会保障、生活方式等方面发生很大转变，实现城乡统筹和可持续发展，最终实现"人的全面发展"。新型城镇化的关键是提高城镇化质量，目的是实现城乡基础设施一体化和公共服务均等化，促进经济、社会等各方面发展，实现共同富裕。即新型城镇化是以人为本、以质量为核心，城乡融合发展，推动经济、社会、环境协调发展的城镇化发展模式。

2.1.2 水资源利用效率与水资源绿色利用效率

水资源是指在一定地区范围内可利用或可能被利用的所有形态水的总和，存在形式主要有大气水、地表水、地下水、土壤水等，不同形态的水在一定条件下可以相互转化，如大气降水可以通过径流的方式转换成河流、湖泊等地表水，进一步下渗可转换成地下水，地表水又可以通过蒸发的形式回归到大气中，水资源自身的物理性质决定了这种转化是没有终点的，也正是由于这一特性才使得水资源能够自然更新和修复。

在管理学中，效率是指在一定时间内，所有投入与产出的比率，与产出成正比，与投入成反比。水资源利用效率是指在一定技术条件下，水资源的投入与获得的产出之间的比率。

绿色发展是考虑资源与环境的承载力，强调资源节约和低碳减排，注重环境保护和生态治理，目的在于实现社会、生态的协调发展和可持续发展。目前，对于水资源绿色利用效率的概念，学者们的观点不尽相同，本篇参考马海良等（2017）关于绿色水资源利用效率的界定以及绿色发展理念，认为水资源绿色利用效率是指以尽可能少的水资源投入获得理想的期望产出和尽可能少的非期望产出（污染排放）的能力。其理论内涵在于考虑到对环境的影响，旨在降低水资源消耗的同时减少污染排放。

2.2　理论基础

2.2.1　城镇化理论

2.2.1.1　人口迁移

　　人口迁移是城镇化发展的一个重要特征，主要表现为农村人口向城镇迁移。国家处于不断发展的过程中，在发展初期，农业经济占主导地位，农业人口占比较大，技术水平和社会生产率较低；之后随着生产力和科学技术的发展，生产率不断提高，农村开始出现越来越多的剩余劳动力，同时，现代工业和服务业逐渐发展壮大，就业机会大大增加，加之城镇拥有更好的基础设施和生活环境，吸引越来越多的农村人口转移到城镇就业和生活，从而推动了人口城镇化的发展。

2.2.1.2　城镇化发展阶段理论

　　1979 年，美国学者诺瑟姆提出了城镇化发展的 S 型曲线（见图 2-1），认为城镇化发展在时间上的演进轨迹近似一条稍被拉平的 S 型曲线。依据诺瑟姆提出的这一理论，城镇化过程可分为以下三个阶段：

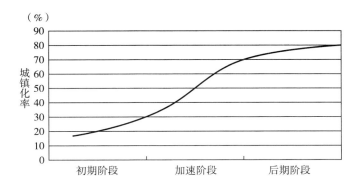

图2-1　诺瑟姆曲线

第一，城镇化发展的初期阶段，该阶段的城镇化率在30%以下，城镇化水平较低。此阶段经济发展水平和科技水平不高，生产条件有限，农业就业人数较多，农业占主导地位，此时农村迁往城镇的人口较少，城镇化发展较为缓慢。

第二，加速发展阶段，一般认为该阶段的城镇化率在30%～70%。随着经济发展和技术进步，农业生产率逐渐提高，农村出现了越来越多的剩余劳动力，城镇里良好的生活条件和众多的就业机会吸引大量农村人口向城镇转移，使得城镇数量不断增加，规模不断扩大，城镇化进程加快。同时，该阶段第二产业、第三产业快速发展，第一产业比重降低，第二产业、第三产业比重不断上升，城镇经济快速发展。

第三，成熟阶段，该阶段的城镇化率达到了70%以上，国家人口进入低自然增长阶段，城镇化速度趋缓，当前许多发达国家已处于这一阶段。

2.2.1.3　城镇化发展的负面效应："城市病"

城镇化推动了经济发展和社会进步，使得人们生活方式发生变化，生活质量不断提高，但城镇化发展到一定程度时也会出现一些负面效应，如"城市病"。"城市病"是人与人、人与资源环境产生矛盾或失衡的结果，主要表现为以下几个方面：

第一，交通问题，城镇化进程中越来越多的农村人口向城镇迁移，城市人口的快速膨胀给城市交通带来了巨大压力,很多城市出现了交通拥堵问题,影响居民出行,给人们生活带来诸多不便,这一问题在大城市尤为明显。

第二,社会治安问题,城市人口膨胀给城市建设和管理带来了巨大压力,一旦城市交通、住房、医疗等基础设施建设无法满足人口增长的需要,就会出现一系列社会问题,如就业难、住房短缺、城市人口贫富差距扩大等。此外,城市众多人口在文化背景、伦理及思想观念等方面的差异,也会间接引发社会治安问题,对城市文明和健康发展产生负面影响。

第三,资源短缺和环境恶化,国家在城镇化初期追求发展速度,粗放的经济发展模式造成了诸多环境问题,如水资源短缺、城市垃圾、水环境恶化、空气污染等,城镇规模扩张使得耕地和森林资源减少,同时在一定程度上阻碍了雨水对地下水的补给。反之,城镇化导致的资源短缺和环境问题也会制约城镇的经济发展。

2.2.2　水资源利用理论

为了准确评价水资源绿色利用效率,深入分析新型城镇化与水资源绿色利用效率协调性的影响因素,有必要对水资源利用相关理论进行详细阐释,本章主要对可持续发展理论、水资源循环经济理论、"自然—社会"二元水循环理论进行阐释。

2.2.2.1　可持续发展理论

可持续发展强调既要满足当代人的需求,又不能损害后代人的利益,要兼顾当前发展和未来发展的需要,具体包括两层含义:一是要满足当代人在衣食住行方面的基本生活需要及受教育、医疗、就业等基本权利;二是在发展经济的同时注重环境保护和生态修复,要为后代人的发展创造条件,使人类社会能够持续发展。该理论的实质是要处理好经济社会发展与资源、生态之间的关系,以实现多维发展、高效发展和协调发展。水资源的开发利用需遵循可持续发展理念,不得超过水资源自身的承载能力,应采用低耗低污染的生产模式,从源头上降低污染。

2.2.2.2 水资源循环经济理论

循环经济是以"3R"（减量化、再使用、再循环）作为生产活动准则的一种经济发展模式，其核心是资源的循环利用和高效利用。水资源循环经济是在循环经济理论的基础上提出来的，该理论强调水资源的开发利用要遵循"3R"原则，以严格的水资源管理制度为保障，通过新工艺、新技术来提高水资源利用效率，最大限度地实现水资源的循环利用，减少污染排放，重视保护水生态系统，以实现水资源的可持续利用。水资源循环经济作为新型的经济增长模式，通过在水资源利用过程中遵循循环经济理念，能够很好地达到提高用水效率，减轻供水压力和保护水资源的效果，对于应对我国目前存在的水资源短缺和水环境污染问题具有重要意义。

2.2.2.3 "自然—社会"二元水循环理论

水资源既是自然生态系统的重要组成部分，也是人类生活和经济发展的物质基础，因此，水资源兼有自然生态属性和社会经济属性。二元水循环指的是自然循环与社会循环两个系统之间的相互影响与响应关系，二元循环如图2-2所示，其中，自然循环主要通过降水、径流、蒸发、下渗等方式实现，社会循环主要包括工业、农业、生活等方面的水循环，通过取水、用水、排水等环节实现。在社会水循环中，部分水被人体、产品、动植物等消耗吸收，大部分则排放到城市管道，人类的生产生活需要从自然界取水，经过一系列循环又排放到自然环境中，因此，自然水循环与社会水循环密切联系，相互影响。随着城镇化进程和经济的快速发展，"自然—社会"二元水循环越发频繁与复杂，主要表现为以下几点：一是越来越多的土地用于城市建设，影响地下水补给；二是人工水渠与河流闸坝增多，城市建设使得地表水越来越多地受到人工调控；三是人口集聚、工业生产等加大水资源供需矛盾和水污染，大大影响了水资源的良性循环。

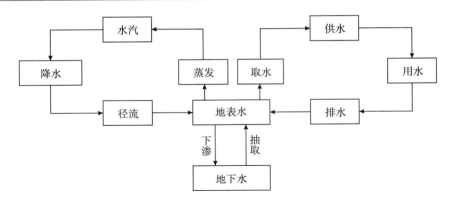

图 2-2 "自然—社会"二元水循环示意图

2.3 新型城镇化与水资源绿色利用效率相互作用的机理分析

2.3.1 新型城镇化对水资源绿色利用效率的作用机理

2.3.1.1 人口城镇化对水资源绿色利用效率的作用机理

在城镇化进程中，城镇里良好的教育资源、便利的生活条件等吸引了越来越多的农村人口转移到城镇，城镇人口比重增大，即人口城镇化，其对水资源绿色利用效率的影响主要通过人类活动实现。一方面，人口城镇化在一定时期对水资源绿色利用效率有负向作用，这一作用在城镇化加速发展阶段尤为明显，该阶段农村人口大量涌入城镇，城镇的建房、填湖等活动造成土地缩减、湖泊减少，并且人口集聚导致水资源消耗和污水排放不断增加，而此阶段的技术水平和城市管理水平仍有待提高，因此水资源绿色利用效率较低。另一方面，人口城镇化在一定时期对水资源绿色利用效率有正向作用，该作用在城镇化的成熟阶段较为明显，这一阶段城镇人口趋于稳定，城镇居民生活用水量也趋于稳定或下降，并且人们在逐渐意识到水资源短缺和水污染的困境后，通过制定严格的水资源管理制度来指导水资源的开发利用，同时科学技术的发展也为污水处理和水资源循环利用提供技术支持，从而促进提高用水效率。

2.3.1.2 经济城镇化对水资源绿色利用效率的作用机理

经济城镇化主要表现为经济实力增强，产业结构调整，其对水资源绿色利用效率的影响有利也有弊。一方面，随着城镇化进程的推进，二三产业比重上升，人们消费水平提高，各项产业在城镇集聚且快速发展，使得水资源需求不断加大，用水量快速增长。同时，工业生产排放的大量废污水严重污染了水环境，对水资源承载能力形成了巨大挑战，也对水资源绿色利用效率造成了负面影响。另一方面，随着城镇化的发展，产业集聚能够实现生产要素的集约利用，更容易形成规模经济，工业内部结构也由高耗水产业逐渐转换成以电子、机械等为代表的低耗水、高效益产业。同时，经济发展可以积累大量资本，将会有更多的资金用于技术研发和改进生产工艺，从而减少污染排放，提高用水效率。因此，城镇化的推进要关注经济发展对水资源系统的影响，将正向作用发挥到最大。

2.3.1.3 空间城镇化对水资源绿色利用效率的作用机理

空间城镇化是人口城镇化和经济城镇化的必然结果，由于越来越多的农村人口转移到城镇，逐渐超过建成区的人口容量，城镇就会不断扩大建设规模，主要表现为部分农业用地转变为工业、城镇住宅等非农用地。在农业用地转变为非农用地过程中的填河、伐木等活动会改变原有的水资源分布格局和自然景观，进而影响水分循环和局部气候，并且随着城镇建成区面积的扩张，城镇对水资源的需求量会不断加大，供水成本和污水处理成本也会提高，同时，农业用地减少，城市不透水地表面积增加，阻碍了雨水对地下水的补给，多种问题交织共同影响水资源绿色利用效率。

2.3.1.4 社会城镇化对水资源绿色利用效率的作用机理

社会城镇化是人口、经济、空间城镇化发展的产物，其对水资源绿色利用效率的影响在不同城镇化阶段有所差异。在城镇化初期和快速发展阶段，人口集聚、城镇空间扩张以及产业发展都会导致用水需求大幅增加，粗放的经济发展方式也使得生产中出现了大量的水资源浪费和水污染现象，而此阶段的城镇管理水平和节水、治污技术仍有待提高，因此，用水效率较低且水污染问题严重，整体上水资源绿色利用效率较低。在城镇化的成熟阶段，城镇人口趋于稳定，综合实力增强，产业结构得以优化，社会功能趋于完善，人口素质和受教育水平显著提高，人们的节水意识增强，并且技术水平和社会管理水平大大提高，因此，当城镇化发展到较高水平时，社会城镇化可以促进水资源的优化配置，对水资源绿色利用效率发挥正向作用。

2.3.2　水资源绿色利用效率对新型城镇化的作用机理

2.3.2.1　水资源绿色利用效率对人口城镇化的作用机理

水资源能够为人们的生活提供饮用、清洁等各项作用，也可以为生产活动提供基础的资源支持，在人类生产和生活中的作用无可替代。当水资源绿色利用效率较高时，意味着人们节水意识较强，人口素质较高，节水和污水处理技术先进，社会管理水平较高，城市优越的用水条件和生活环境会吸引人口聚集，促进人口城镇化。相反，当水资源绿色利用效率较低时，意味着城市生产用水和生活用水等投入产生的经济效益、生态效益等偏低，地方节水和污水处理技术有待改进，水资源管理制度有待完善或未充分执行，城市容易面临缺水或水污染困境，而用水短缺和水质污染不但有碍城镇人口的正常生产和生活，也会降低农村人口向城镇转移的意愿，进而影响城镇人口增长速度，抑制人口城镇化。

2.3.2.2　水资源绿色利用效率对经济城镇化的作用机理

古往今来，水资源对农业布局和农产品产量有至关重要的作用，充裕的水资源可以推动农业经济持续发展。另外，水资源和农产品作为工业生产和人们生活的基础原料对工业和服务业的发展发挥着重要的支撑作用。当水资源绿色利用效率较低时，城镇易出现供水短缺和水质污染等问题。一方面，供水短缺会影响工业生产，对各项产业造成直接或间接的经济损失，影响城镇经济规模进一步扩大，进而阻碍经济城镇化进程；另一方面，水质污染等同于间接减少了可利用水资源量，并且水环境污染破坏了水生态系统，而对水生态系统的治理和修复需要大量的时间和资金投入，对经济发展速度和城镇化进程有负面作用。相反地，当水资源绿色利用效率较高时，水资源得到有效利用并且水污染问题大大减少，水资源短缺问题得以缓解或解决，有利于工业和服务业持续发展，对城镇经济发展和经济城镇化发挥正向作用。

2.3.2.3 水资源绿色利用效率对空间城镇化的作用机理

水资源的开发利用状况会通过影响产业布局对城镇空间结构和城镇化发展产生作用。当水资源绿色利用效率较低时，城镇容易出现水资源短缺和水环境污染等问题，而水资源作为支撑城镇建设与扩张的基础资源，供水短缺和水污染问题必会对城镇建设与扩张产生约束作用。相反地，当水资源绿色利用效率较高时，人类活动对水资源的影响较小，同时，水资源的合理利用对城镇空间扩张和城市景观形成能够发挥良好的支持作用，推动空间城镇化发展。

2.3.2.4 水资源绿色利用效率对社会城镇化的作用机理

水资源是自然界和人类社会的生命之源，具有输送营养物质，调节温度和湿度以及排疏污染物等功能对城镇化发展发挥着重要作用。当水资源绿色利用效率较低时，城镇容易出现水资源短缺和水质污染等问题，进而诱发一系列环境问题，使居民用水安全受到威胁，甚至会对社会稳定造成负面影响，阻碍城镇化进程。当水资源绿色利用效率较高时，水资源得到有效利用，水资源短缺问题得到缓解或解决，水环境污染状况大大改善，工业企业和居民的用水条件以及城镇环境得以改善，人们的生活质量得以提高，对社会城镇化发挥积极作用。

综上所述，新型城镇化与水资源系统之间存在着复杂的相互作用机制，在协调新型城镇化发展与水资源开发利用之间的关系时，应充分考虑两者之间的相互作用机理，注重新型城镇化的发展质量，通过节水、技术创新、严格执行水资源管理制度等方式来提高水资源绿色利用效率，减轻城镇化发展对水资源系统的压力，通过提高水资源绿色利用效率来提升水资源对新型城镇化发展的支撑能力，以实现新型城镇化与水资源系统协调发展。

3 长江中游城市群新型城镇化水平与水资源绿色利用效率测度

3.1 长江中游城市群新型城镇化与水资源利用现状

　　长江中游城市群，又称"中三角"，规划范围涉及湖北、江西、湖南3个省份，其中包括湖北省的13个城市、江西省的10个城市以及湖南省的8个城市（下文分别简称为湖北子群、江西子群、湖南子群），土地面积32.61万平方千米，行政区划如图3-1所示。在地理位置上，长江中游城市群位于中国中部，东依浙江、福建等东部沿海省份，西靠西部内陆地区，北接河南省的信阳、南阳，安徽省的黄山、池州等市，南邻湖南省的郴州、永州，江西省的赣州等市，发挥着承接东西、贯通南北的重要作用。在气候上，其属于亚热带季风性气候，四季分明，天气多变，春夏多雨水，雨季过后天气以晴热为主，时有干旱发生。在资源上，其拥有丰富的有色金属、非金属等矿产资源，并且长江中游城市群河湖众多，主要包括长江、赣江、湘江、鄱阳湖等，黄鹤楼、滕王阁、岳阳楼、庐山等众多著名旅游景点也均位于此。在交通上，该区域公路、铁路交通网络密集，港口众多，是我国重要的交通枢纽，在国家交通运输网络中具有重要地位。在经济上，2021 年长江中游城市群 GDP 约 10.62 万亿元，其以全国 3.4% 的土地承载着全国 9% 的人口，贡献了全国 9.3% 的 GDP。此外，长江中游城市群是涵盖武汉城市圈、环长株潭城市群、环鄱阳湖城市群在内的特大型城市群，也是长江经济带和中部地区的重要组成部分，在我国经济发展和新型城镇化进程中发挥着重要作用。

图 3-1 长江中游城市群

注：该图基于国家测绘地理信息局标准地图服务网站下载的审图号为 GS（2019）1822 号的标准地图制作，底图无修改。

3.1.1 新型城镇化发展现状

长江中游城市群作为中部地区新型城镇化先行区，其城镇化进程持续推进。城镇化率是反映地区城镇化发展水平的一个重要指标，图 3-2 给出了 2011~2020 年长江中游城市群、湖北子群、湖南子群、江西子群以及全国的常住人口城镇化率趋势。整体来看，在这十年间全国、长江中游城市群及其三个子群的城镇化率均呈稳步上升态势，其中，湖南子群的城镇化率在2011~2019年均低于湖北子群和江西子群，湖北子群与江西子群的城镇化率在2017年以前较为接近，在2017年之后江西子群的城镇化率超过湖北子群并拉开差距。值得注意的是长江中游城市群的城镇化率在2011~2020年始终低于全国平均水平，因此，仍需加快推进城镇化进程。

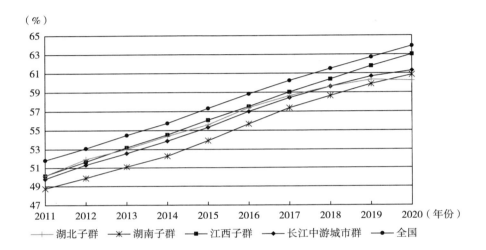

图3-2　长江中游城市群与全国城镇化率趋势

资料来源：根据国家统计局官网数据和各城市统计年鉴数据整理而得。

表3-1给出了2020年31个城市的新型城镇化发展现状。从人口来看，2020年长江中游城市群人口总量约为1.27亿，城镇人口约为0.8亿，其中，武汉和长沙城镇人口超过500万，其城镇人口占该城市群比重分别为14.51%和10.45%；南昌、衡阳、上饶和岳阳4个城市城镇人口在300万~500万，其中南昌市城镇人口约为488万，与同为省会城市的武汉和长沙相比人口差距明显；常德、荆州等19个城市城镇人口在100万~300万，城市数量约占研究区域的61%；新余、鹰潭、鄂州、仙桃、潜江、天门6个城市城镇人口在50万~100万。在城镇化率上，2020年研究区域内有11个城市的城镇化率超过全国平均水平（63.89%），其中作为省会城市的武汉、长

沙和南昌城镇化率位列前三位，分别为 84.27%、82.60% 和 78.08%。

表 3-1   2020 年长江中游城市群 31 个城市新型城镇化现状

单位：%，元，平方千米

城市	城镇化率	人均 GDP	建成区面积	建成区绿化覆盖率
武汉	84.27	131441	885	42.07
黄石	65.96	66439	85	40.42
宜昌	63.77	104807	181	41.13
襄阳	61.60	84773	206	44.27
鄂州	66.27	93986	36	43.23
荆门	60.24	70162	68	41.12
孝感	60.47	51367	57	41.25
荆州	55.52	44143	96	37.01
黄冈	47.55	35784	60	42.49
咸宁	56.74	58319	76	39.76
仙桃	59.40	72617	63	38.78
潜江	57.80	78794	58	36.23
天门	43.41	51716	47	39.99
长沙	82.60	123297	561	41.46
株洲	71.26	79599	156	42.60
湘潭	64.37	85911	90	41.91
衡阳	54.27	52550	143	42.62
岳阳	60.66	78867	116	43.32
常德	56.22	70496	107	44.51
益阳	50.43	47784	90	40.06
娄底	46.95	43913	54	41.07
南昌	78.08	92697	366	41.30
景德镇	65.02	59134	101	53.96
萍乡	67.81	53302	52	47.87
九江	61.18	70341	158	48.83
新余	73.59	83505	83	50.70
鹰潭	64.41	85263	56	44.03

续表

城市	城镇化率	人均GDP	建成区面积	建成区绿化覆盖率
吉安	52.35	48307	65	46.42
宜春	56.33	55452	88	48.55
抚州	56.96	43305	103	50.27
上饶	54.32	40391	103	48.91

资料来源：各城市历年统计年鉴及《中国城市建设统计年鉴》。

从经济来看，2020 年长江中游城市群 GDP 约为 9.39 万亿元，占我国 GDP 总量的 9.26%，在人均 GDP 上，研究区域内有 13 个城市超过全国平均水平（71828 元），其中武汉、长沙、宜昌的人均 GDP 位列前三，黄冈居末位。值得注意的是，2020 年由于新冠疫情影响，各地区经济发展受限，尤其湖北地区经济受到严重影响。

从空间来看，建成区面积能够在一定程度上反映城镇扩张情况，在 2011~2020 年的整个研究期内，长江中游城市群各市的建成区面积逐步增长，城镇面积不断扩张。从表 3-1 中可看出 31 个城市中建成区面积在 300 平方千米以上的有武汉、长沙、南昌三个省会城市，建成区面积在 100~300 平方千米的有襄阳、宜昌、九江、株洲、衡阳、岳阳、常德、上饶、抚州、景德镇 10 个城市，其他 18 个城市的建成区面积不足 100 平方千米，其中鄂州的建成区面积最小。

从社会层面来看，长江中游城市群各城市居民的生活条件逐渐提高，如 2020 年大多数城市的燃气普及率接近 100%，公共交通运营车数合计超过 5 万辆，相对 2011 年增长了大约 75%，增幅明显。同时，城镇的环境状况在一定程度上也可以反映城镇发展情况，绿化覆盖率越高在一定程度上说明城市环境愈宜居。从表 3-1 中可看出，研究区域内有 3 个城市的建成区绿化覆盖率在 50% 以上，分别为景德镇、新余、抚州，而天门、咸宁、仙桃、荆州及潜江 5 个城市的建成区绿化覆盖率在 40% 以下，其他城市均在 40%~50%。

3.1.2 水资源利用现状

2021 年长江中游城市群水资源总量约 2788 亿立方米，占全国水资源总量的 9.4%，从总量来看水资源较为丰富，但从人均水资源量来看，2021 年研究区域内有 71% 的城市处于缺水状态，其中，娄底、荆州、荆门、襄阳、黄石、衡阳、仙桃、湘潭、南昌、鄂州、潜江 11 个城市为中度缺水地区（人均水资源量低于 2000 立方米），孝感、长沙、天门 3 个城市为重度缺水地区（人均水资源量低于 1000 立方米），武汉人均水资源量不足 500 立方米，属于极度缺水地区。

图 3-3 给出了武汉、鄂州、孝感、天门的水资源总量与用水总量对比情况，从用水总量来看，这些城市在部分年份的用水总量超过当年水资源总量或勉强满足用水需求，其中，武汉作为省会城市，人口众多和工业发达可能是其用水需求较大的主要原因，鄂州和天门水污染问题较为突出，致使水质性缺水严重，孝感则在部分年份属于枯水年，水资源总量较少。各地市水资源分布不均，水资源总量年际差异明显。

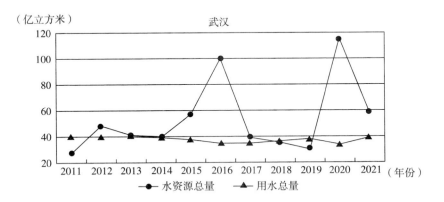

图 3-3　武汉、鄂州、孝感、天门水资源总量与用水总量

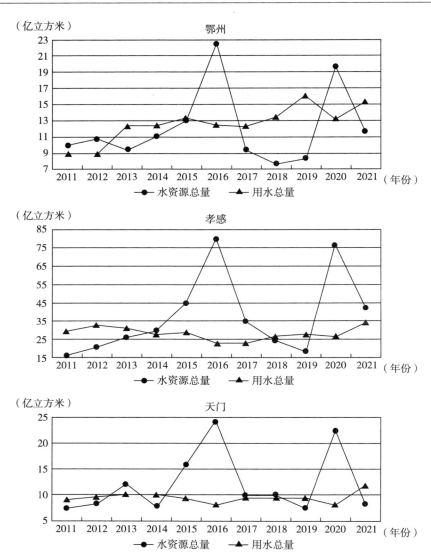

图 3-3 武汉、鄂州、孝感、天门水资源总量与用水总量（续图）

资料来源：根据各省市历年水资源公报相关数据整理得到。

从用水结构来看，图 3-4 给出了 2021 年长江中游城市群 31 个城市的用水量情况，由于各地区统计口径不同，所以湖北省 13 个城市仅将用水总量划分为农业、工业和生活用水三类，湖南省和江西省用水总量划分为五类。从图 3-4 中可发现多数城市的农业用水量占比较大，其中抚州、荆州、上饶等 24 个城市的农业用水占比超过 50%，对于工业发达的鄂州、黄石而言，则是工业用水占比较大，武汉由于人口密集其生活用水量远大于其他城市。

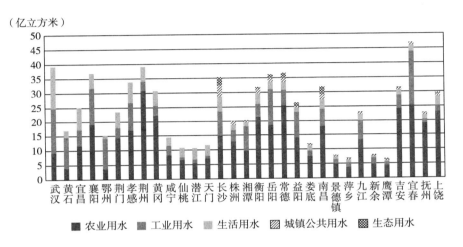

图 3-4　2021 年长江中游城市群 31 个城市用水量情况

资料来源：根据 2021 年各省市水资源公报相关数据整理得到。

从用水效率来看，图 3-5 给出了 2021 年全国及 31 个城市的万元 GDP 用水量情况，从图 3-5 中可知，仅武汉、长沙、宜昌、南昌四个城市的万元 GDP 用水量低于全国平均水平，其他 27 个城市均高于全国平均水平，用水效率较低。对照上述关于城镇化率、经济发展及用水结构的分析可以发现，经济发展水平和城镇化率较高，农业用水占比较低的城市，其万元 GDP 用水量较低，用水效率较高。

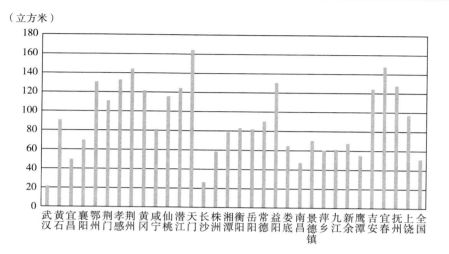

图 3-5　2021 年长江中游城市群 31 个城市与全国万元 GDP 用水量情况

资料来源：2021 年中国水资源公报和各省市水资源公报。

　　总体来看，长江中游城市群的水资源利用存在一些问题：一是该区域虽拥有较为充沛的水资源，但由于人口密集，人均水资源量并不乐观，部分城市仍处于缺水状态，水资源供需矛盾突出。二是用水结构不合理，农业用水占比较大，而农业用水的效益不及二三产业，加上居民们节水意识相对薄弱，多数城市的万元 GDP 用水量高于全国平均水平，浪费现象普遍存在，水资源利用效率较低。

3.2　长江中游城市群新型城镇化指标体系构建与评价

3.2.1　新型城镇化指标体系构建

　　新型城镇化具有较复杂的内涵，用单一指标难以全面反映其真实的发展水平，因此，本章在测度新型城镇化发展水平时，从新型城镇化的内涵出发，采用复合指标法，在选取指标时考虑综合性、代表性、可操作性原则，从人口、经济、空间、社会四个维度选取 18 个代表性指标进行测度，以全面反映各地区的新型城镇化发展水平，指标体系如表 3-2 所示。

表 3-2　新型城镇化综合评价指标体系

目标层	一级指标	准则层	二级指标
新型城镇化发展水平	人口城镇化	城乡分布	城镇化率（%）
		人口集聚	城镇人口密度（人/平方千米）
		就业结构	二三产业从业人口比重（%）
	经济城镇化	经济实力	人均 GDP（元）
		收入水平	城镇居民人均可支配收入（元）
		消费水平	人均社会消费品零售总额（元）
		产业结构	二三产业产值占 GDP 比重（%）
		对外开放	进出口总额占 GDP 比重（%）
	空间城镇化	城市规模	建成区面积占市区面积比重（%）
		土地供给	人均建成区面积（平方米）
		城市道路	人均城市道路面积（平方米）
	社会城镇化	文化教育	每万人普通高等学校在校学生数（人）
			公共图书馆人均藏书量（本）
		生活便利度	燃气普及率（%）
		社会保障	每万人社会保障和就业支出（万元）
		医疗服务	每万人医生数量（人）
		生活宜居	人均公园绿地面积（平方米）
			建成区绿化覆盖率（%）

在人口城镇化上，根据其内涵，城镇化率是城镇化进程的重要体现，因此选择常住人口城镇化率这一指标反映人口的城乡分布情况，采用城镇人口密度反映人口集聚情况，同时考虑到城镇化进程中伴随着就业结构变动，因此，选用二三产业从业人口比重反映人口就业结构。

在经济城镇化过程中必然伴随经济实力的提高以及居民收入水平和消

费水平的提高，本章分别选取人均 GDP、城镇居民人均可支配收入及人均社会消费品零售总额予以表示。同时，在经济城镇化中，还会出现产业结构调整和对外开放程度提高的情况，分别用二三产业产值占 GDP 比重和进出口总额占 GDP 比重来衡量。

在空间城镇化中，城镇面积不断扩张，城镇规模扩大，本章选用建成区面积占市区面积比重和人均建成区面积来反映城市规模和土地供给情况。同时，空间城镇化也伴随着城市道路的建设，因此，选择人均城市道路面积来衡量城市的道路建设水平。

社会城镇化是人口、经济、空间城镇化的产物，在城镇化过程中，教育和文化产业不断发展，居民生活便利度提升，社会保障事业不断发展，医疗条件改善，本章分别选取每万人普通高等学校在校学生数、公共图书馆人均藏书量、燃气普及率、每万人社会保障和就业支出、每万人医生数量予以表示。同时，新型城镇化更加重视绿色发展和居民生活环境，因此，本章选择人均公园绿地面积和建成区绿化覆盖率来衡量城镇的生活宜居程度。

3.2.2 指标赋权与数据来源

3.2.2.1 熵值赋权法

指标赋权有多种方法，常用的有层次分析法、德尔菲法等主观赋权法和熵值法、因子分析、主成分分析等客观赋权法。熵值法分配的权重是在对大量客观数据进行整理、计算的基础上得到的，所以采用熵值法能够有效避免主观因素的影响，对指标权重的分配更加客观、合理。因此，本章采用熵值法对新型城镇化各项指标赋予权重，具体步骤如下：

第一，构建原始数据矩阵。

假设有 m 个评价对象，指标体系中有 n 个指标，原始数据矩阵为：

$$A = \{a_{ij}\}_{m \times n}, \ 0 \leqslant i \leqslant m, \ 0 \leqslant j \leqslant n \tag{3-1}$$

其中，a_{ij} 表示第 i 个地区第 j 个指标的值。

第二，数据标准化。

因为各指标数据可能存在因正负不同、单位不同而无法直接比较的问题，所以需要对原始数据做标准化处理，本章采用 min-max 标准化法对原数据进行处理。

正向指标处理方法：

$$Z_{ij} = \frac{a_{ij} - \min(a_j)}{\max(a_j) - \min(a_j)} \tag{3-2}$$

负向指标处理方法：

$$Z_{ij} = \frac{\max(a_j) - a_{ij}}{\max(a_j) - \min(a_j)} \tag{3-3}$$

其中，$\max(a_j)$ 表示第 j 个指标中的最大值，$\min(a_j)$ 表示第 j 个指标中的最小值，Z_{ij} 表示 a_{ij} 标准化后的值。若标准化后部分值为零，则可以将标准化后的数据平移，即 $Z_{ij}^* = Z_{ij} + d$，本章取 $d = 0.0001$。

第三，计算第 i 个地区第 j 个指标的比重。

$$b_{ij} = Z_{ij}^* \Big/ \sum_{i=1}^{m} Z_{ij}^*, \ 0 \leqslant b_{ij} \leqslant 1 \tag{3-4}$$

第四，计算第 j 个指标的熵值。

$$e_j = -\frac{1}{\ln(m)} \sum_{i=1}^{m} b_{ij} \ln b_{ij}, \ j = 1, 2, 3, \cdots, n, \ 0 \leqslant e_j \leqslant 1 \tag{3-5}$$

第五，计算信息效用值。

$$d_j = 1 - e_j \tag{3-6}$$

第六，计算第 j 个指标的权重。

$$w_j = d_j \Big/ \sum_{j=1}^{n} d_j \tag{3-7}$$

第七，计算新型城镇化水平。

$$S = \sum_{j=1}^{n} Z_{ij}^* w_j \tag{3-8}$$

利用熵值法计算得到指标体系中各项指标的权重如表 3-3 所示。

表 3-3 新型城镇化综合评价指标体系权重

一级指标	准则层	二级指标	权重
人口城镇化	城乡分布	城镇化率（%）	0.034
	人口集聚	城镇人口密度（人/平方千米）	0.067
	就业结构	二三产业从业人口比重（%）	0.033
经济城镇化	经济实力	人均 GDP（元）	0.065
	收入水平	城镇居民人均可支配收入（元）	0.044
	消费水平	人均社会消费品零售总额（元）	0.060
	产业结构	二三产业产值占 GDP 比重（%）	0.017
	对外开放	进出口总额占 GDP 比重（%）	0.100
空间城镇化	城市规模	建成区面积占市区面积比重（%）	0.123
	土地供给	人均建成区面积（平方米/人）	0.054
	城市道路	人均城市道路面积（平方米）	0.045
社会城镇化	文化教育	每万人普通高等学校在校学生数（人）	0.148
		公共图书馆人均藏书量（本）	0.076
	生活便利度	燃气普及率（%）	0.005
	社会保障	每万人社会保障和就业支出（万元）	0.044
	医疗服务	每万人医生数量（人）	0.025
	生活宜居	人均公园绿地面积（平方米）	0.028
		建成区绿化覆盖率（%）	0.032

3.2.2.2 数据来源

新型城镇化综合评价指标体系包含四个维度共 18 个指标，由于数据的延迟更新，部分城市近年的统计年鉴尚未发布，因此样本选用 2011~2020 年长江中游城市群 31 个城市的相关数据，各指标数据来源于江西省、湖北省、湖南省历年的统计年鉴、各市历年统计年鉴、《中国城市建设统计年鉴》以及《中国城市统计年鉴》。对于个别缺失数据采用插值法进行处理。

3.2.3 长江中游城市群新型城镇化评价

采用熵值法计算得到 2011~2020 年长江中游城市群新型城镇化发展

水平的综合得分，为了更加直观地呈现各地区新型城镇化发展水平的变化趋势，绘制了长江中游城市群、湖北子群、湖南子群、江西子群以及各市城镇化水平趋势，如图3-6所示。从图3-6中可知，2011~2020年各市的新型城镇化水平整体呈上升趋势，其中武汉、长沙、南昌作为省会城市，经济发展水平较高，城市建设更加完善，具备有利的发展条件，其新型城镇化发展水平远高于同省其他城市，而天门作为县级市，经济发展水平相对落后，其新型城镇化发展水平一直处于末位。依据2020年各市新型城镇化综合得分，将长江中游城市群31个城市划分为三个梯度，第一梯度包括：长沙、武汉、南昌、黄石、湘潭、新余、景德镇，综合得分在0.4以上，新型城镇化发展综合水平较高；第二梯度包括：萍乡、鹰潭、宜昌、九江、株洲、鄂州、衡阳、黄冈、岳阳、襄阳、仙桃、抚州，综合得分在0.3~0.4；第三梯度包括：吉安、宜春、咸宁、娄底、荆州、上饶、潜江、常德、荆门、孝感、益阳、天门，综合得分在0.2~0.3。此外，部分城市的综合得分在2020年出现下滑，这可能是新冠疫情影响经济发展所致。

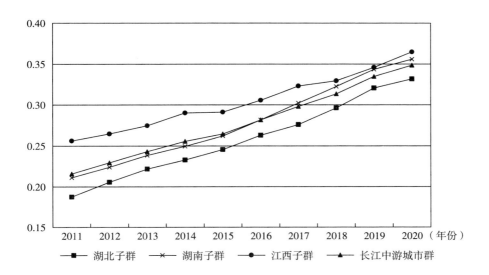

图3-6 2011~2020年长江中游城市群31个城市新型城镇化水平趋势

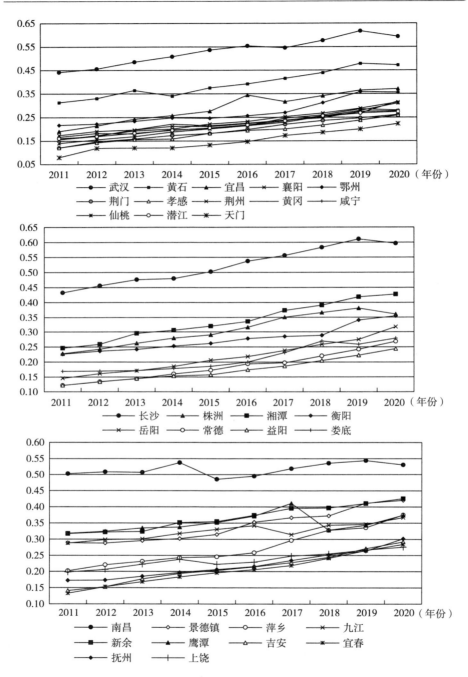

图 3-6　2011～2020 年长江中游城市群 31 个城市新型城镇化水平趋势（续图）

3.3 长江中游城市群水资源绿色利用效率测度

3.3.1 模型构建

3.3.1.1 超效率 SBM 模型

在效率测度方面，最常用的方法是数据包络分析（DEA），该方法无须构造生产函数，评价结果也不会受各要素单位差异的影响，可以很好地避免主观因素的影响。但传统的 DEA 方法没有考虑到投入和产出的松弛性问题，并且在存在非期望产出时并不适用，因此，Tone 提出了非径向、非角度的 SBM 模型，将松弛变量放到目标函数中，能够解决上述不足之处。但采用 SBM 模型测算出的结果可能出现多个效率值为 1 的情形（完全效率），此时难以对决策单元做出有效评价，因此，为解决上述问题，Tone 又提出了超效率 SBM 模型，允许效率值大于 1，从而可以对决策单元做出更有效的评价。

在运用超效率 SBM 模型测算水资源绿色利用效率时，将每个城市作为一个决策单元（DMU），假设有 n 个决策单元，每个决策单元有 m 个投入指标、s_1 个期望产出、s_2 个非期望产出指标，模型如下：

$$\rho_k = \min \frac{\dfrac{1}{m}\sum\limits_{i=1}^{m}\dfrac{\overline{x}}{x_{ik}}}{\dfrac{1}{s_1+s_2}\left(\sum\limits_{r=1}^{s_1}\dfrac{\overline{y}}{y_{rk}}+\sum\limits_{q=1}^{s_2}\dfrac{\overline{b}}{b_{qk}}\right)} \tag{3-9}$$

$$\text{s.t.} \sum_{j=1,\,j\neq k}^{n} x_{ij}\lambda_j \leqslant \overline{x},\ i=1,\ 2,\ \cdots,\ m \tag{3-10}$$

$$\sum_{j=1,\,j\neq k}^{n} y_{rj}\lambda_j \geqslant \overline{y},\ r=1,\ 2,\ \cdots,\ s_1 \tag{3-11}$$

$$\sum_{j=1,\,j\neq k}^{n} b_{qj}\lambda_j \leqslant \overline{b},\ q=1,\ 2,\ \cdots,\ s_2 \tag{3-12}$$

其中，x_{ik}、y_{rk}、b_{qk} 分别表示第 k 个 DMU 的第 i 个投入值、第 r 个期望产出值、第 q 个非期望产出值，λ_j 表示第 j 个 DMU 的权重，$\overline{x}$、$\overline{y}$、$\overline{b}$ 分别表示投入指标、期望产出指标、非期望产出指标的松弛变量，ρ_k 表示第 k 个 DMU 的水资源绿色利用效率，当 $\rho<1$ 时，说明 DMU 无效率，当 $\rho \geqslant 1$ 时，说明 DMU 有效，并且 ρ 值越大，效率水平越高。

3.3.1.2 Malmquist 指数

在利用超效率 SBM 模型对水资源绿色利用效率进行静态分析的基础上，本章运用 Malmquist 指数展开进一步分析，以进一步探究各城市水资源绿色利用效率的变化特征。公式如下：

$$M(x^{t+1}, y^{t+1}, x^t, y^t) = \frac{D^{t+1}(x^{t+1}, y^{t+1})}{D^t(x^t, y^t)} \times \sqrt{\frac{D^t(x^{t+1}, y^{t+1})}{D^{t+1}(x^{t+1}, y^{t+1})} \times \frac{D^t(x^t, y^t)}{D^{t+1}(x^t, y^t)}}$$

$$(3-13)$$

与此同时，Malmquist 指数可分解成技术变化指数与技术效率变化指数，技术效率变化指数又可分解成纯技术效率变化指数与规模效率变化指数，表达式如下：

$$effch = \frac{D^{t+1}(x^{t+1}, y^{t+1})}{D^t(x^t, y^t)} \tag{3-14}$$

$$techch = \sqrt{\frac{D^t(x^{t+1}, y^{t+1})}{D^{t+1}(x^{t+1}, y^{t+1})} \times \frac{D^t(x^t, y^t)}{D^{t+1}(x^t, y^t)}} \tag{3-15}$$

$$TFP = effch \times techch = pech \times sech \times techch \tag{3-16}$$

其中，TFP 为全要素生产率变化指数，当 TFP<1 时，全要素生产效率降低；TFP＝1 时，生产率不变；TFP>1 时，生产率提高。effch 为技术效率变化指数，当 effch<1 时，说明 DMU 对技术的利用状况不是很好；effch>1 时，说明技术效率提高。techch 为技术变化指数，techch<1 说明技术倒退，techch>1 说明技术进步。pech 为纯技术效率，pech>1 表明效率随着管理水平提高而提升；反之下降。sech 为规模效率，sech>1 表明 DMU 向最优规模接近；反之远离。

3.3.2　指标选取与数据来源

根据水资源绿色利用效率的内涵，并且考虑数据可得性，本章从水资源、资本、劳动力三方面选取投入指标，包括用水总量、全社会固定资产投资、就业人数三项指标；从经济效益和污染排放两方面选取产出指标，选取地区生产总值作为期望产出，污水排放量作为非期望产出。研究对象为长江中游城市群 31 个城市，由于数据的延迟更新，本章研究的时间范围为 2011~2020 年，各指标数据来源于江西、湖南、湖北历年统计年鉴、各市历年统计年鉴、《中国城市建设统计年鉴》及各省市历年水资源公报，对个别缺失数据采用插值法进行处理。

3.3.3　长江中游城市群水资源绿色利用效率评价

运用 MaxDEA 软件，利用超效率 SBM 模型测算 2011~2020 年长江中游城市群 31 个城市的水资源绿色利用效率值，将结果整理为图 3-7 和表 3-4。图 3-7 给出了 2011~2020 年湖北子群、湖南子群、江西子群、长江中游城市群及其 31 个城市的水资源绿色利用效率值变化情况，由图 3-7 可知，在湖北子群中，宜昌、武汉在研究期内效率值相对稳定，一直处于有效水平，黄冈在 2014 年达到有效并保持相对稳定，潜江的效率值呈现出先降后升的趋势，在 2020 年达到有效，其他城市的效率值在研究期内呈波动变化，但均未达到有效。在湖南子群中，8 个城市的效率值整体上呈下降趋势，其中常德、岳阳、长沙的效率值在研究期内分别下降 44.05%、28.87%、21.03%，下降幅度较大。在江西子群中，九江、新余、鹰潭、吉安、宜春、上饶的效率值在研究期内波动较大，其他 4 个城市效率值相对稳定，但效率均处于较低水平。整体来看，2011~2020 年湖北子群的效率值相对稳定，效率均值为 0.67，湖南子群的效率值下降幅度较大，效率均值为 0.62，江西子群的效率值呈上下波动趋势且波动幅度较大，效率均值为 0.638。

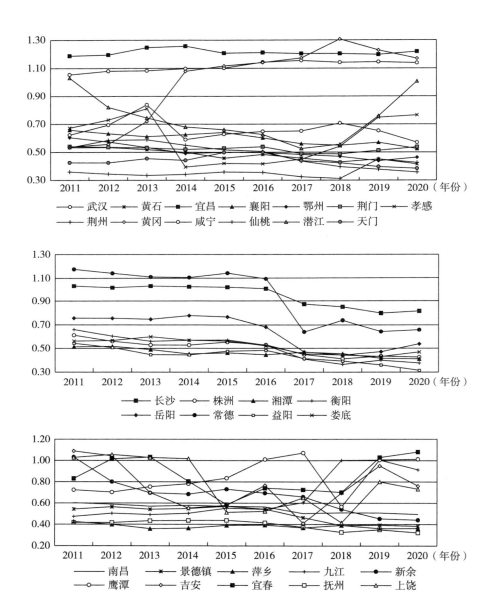

图 3-7　2011~2020 年长江中游城市群水资源绿色利用效率值变化

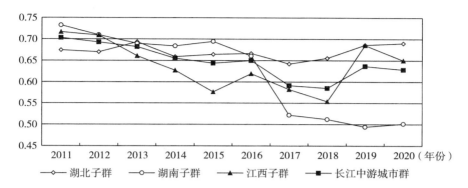

图 3-7　2011～2020 年长江中游城市群水资源绿色利用效率值变化（续图）

表 3-4 给出了 2020 年长江中游城市群水资源绿色利用效率值及其分解，从中可知，2020 年 31 个城市中仅有宜昌、黄冈、武汉、宜春、鹰潭、潜江 6 个城市的综合技术效率达到有效，水资源绿色利用效率水平较高，并且 6 个城市的纯技术效率同样达到有效，而规模效率无效，由此可见，其较高的效率水平主要得益于当地水资源管理水平。另外，其他 81% 的城市均未达到有效，其中，天门、景德镇、衡阳、萍乡、仙桃、抚州、益阳 7 个城市的水资源绿色利用效率值均低于 0.4，效率较低。整体来看，2020 年长江中游城市群的水资源绿色利用效率均值为 0.628，效率水平偏低，大部分城市的综合技术效率、纯技术效率及规模效率均未达到有效，并且多数城市的规模收益处于递增状态，效率水平的提升潜力较大，各城市可以通过加大水资源管理力度和优化水资源等生产要素投入规模来提高水资源绿色利用效率。

表 3-4　2020 年长江中游城市群水资源绿色利用效率值及其分解

城市	综合技术效率	纯技术效率	规模效率	规模收益
宜昌	1.219	1.224	0.996	递减
黄冈	1.170	1.282	0.912	递增
武汉	1.138	1.189	0.957	递减

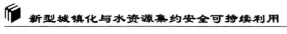

续表

城市	综合技术效率	纯技术效率	规模效率	规模收益
宜春	1.080	1.083	0.997	递减
鹰潭	1.013	1.292	0.784	递增
潜江	1.008	1.370	0.736	递增
九江	0.913	1.011	0.903	递减
长沙	0.815	1.036	0.786	递减
孝感	0.764	0.777	0.984	递增
吉安	0.761	0.765	0.995	递增
上饶	0.731	0.735	0.995	递增
常德	0.658	0.659	0.999	递增
咸宁	0.569	0.607	0.937	递增
岳阳	0.537	0.544	0.989	递增
荆门	0.537	0.584	0.919	递增
襄阳	0.524	0.555	0.945	递减
南昌	0.494	0.538	0.918	递减
娄底	0.469	0.602	0.780	递增
鄂州	0.462	0.698	0.662	递增
新余	0.441	0.681	0.647	递增
株洲	0.426	0.457	0.932	递增
荆州	0.425	0.446	0.954	递增
黄石	0.415	0.536	0.774	递增
湘潭	0.412	0.471	0.873	递增
天门	0.383	1.078	0.356	递增
景德镇	0.383	0.628	0.609	递增
衡阳	0.377	0.393	0.958	递增
萍乡	0.363	0.590	0.616	递增
仙桃	0.357	0.637	0.559	递增
抚州	0.322	0.423	0.761	递增
益阳	0.315	0.396	0.795	递增
均值	0.628	0.751	0.840	—

为了进一步了解长江中游城市群各城市水资源绿色利用效率的变化趋势，本章基于 31 个城市的面板数据，利用 Malmquist 指数测算各市的 TFP 指数及分解指数，从而对水资源绿色利用效率展开进一步分析，测算结果如表 3-5 所示。

表 3-5　长江中游城市群 31 个城市水资源 TFP 指数及分解指数

城市	技术效率变化指数	技术变化指数	纯技术效率变化指数	规模效率变化指数	全要素生产率指数
武汉	1.008	1.079	1.009	0.999	1.089
黄石	0.973	1.061	0.990	0.983	1.032
宜昌	1.003	1.077	1.003	1.000	1.080
襄阳	0.975	1.064	0.980	0.995	1.038
鄂州	0.971	1.065	0.979	0.991	1.034
荆门	0.999	1.052	0.996	1.003	1.051
孝感	1.014	1.052	0.999	1.015	1.067
荆州	1.019	1.041	1.016	1.003	1.061
黄冈	1.090	1.048	1.093	0.998	1.142
咸宁	0.990	1.064	0.972	1.018	1.053
仙桃	0.956	1.057	1.005	0.951	1.010
潜江	0.997	1.066	1.002	0.995	1.063
天门	0.988	1.047	0.991	0.997	1.035
长沙	0.974	1.084	0.995	0.979	1.056
株洲	0.960	1.062	0.966	0.994	1.020
湘潭	0.976	1.057	0.984	0.992	1.031
衡阳	0.939	1.047	0.943	0.996	0.983
岳阳	0.963	1.057	0.964	0.999	1.018
常德	0.938	0.999	0.937	1.001	0.937
益阳	0.941	1.053	0.955	0.986	0.991
娄底	0.980	1.057	0.998	0.982	1.036
南昌	0.978	1.069	0.987	0.991	1.045
景德镇	0.962	1.062	0.988	0.973	1.022

城市	技术效率变化指数	技术变化指数	纯技术效率变化指数	规模效率变化指数	全要素生产率指数
萍乡	0.983	1.070	0.994	0.988	1.051
九江	1.076	1.042	1.079	0.997	1.121
新余	0.910	1.115	0.947	0.960	1.014
鹰潭	1.038	1.048	0.991	1.047	1.088
吉安	0.961	1.077	0.953	1.008	1.035
宜春	1.030	1.057	1.027	1.003	1.088
抚州	0.971	1.054	0.983	0.988	1.024
上饶	0.963	1.078	0.962	1.001	1.038
均值	0.984	1.060	0.990	0.994	1.043

表 3-5 给出了长江中游城市群 31 个城市水资源 TFP 指数及分解指数，十年来，大部分城市的 TFP 指数大于 1，其中黄冈、九江、武汉、鹰潭、宜春、宜昌增长较快，增长率分别为 14.2%、12.1%、8.9%、8.8%、8.8% 和 8%。而衡阳、常德、益阳的 TFP 指数则小于 1，增长率分别为 −1.7%、−6.3%、−0.9%。从分解指数来看，多数城市的技术效率变化指数、纯技术效率变化指数及规模效率变化指数均小于 1，除常德以外其他城市的技术变化指数均大于 1，并且与 TFP 指数相对接近，说明 TFP 指数的增长主要得益于当地技术水平的提高。因此，各市可以通过人才引进、技术改进提高当地技术水平，同时还需加大水资源管理力度，优化水资源等生产要素投入规模，并且充分利用现有技术来提高水资源绿色利用效率。

3.4 本章小结

本章首先介绍了长江中游城市群的区域概况、新型城镇化发展现状及水资源利用现状，其次采用熵值法对新型城镇化综合评价指标体系中各项指标赋权，计算 2011~2020 年长江中游城市群各市新型城镇化综合得分，对新型城镇化发展水平进行评价，结果表明各市的新型城镇化水平整体呈上升趋势。之后采用超效率 SBM 模型和 Malmquist 指数对长江中游城市群各市的水资源绿色利用效率进行测度和评价，结果表明研究区域整体上水资源绿色利用效率偏低，水资源绿色利用效率主要受当地技术水平影响。

4 长江中游城市群新型城镇化与水资源绿色利用效率协调性分析

4.1 模型构建

耦合协调度可以反映两个或两个以上系统良性互动、协调发展的程度，本章将利用耦合协调度模型测算新型城镇化与水资源绿色利用效率两系统之间的协调程度，分析两者协调性的时间演变规律和空间差异。模型如下：

发展度（T）反映新型城镇化与水资源绿色利用效率的综合水平，公式如下：

$$T = \alpha S_1 + \beta S_2 \tag{4-1}$$

其中，S_1、S_2分别表示新型城镇化与水资源绿色利用效率综合水平值，由第3章测度得出；α、β分别表示新型城镇化与水资源绿色利用效率两系统的权重（$\alpha + \beta = 1$），本章参考章恒全等（2019）的研究，认为两者在经济和社会发展中同等重要，取$\alpha = \beta = 0.5$。

耦合度（C）衡量新型城镇化与水资源绿色利用效率两者的耦合程度，公式如下：

$$C = \sqrt{\frac{S_1 \times S_2}{\left[(S_1 + S_2)/2\right]^2}} \qquad (4-2)$$

其中，$0 \leqslant C \leqslant 1$，$C$ 的值越大，表示两者耦合度越高。

协调度（D）衡量新型城镇化与水资源绿色利用效率两者的协调程度，反映两者协调性的高低，公式如下：

$$D = \sqrt{C \times T} \qquad (4-3)$$

其中，$0 \leqslant D \leqslant 1$，$D$ 的值越大，说明两系统协调度越高，反之，协调度越低。

参考其他学者的划分标准，本章将新型城镇化与水资源绿色利用效率的协调度划分为以下类型，如表 4-1 所示。

表 4-1　耦合协调类型及划分标准

阶段	协调度（D）	耦合协调类型
失调衰退期	[0-0.1)	极度失调
	[0.1-0.2)	严重失调
	[0.2-0.3)	中度失调
	[0.3-0.4)	轻度失调
过渡转型期	[0.4-0.5)	濒临失调
	[0.5-0.6)	勉强协调
协调发展期	[0.6-0.7)	初级协调
	[0.7-0.8)	中级协调
	[0.8-0.9)	良好协调
	[0.9-1.0]	优质协调

4.2　新型城镇化与水资源绿色利用效率协调性的时间演化

根据第 3 章测算得出的长江中游城市群 31 个城市的新型城镇化综合得

分和水资源绿色利用效率值，通过耦合协调度模型计算出两系统的协调度，将计算结果整理如表 4-2、表 4-3 和图 4-1 所示。表 4-2 给出了三大子群 2011~2020 年的耦合协调状态，湖北子群的协调度整体呈缓慢上升趋势，整体上一直处于勉强协调状态，但仍有继续上升的趋势。湖南子群的协调度在 2011~2016 年整体上处于勉强协调状态并稳定发展，但在 2017 年出现较大幅度下降，之后一直处于濒临失调状态。江西子群的协调度在十年间波动变化，但整体上一直处于勉强协调状态。表 4-3 给出了 2020 年 31 个城市的耦合协调状态，由表 4-3 可知，2020 年长江中游城市群中仅 9 个城市处于协调发展期，5 个城市处于失调衰退期，其他 17 个城市均处于过渡转型期，长江中游城市群新型城镇化与水资源绿色利用效率的协调性仍亟待改善。

表 4-2　2011~2020 年三大子群耦合协调状态

年份	湖北子群	耦合协调状态	湖南子群	耦合协调状态	江西子群	耦合协调状态
2011	0.489	濒临失调	0.529	勉强协调	0.540	勉强协调
2012	0.501	勉强协调	0.529	勉强协调	0.542	勉强协调
2013	0.516	勉强协调	0.528	勉强协调	0.532	勉强协调
2014	0.505	勉强协调	0.531	勉强协调	0.531	勉强协调
2015	0.516	勉强协调	0.543	勉强协调	0.520	勉强协调
2016	0.526	勉强协调	0.540	勉强协调	0.539	勉强协调
2017	0.515	勉强协调	0.490	濒临失调	0.521	勉强协调
2018	0.522	勉强协调	0.484	濒临失调	0.503	勉强协调
2019	0.557	勉强协调	0.485	濒临失调	0.556	勉强协调
2020	0.558	勉强协调	0.483	濒临失调	0.545	勉强协调

表 4-3　2020 年长江中游城市群 31 个城市耦合协调状态

子群	城市	协调度	耦合协调类型	阶段
湖北子群	武汉	0.841	良好协调	协调发展期
	黄石	0.481	濒临失调	过渡转型期

续表

子群	城市	协调度	耦合协调类型	阶段
湖北子群	宜昌	0.765	中级协调	协调发展期
	襄阳	0.515	勉强协调	过渡转型期
	鄂州	0.490	濒临失调	过渡转型期
	荆门	0.499	濒临失调	过渡转型期
	孝感	0.589	勉强协调	过渡转型期
	荆州	0.431	濒临失调	过渡转型期
	黄冈	0.726	中级协调	协调发展期
	咸宁	0.524	勉强协调	过渡转型期
	仙桃	0.362	轻度失调	失调衰退期
	潜江	0.664	初级协调	协调发展期
	天门	0.368	轻度失调	失调衰退期
湖南子群	长沙	0.745	中级协调	协调发展期
	株洲	0.461	濒临失调	过渡转型期
	湘潭	0.466	濒临失调	过渡转型期
	衡阳	0.404	濒临失调	过渡转型期
	岳阳	0.524	勉强协调	过渡转型期
	常德	0.557	勉强协调	过渡转型期
	益阳	0.239	中度失调	失调衰退期
	娄底	0.465	濒临失调	过渡转型期
江西子群	南昌	0.566	勉强协调	过渡转型期
	景德镇	0.430	濒临失调	过渡转型期
	萍乡	0.390	轻度失调	失调衰退期
	九江	0.689	初级协调	协调发展期
	新余	0.494	濒临失调	过渡转型期
	鹰潭	0.719	中级协调	协调发展期
	吉安	0.606	初级协调	协调发展期
	宜春	0.687	初级协调	协调发展期
	抚州	0.280	中度失调	失调衰退期
	上饶	0.588	勉强协调	过渡转型期

图4-1给出了长江中游城市群各城市新型城镇化与水资源绿色利用效率协调度的变化趋势，整体来看，长江中游城市群两系统的协调度仅在2017年有所下降，整体上呈缓慢上升趋势，但一直处于勉强协调状态。从局部来看，武汉、长沙的协调度在2011~2020年平稳变化，一直处于中级协调以上。武汉和长沙不仅是省会城市，也是武汉城市圈和环长株潭城市群的中心，具备高质量的营商环境和资源基础，经济发达，城市建设较为完善，并且会聚了大量优秀人才，生产技术较先进，能够更好地激发城市发展活力，提高水资源等生产要素的利用效率，实现了新型城镇化与水资源绿色利用效率的协调发展。宜昌在2014年之后保持中级协调状态，并且协调度呈缓慢上升趋势。黄冈的协调度在2014年大幅提升，之后缓慢增长，由2011年的濒临失调转变为2020年的中级协调，协调度相对于2011年增长65%；九江的协调度在2018年大幅增长，由2011年的濒临失调转变为2020年的初级协调，协调度增长46%，两市协调度的大幅改善主要得益于其城镇化水平和水资源绿色利用效率的大幅提高，说明其实现了新型城镇化发展与提高用水效率兼顾。衡阳的协调度在2011~2016年平稳变化，但在2017~2018年大幅下跌，由2011年的勉强协调转变为2020年的濒临失调，主要原因是虽然衡阳在十年间城镇化水平有所提升，但其用水效率却大幅下降，说明其在发展的同时没有很好地兼顾水资源的绿色高效利用。此外，荆州、天门、荆门、仙桃、鄂州、湘潭、益阳、娄底、萍乡、抚州10个城市的耦合协调度一直处于失调或濒临失调状态，其中益阳、抚州的协调度整体呈下降趋势，并且在2020年转变为中度失调，这可能是两城市城镇化水平和水资源绿色利用效率较低，并且用水效率降低所致。其他地区的耦合协调度在十年间波动变化，城镇化水平和水资源绿色利用效率均有待提高。整体来看，样本期间，长江中游城市群实现新型城镇化与水资源绿色利用效率协调发展的城市偏少，各地区需注重发展质量，在资源节约和环境保护方面下功夫。

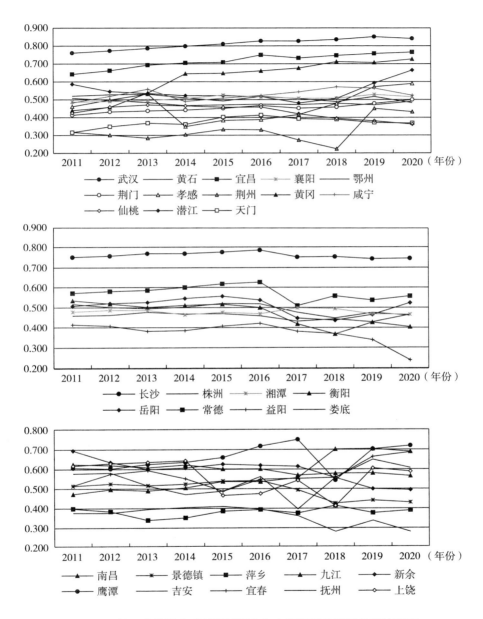

图 4-1　长江中游城市群新型城镇化与水资源绿色利用效率协调度

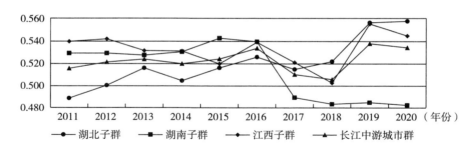

图 4-1 长江中游城市群新型城镇化与水资源绿色利用效率协调度（续图）

4.3 新型城镇化与水资源绿色利用效率协调性的空间差异

根据前文协调度的计算结果，以 2011 年、2014 年、2017 年、2020 年为代表，利用 ArcGIS 软件绘制四个年份长江中游城市群新型城镇化与水资源绿色利用效率协调度空间分布图，并将协调度分为七个等级，分别用颜色深浅表示，颜色越深协调度越高，颜色越浅协调度越低，如图 4-2 所示。

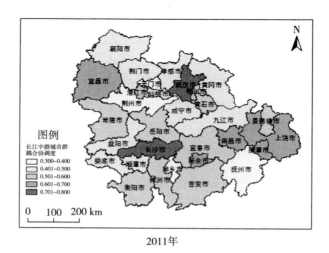

2011年

图 4-2 长江中游城市群协调度空间分布情况

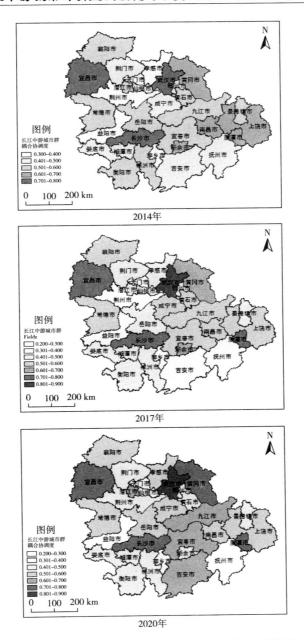

图 4-2 长江中游城市群协调度空间分布情况（续图）

注：该图基于国家测绘地理信息局标准地图服务网站下载的审图号为 GS（2019）1822 号的标准地图制作，底图无修改。

从图 4-2 协调度的空间分布可看出，长江中游城市群两系统的协调度整体呈上升趋势。湖北子群中各城市的协调度差异较大，其中，武汉和宜昌一直处于领先地位，武汉作为核心城市，经济发达，优秀人才云集，技术先进，新型城镇化质量和水资源绿色利用效率均处于较高水平，宜昌的城镇化水平虽不及武汉，但其用水效率在十年间均达到有效，且在 31 个城市中处于领先地位。黄冈是湖北子群中协调度进步最快的城市，从 2011 年的濒临失调发展到 2020 年的中级协调，其进步主要得益于当地严格的水资源管理制度及其有效实施。该子群其他城市的协调度变化幅度不大，除潜江在 2020 年达到初级协调以外，其他均处于勉强协调以下，并且天门、荆州、仙桃、鄂州的协调度一直处于较低水平，急需完善相关政策以提高水资源绿色利用效率和城镇发展质量。

湖南子群的协调度整体呈下降趋势，其中长沙一直处于中级协调状态，但并未呈现提高趋势，其城镇化水平较高，但水资源绿色利用效率在近几年出现下滑，协调发展遇到瓶颈。常德、岳阳两个城市的协调度大致稳定在勉强协调状态，娄底、湘潭两个城市十年间一直处于濒临失调状态。益阳、株洲、衡阳 3 个城市的协调度呈下降态势，该变化主要是由用水效率下降所致，因此在城镇化发展的同时，资源节约和水环境保护也尤为重要。

江西子群各城市协调度变化差异明显，九江、宜春、鹰潭协调度整体呈上升趋势，近几年来 3 个城市在推进经济发展的同时也更加关注水资源节约和水环境保护，因此两系统协调度明显改善。样本期间，吉安的协调度波动幅度较大，新余、景德镇及上饶、南昌协调度下降，2020 年分别处于濒临失调和勉强协调状态，其中南昌、新余、景德镇两系统协调度偏低主要是由当地水资源绿色利用效率落后于城镇化发展所致，上饶城镇化水平虽有所提升，但相对于其他地区仍处于较低水平，并且其用水效率整体呈下降趋势，因此其协调度偏低是两系统发展水平综合作用的结果。萍乡、抚州的协调度一直处于较低水平，2020 年分别处于轻度失调、中度失调状态，两个城市在水资源节约与保护方面亟须加大管理力度，向协调度高的城市看齐。

本章选取 2020 年数据进一步展开分析，图 4-3 分别给出了 2020 年长江中游城市群新型城镇化水平与水资源绿色利用效率的空间分布图。由图 4-3 可知，两者的空间格局存在一定差异。仅武汉处于双高水平，宜昌、黄冈、鹰潭、九江、宜春、吉安、潜江、孝感、常德、咸宁、荆门、上饶等城市的新型城镇化发展滞后于水资源绿色利用效率的提升，长沙、南昌、黄石、

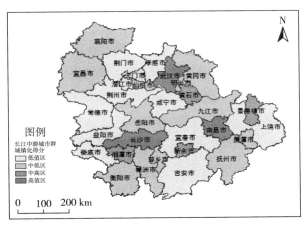

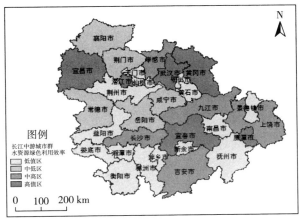

图 4-3   2020 年长江中游城市群新型城镇化与水资源绿色利用效率空间分布情况

注：该图基于国家测绘地理信息局标准地图服务网站下载的审图号为 GS（2019）1822 号的标准地图制作，底图无修改。

鄂州、湘潭、新余、衡阳、株洲、景德镇、仙桃、萍乡、抚州等城市的水资源绿色利用效率落后于城镇化发展，益阳、天门则处于双低水平。整体来看，城镇化水平较高地区集中于省会城市及其临近城市，水资源绿色利用效率较高地区集中于湖北子群和江西子群。

根据图4-2中2020年协调度空间格局，结合各城市新型城镇化水平与水资源绿色利用效率，将各城市分为以下类型，并分析原因。

第一，协调发展期水资源绿色利用效率滞后型，长沙属于此类型。长沙在2020年处于协调发展期，其城镇化率已达到较高水平，经济发展和居民收入水平较高，在城市建设、教育、医疗等方面较为完善，新型城镇化水平较高。但2020年长沙就业人数大幅增加，生产资金投入增长，但经济产出增幅不大，且污水排放量大量增加，致使长沙水资源绿色利用效率降低，因此仍需注重清洁生产和水环境治理，进一步提高两系统的协调性。

第二，协调发展期新型城镇化滞后型，宜昌、黄冈、鹰潭、九江、宜春、吉安、潜江属于此类型。2020年宜昌为中级协调状态，其多年来致力于成为清洁能源之都，积极推进清洁生产和能源消费清洁化，水资源绿色利用效率在长江中游城市群中位列第一，但该市在进出口贸易和城市绿化方面有待进一步加强，新型城镇化与其水资源高效利用发展不同步。黄冈处于中级协调，近几年用水效率已达到有效，但作为农业大市，其城镇化率较低，经济发展相对滞后，因此其新型城镇化水平与较高的用水效率相比滞后。鹰潭处于中级协调，用水效率达到有效，其新型城镇化水平虽有所提升，但其发展速度与用水效率的提升相比存在一定差距。九江处于初级协调，用水效率接近有效，但该市地域辽阔，人口集聚程度偏低。宜春处于初级协调，用水效率达到有效，但进出口贸易并不发达，经济水平有待提高。吉安处于初级协调，该市地处江西南部，地域辽阔，在医疗和社会保障方面有待完善，新型城镇化综合水平偏低。潜江处于初级协调，2020年用水效率达到有效，但作为县级市，其人口密度较小，经济水平偏低，在城市绿化方面也有待加强，新型城镇化发展相对滞后。

第三，过渡转型期新型城镇化滞后型，孝感、常德、咸宁、荆门、上饶属于此类型。2020 年孝感处于勉强协调状态，水资源绿色利用效率有所提升，但该地区工业基础薄弱，市区辐射带动力不强，经济支撑较弱，社会保障和城市环境建设方面有待完善，新型城镇化综合水平偏低。常德处于勉强协调，该地区城镇经济基础薄弱，对外贸易不发达，产业机构有待进一步优化，城镇聚合效应偏弱，使得当地新型城镇化水平偏低。咸宁处于勉强协调，样本期间，该市的城镇化率相对偏低，经济发展水平不高，产业结构仍有待调整优化，新型城镇化发展相对滞后。荆门处于濒临失调状态，该市对外贸易不发达，在文化建设和社会保障方面有待进一步加强，其新型城镇化发展相对滞后。上饶在 2020 年处于勉强协调，该地城镇化发展产业支撑力薄弱，城镇化率偏低，缺乏集聚效应，在文化、医疗、社会保障方面均有待发展和完善，因此其新型城镇化水平与研究区域的其他城市比较相对滞后。

第四，过渡转型期水资源绿色利用效率滞后型，南昌、黄石、鄂州、湘潭、新余、衡阳、株洲、景德镇属于此类型。2020 年南昌处于勉强协调状态，作为省会城市，其医疗、教育等基础建设较为完善，新型城镇化水平较高。与同为省会城市的武汉和长沙相比，南昌在人口规模上远低于武汉和长沙，但在用水总量上却近似，并且 2020 年南昌 GDP 仅占长沙 GDP 的 47%，约占武汉 GDP 的 37%，可见南昌存在严重的水资源浪费问题，使得水资源绿色利用效率处于低水平，滞后于新型城镇化发展。其他 7 个城市在 2020 年均处于濒临失调状态，其中，黄石重工业污染较为严重，工业企业遍布于湖泊周边，工业污水排放缺乏有效监管。鄂州工业发达，耗水量较大，且当地节水治污技术仍有待改进，使得该地区水资源绿色利用效率偏低。湘潭水资源利用方式粗放，水污染严重，当地对于水资源的监管力度有待加强。新余是重化工业城市，虽然大部分工业废水会得到处理，但部分企业仍存在违规排放现象，并且农村地区污水处理设施不完善使得周边河湖受到严重污染。衡阳水资源丰富，但当地用水总量相对较大，节水技术亟待改进，用水效率较低。株洲作为工业城市，水资源消耗量大，工业污染问题突出，水生态呈现退化趋势，用水效率较低。景德镇属于丰水地区，但居民节水意识相对淡薄，水资源浪费现象普遍存在，并且当地节水投入不足，水资源管理责任不清，技术水平有限，污水处理能力有待加强，使得当地水资源绿色利用效率偏低。

第五，失调衰退期水资源绿色利用效率滞后型，仙桃、萍乡、抚州属于此类型。2020 年仙桃和萍乡处于轻度失调状态，仙桃作为县级市，其经济实力有限，水利设施建设尚不完善，水利行业优质人才相对不足，水资源管理制度也有待完善，居民节水意识不强，水资源绿色利用效率较低。萍乡水资源利用方式粗放，用水效率较低，并且当地污水处理设施有待完善，政府仍需加强监管。抚州处于中度失调状态，当地水利设施建设不完善，水资源缺乏合理利用，大量的水资源消耗并未获得理想的经济产出，致使水资源绿色利用效率较低。

除以上分类外，2020 年武汉达到良好协调，其新型城镇化水平和水资源绿色利用效率在研究区域内均位居前列。益阳、天门处于失调状态，其新型城镇化水平和水资源绿色利用效率与研究区域内其他城市相比均较为落后。襄阳、岳阳、娄底、荆州 4 个城市的两系统发展水平差异不大，但都处于过渡转型期，两系统协调性不高。整体来看，长江中游城市群 31 个城市中实现两系统协调发展的城市偏少，部分城市仍处于失调状态，有的地区新型城镇化发展滞后，有的地区水资源绿色利用效率偏低，多数城市两系统的发展不同步。因此，城市发展应致力于经济、交通、文化、教育、社会保障、水资源节约、水环境保护等各方面全面发展并兼顾各系统之间的相互影响，只有系统间相互促进，才能实现新型城镇化与水资源绿色利用效率协调发展。

4.4 本章小结

本章首先构建了新型城镇化与水资源绿色利用效率耦合协调度模型，

对协调度划分类型，然后根据前文计算得出的新型城镇化综合得分和水资源绿色利用效率值，通过耦合协调度模型计算出 2011~2020 年长江中游城市群 31 个城市两系统的协调度，并分别从整体、局部的角度分析了新型城镇化与水资源绿色利用效率协调性的时间演化，结果显示，长江中游城市群两系统的协调度整体上呈缓慢上升趋势，但协调性仍然不高；湖北子群的协调度整体呈缓慢上升趋势，整体上一直处于勉强协调状态；湖南子群的协调度在 2017 年出现较大幅度下降，之后一直处于濒临失调状态；江西子群的协调度在十年间波动变化，整体上一直处于勉强协调状态。其次探讨了两系统协调性的空间差异，结果显示湖北子群中各城市的协调度差异较大，湖南子群中除长沙外，其他城市协调度水平均不高，江西子群各城市协调度变化差异明显，有的城市协调度提高，有的城市协调度下降。最后选取 2020 年数据进一步展开分析，根据协调度空间格局，结合各城市新型城镇化水平与水资源绿色利用效率，对各城市划分类型，并分析了各城市协调度不高的原因。

5 长江中游城市群新型城镇化与水资源绿色利用效率协调性的影响因素分析

前文从理论上分析了新型城镇化与水资源绿色利用效率的相互作用机理，并对长江中游城市群新型城镇化发展水平、水资源绿色利用效率以及两者的协调性做了实证分析，了解了新型城镇化、水资源绿色利用效率及其协调性的发展演变情况，在此基础上，本章将进一步研究两者协调性的影响因素，为下文提出具有针对性的对策建议提供参考。

5.1 变量选取

影响新型城镇化与水资源绿色利用效率协调性的因素有很多，根据两者的相互作用机理，参考相关文献，并考虑数据可得性，本章将从产业结构、经济增长水平、外资、教育投入、科技投入、水资源禀赋和节水意识等方面选取变量，研究两者协调性的影响因素及影响程度，选取的各影响因素变量如表5-1所示。

表 5-1　影响因素变量说明

影响因素	变量表示	解释变量	单位
产业结构	x_1	第一产业产值占 GDP 比重	%
	x_2	第二产业产值占 GDP 比重	%
经济增长水平	x_3	居民人均可支配收入	元
外资	x_4	实际利用外资	万美元
教育投入	x_5	教育支出占财政支出比重	%
科技投入	x_6	科学技术支出占财政支出比重	%
水资源禀赋	x_7	人均水资源量	立方米
节水意识	x_8	人均用水量	立方米

5.1.1　产业结构

产业结构在很大程度上影响着地区经济发展，对地区经济城镇化发挥着重要作用，同时，产业结构也会在一定程度上影响水资源供需和经济效益，一般来说，农业灌溉耗水量较大，而农业用水经济效益与二三产业相比具有一定差距；工业是耗水和排污大户，其用水经济效益相对较高。由此，产业结构对地区新型城镇化发展水平和水资源绿色利用效率均有着重要影响，从而对两者协调性产生作用。本章选用第一产业产值占 GDP 比重（x_1）和第二产业产值占 GDP 比重（x_2）来测度产业结构。

5.1.2　经济增长水平

经济增长是社会发展的基础，欠发达地区往往通过开发消耗大量自然资源来推动经济增长，缺乏相应的资金研发先进技术，生产工艺相对落后，在生态保护方面缺乏重视或力不从心。经济发达的地区则有较为充足的资金引进先进技术，优化生产流程，改善居民生活水平，对城镇化有推动作用，但同时经济发展也会带来更多的污染排放，由此经济增长对水资源绿色利用效率的影响方向尚不明确。整体来看，经济增长能够促进城镇化，同时又会对地区水资源绿色利用效率产生影响，进而对两系统的协调性产生间接作用。本章选取居民人均可支配收入（x_3）来表示地区经济增长水平，居民收入直接作用于消费水平，进而对资源消耗和污染排放产生影响。为保证变量平稳性，对居民人均可支配收入做对数处理。

5.1.3 外资

一方面，外商投资能够为地区经济发展提供资金支持，为国内带来先进的技术和管理经验，增加城市就业机会，促进人口向城市聚集，推动城镇化发展。外商投资也可以促进国外创新资源的流入，加剧国内市场竞争，倒逼本土企业积极创新，推动产业结构升级，对水资源利用效率产生影响。另一方面，外商投资也可能会将高污染、高排放的产业转移到本土区域，对当地环境造成恶劣影响，如"污染天堂假说"，因此，外资对水资源绿色利用效率的影响方向暂未可知。整体来看，外资投入对城镇化发展和水资源绿色利用效率均有影响，从而对两系统的协调性产生间接作用。本章选用实际利用外资金额（x_4）来探究外资投入对两者协调性的影响。为保证变量平稳性，对实际利用外资金额做对数处理。

5.1.4 教育投入

教育具有为社会和经济高质量发展培育人才的功能，一般来说，教育水平越高，居民的知识水平和素质越高，居民对绿色发展的理解会更加深入，环保意识更强，从而会自觉减少水资源浪费和损害水环境的行为，对地区水资源绿色利用效率有着积极影响。同时教育水平与社会城镇化有着密切联系，因此，教育投入对新型城镇化和水资源绿色利用效率有着不可忽视的影响，本章选取教育支出占财政支出比重（x_5）来衡量教育投入，探究教育投入对两系统协调性的影响。

5.1.5 科技投入

科技投入在一定程度上能够反映一个地区的科技水平，一般来说，科技水平越高，居民的生活条件越好，生产活动对水资源的利用率越高。一方面，技术进步可以使工业企业用更少的水资源投入获得更多产出，从而节约成本，增加经济效益；另一方面，科技进步可以推动研发清洁生产技术，更新污水处理技术，减少水污染排放。因此，科技发展对水资源绿色利用效率和新型城镇化发展有着重要作用。本章选取科学技术支出占财政支出比重（x_6）来探究科技投入对两者协调性的影响程度。

5.1.6 水资源禀赋

一般来说，水资源禀赋对水资源利用效率有逆向作用，水资源的充裕程度会对当地居民的用水观念和用水方式产生影响，水资源越丰富的地区，人们获取水资源越便捷，致使人们节水意识可能较为薄弱，从而可能造成更多水资源浪费。水资源匮乏地区则相反，由于水资源稀缺性，人们通常会主动减少浪费，从而提高用水效率。因此，预计水资源禀赋会对城镇化与水资源绿色利用效率的协调性产生间接影响。本章选取人均水资源量（x_7）来衡量地区水资源禀赋。为保证变量平稳性，对人均水资源量做对数处理。

5.1.7 节水意识

一个地区居民的节水意识对当地水资源绿色利用效率有很大影响，节水意识越强，用水效率越高，反之，用水效率越低。因此，节水意识对新型城镇化和水资源绿色利用效率的协调性有着重要影响，本章选取人均用水量（x_8）来体现各地区居民的节水意识，人均用水量越低说明节水意识越强。为保证变量平稳性，对人均用水量做对数处理。

5.2 数据来源

选取 2011~2020 年长江中游城市群 31 个城市的面板数据，各指标数据来源于江西省、湖北省、湖南省历年的统计年鉴、各市历年统计年鉴、《中国城市建设统计年鉴》、《中国城市统计年鉴》及各省市历年水资源公报。
变量描述性统计如表5-2所示。

表5-2　变量描述性统计

变量	样本数	均值	标准差	最小值	最大值
第一产业产值占 GDP 比重（%）	310	11.93	5.24	2.34	27.75
第二产业产值占 GDP 比重（%）	310	49.47	7.02	32.37	66.95
居民人均可支配收入（元）	310	22107	7637	8717	51478
实际利用外资（万美元）	310	94365	171406	52	1230896
教育支出占财政支出比重（%）	310	16.11	2.55	11.15	24.80
科学技术支出占财政支出比重（%）	310	1.99	1.46	0.32	16.27
人均水资源量（立方米）	310	2314.47	1472.08	278	7680
人均用水量（立方米）	310	601.39	164.83	297.61	1502

　　为保证实证结果的有效性，需要对面板数据进行平稳性检验，本章采
用 LLC 和 PP 两种方法对各变量进行单位根检验，检验结果如表5-3所示。
从检验结果可发现，所有变量均通过10%水平下的显著性检验，因此拒绝
原假设，不存在单位根，表明数据是平稳的。

表5-3　单位根检验

变量	LLC 检验		PP 检验	
	Statistic	Prob	Statistic	Prob
x_1	−4.6372	0.0000	197.300	0.0000
x_2	−4.5082	0.0000	227.738	0.0000
x_3	−15.0182	0.0000	127.028	0.0000
x_4	−25.7393	0.0000	134.967	0.0000
x_5	−10.3576	0.0000	179.280	0.0000
x_6	−7.7240	0.0000	81.0619	0.0525
x_7	−4.7190	0.0000	282.316	0.0000
x_8	−6.3114	0.0000	92.8535	0.0068

5.3　模型构建

Tobit 模型又称作截取回归模型，可用于被解释变量受限或截断的情形。本章通过耦合协调度模型计算得出的新型城镇化与水资源绿色利用效率的协调度处在［0，1］，属于截断数据，因此采用 Tobit 模型研究两者协调性的影响因素更加合理。Tobit 模型如下：

$$\begin{cases} y_{it}^* = \beta x_{it} + c + \varepsilon_{it} \\ y_{it}^* = y_{it}^*, \quad y_{it}^* > 0 \\ y_{it}^* = 0, \quad y_{it}^* \leqslant 0 \end{cases} \qquad (5-1)$$

在 Tobit 模型基础上，将长江中游城市群新型城镇化和水资源绿色利用效率的协调度作为被解释变量，上述影响因素作为解释变量，建立以下模型：

$$y_{it} = c + \beta_1 x_1 + \beta_2 x_2 + \beta_3 \ln x_3 + \beta_4 \ln x_4 + \beta_5 x_5 + \beta_6 x_6 + \beta_7 \ln x_7 + \beta_8 \ln x_8 + \varepsilon_{it} \qquad (5-2)$$

其中，i 表示第 i 个城市（i=1，2，…，31），t 表示年份，y_{it} 表示协调度，c 表示常数项，β 表示回归系数，x_1 表示第一产业产值占比，x_2 表示第二产业产值占比，x_3 表示居民人均可支配收入，x_4 表示实际利用外资，x_5 表示教育支出占财政支出比重，x_6 表示科学技术支出占财政支出比重，x_7 表示人均水资源量，x_8 表示人均用水量，ε_{it} 表示随机误差项。

5.4　实证结果分析

5.4.1　回归结果分析

采用 Tobit 模型计算得到回归结果如表 5-4 所示，第二产业产值占 GDP

比重、实际利用外资、教育支出占财政支出比重、科学技术支出占财政支出比重的回归系数为正，说明第二产业比重、外资、教育投入及科技投入对长江中游城市群新型城镇化与水资源绿色利用效率的协调性有正向作用；第一产业产值占 GDP 比重、居民人均可支配收入、人均水资源量、人均用水量的回归系数为负，说明这四个变量对两者协调性有负向作用。

表 5-4　回归结果

变量	系数	统计量	p 值
c	1.49620	3.52793	0.0004
x_1	−0.01051 ***	−4.68180	0.0000
x_2	0.00029	0.22133	0.8248
x_3	−0.04664	−1.36007	0.1738
x_4	0.01053 **	2.08604	0.0370
x_5	0.00389	1.46481	0.1430
x_6	0.01427 ***	3.02772	0.0025
x_7	−0.00263	−0.30333	0.7616
x_8	−0.09105 ***	−3.67889	0.0002

注：*、**和***分别表示在10%、5%和1%的水平下显著。

5.4.1.1　产业结构

第一产业产值占 GDP 比重与两者协调性呈负相关关系，回归系数为 −0.01051，在 1%的水平下显著。第二产业产值占 GDP 比重与两者协调性呈正相关关系，回归系数为 0.00029，但未通过显著性检验。一般来说，产业结构对地区水资源需求有着重要影响，各产业用水合理性直接影响当地水资源绿色利用效率。样本期间，长江中游城市群多数城市仍然以第二产业为主，第二产业用水能够带来可观的经济效益，对新型城镇化与水资源绿色利用效率的协调性产生了正向影响，但由于第二产业内部高耗水高污染的中低端制造业比重较高，低耗水低污染的高端制造业比重较低，致使第二产业用水的非期望产出也较高，导致正面影响并未通过显著性检验。

但从农业层面来看，传统农业灌溉使用的是粗放用水方式，造成了大量浪费，用水效率较低。虽然各地区城镇化进程持续推进，二三产业产值占比逐渐提高，但农业作为民生基础，将永恒存在，当前，先进的农业灌溉设施尚未完全普及，水资源绿色利用效率偏低的城市大量存在，因此，仍需调整农业用水模式，降低农业水污染，推广使用节水设施，使水资源能够被物尽其用。

5.4.1.2 经济增长水平

居民人均可支配收入与两者协调性呈负相关关系，回归系数为 -0.04664，但未通过显著性检验。样本期间，长江中游城市群更多的是粗放型经济增长，居民收入水平越高，其消费能力越强，资源消耗随着居民购买力的提高而加大，并随之引起水污染排放的增加。经济增长以大量的水资源消耗和水污染排放为代价，最终表现为其对长江中游城市群新型城镇化与水资源绿色利用效率的协调性有负向影响，但随着绿色发展理念的践行，粗放型经济增长方式正逐渐向集约型经济增长方式转变，使得负面影响并未通过显著性检验。因此，仍需大力发展集约型经济，落实严格的水资源管理制度。

5.4.1.3 外资

实际利用外资与两者协调性呈正相关关系，回归系数为 0.01053，在 5%的水平下显著。一方面，外资投入为企业发展提供资金支持，为国内带来先进的技术和管理经验，从而提高生产效率和产品质量，促进产品多样化发展，带动消费，同时也可以带动相关产业发展，增加城市就业机会，吸引劳动力向城市聚集，并提高就业质量，进而推动新型城镇化发展；另一方面，外资投入使得国际和国内市场共同发力，提高国内市场资源整合和优化配置的能力，推动产业结构优化升级，对地区水资源绿色利用效率有着积极影响。因此，各地区需积极推出有关政策，鼓励高质量外资投资。

5.4.1.4 教育投入

教育支出占财政支出比重与两者协调性呈正相关关系，回归系数为 0.00389，但未通过显著性检验。教育的发展可以提高人们的知识水平和道德素养，推动水资源管理方式转变，增强人们的节水意识和环保意识。因此，教育投入对长江中游城市群新型城镇化与水资源绿色利用效率的协调性有正向影响，但目前这种影响并不显著，原因可能是样本期间长江中游城市群各地区对水资源的高效绿色利用和保护方面的教育缺乏足够的重视，该方面的教育投入有待进一步加大。

5.4.1.5　科技投入

科学技术支出占财政支出比重与两者协调性呈正相关关系，回归系数为 0.01427，在 1% 的水平下显著，这说明长江中游城市群的科技投入取得了较好的成效。科技投入可以改善城镇居民生活基础设施，提高城镇居民的生活质量，同时也可以改进农业灌溉设施和工业生产设备，优化生产工艺，改进节水技术和污水处理设施，对新型城镇化和水资源绿色利用效率发挥积极作用。因此，各地区可以加大在节水、废污水处理等方面的科研投入，以实现新型城镇化与水资源绿色利用效率的协调发展。

5.4.1.6　水资源禀赋

人均水资源量与两者协调性呈负相关关系，回归系数为 -0.00263，未通过显著性检验。长江中游城市群水资源总量相对充沛，对多数地区而言，当地水资源基本可以满足其城镇化发展需求，因此居民可能会忽视水资源绿色利用效率的提高，最终表现为水资源禀赋对长江中游城市群新型城镇化与水资源绿色利用效率的协调性有负向影响，但随着社会文明的进步和环保理念的传播，人们逐渐意识到水资源保护的重要性，导致负面影响并未通过显著性检验。

5.4.1.7　节水意识

人均用水量与两者协调性呈负相关关系，回归系数为 -0.09105，在 1% 的水平下显著，说明人均用水量越低，两系统的协调性越高。人均用水量越低在某种程度上说明节水意识或节水能力越高，对水资源绿色利用效率有直接的正向影响。因此，各地区需重视增强居民的节水意识，鼓励工业企业采用先进的节水设施，以提高用水效率，进而实现新型城镇化与水资源绿色利用效率的协调发展。

5.4.2　稳健性检验

为确保实证结果的可靠性,本章采用以下方法进行稳健性检验:第一,本章参考 Zhang 等(2019)改进的耦合协调度模型,重新测算新型城镇化与水资源绿色利用效率的协调度,利用 Tobit 模型进行回归;第二,采用 OLS 法重新实证检验各因素对两者协调性的影响。检验结果如表 5-5 和表5-6 所示。由表 5-5 和表 5-6 可知,各解释变量对被解释变量的影响方向不变,并且显著性水平未发生变化,说明上述实证结果是稳健可靠的。

表 5-5　稳健性检验(1)

变量	系数	统计量	p 值
c	1.43719	3.32433	0.0009
x_1	-0.01158***	-5.06435	0.0000
x_2	0.00084	0.62943	0.5291
x_3	-0.04581	-1.31043	0.1901
x_4	0.01063**	2.06493	0.0389
x_5	0.00331	1.22222	0.2216
x_6	0.01400***	2.91310	0.0036
x_7	-0.01069	-1.21009	0.2262
x_8	-0.08045***	-3.18853	0.0014

注:*、**和***分别表示在 10%、5%和 1%的水平下显著。

表 5-6　稳健性检验(2)

变量	系数	统计量	p 值
c	1.49620	3.47634	0.0006
x_1	-0.01051***	-4.61333	0.0000
x_2	0.00029	0.21809	0.8275
x_3	-0.04664	-1.34018	0.1812
x_4	0.01053**	2.05554	0.0407
x_5	0.00389	1.44339	0.1499

续表

变量	系数	统计量	p 值
x_6	0.01427***	2.98344	0.0031
x_7	−0.00263	−0.29889	0.7652
x_8	−0.09105***	−3.62510	0.0003

注：*、**和***分别表示在10%、5%和1%的水平下显著。

5.5 本章小结

　　本章采用 Tobit 模型实证研究了产业结构、经济增长水平、外资、教育投入、科技投入、水资源禀赋和节水意识等因素对长江中游城市群新型城镇化与水资源绿色利用效率协调性的影响。结果显示，第二产业产值占GDP 比重、实际利用外资、教育支出占财政支出比重、科学技术支出占财政支出比重的回归系数为正值，其中，第二产业产值占 GDP 比重和教育支出占财政支出比重的估计系数未通过显著性检验，第一产业产值占 GDP 比重、居民人均可支配收入、人均水资源量、人均用水量的回归系数为负值，其中，居民人均可支配收入和人均水资源量的估计系数未通过显著性检验。检验结果说明第二产业占比、外资、教育投入、科技投入对新型城镇化与水资源绿色利用效率的协调性有正向影响，其中，第二产业占比和教育投入的影响不显著，第一产业占比、经济增长水平及水资源禀赋对两者协调性有负面影响，但经济增长和水资源禀赋的影响不显著，同时，人均用水量越低，两者协调性越高，即节水意识越强，新型城镇化与水资源绿色利用效率的协调性越高。

6　研究结论、对策建议与研究展望

6.1　研究结论

本篇以长江中游城市群为研究对象，首先在梳理新型城镇化、水资源利用效率以及城镇化与水资源关系相关文献的基础上，详细阐释新型城镇化与水资源绿色利用效率有关概念和理论基础，并从理论上分析新型城镇化与水资源绿色利用效率的相互作用机理。其次介绍了长江中游城市群新型城镇化和水资源利用现状，从人口、经济、空间、社会四个维度选取指标建立新型城镇化综合评价指标体系，利用 2011~2020 年的数据，采用熵值法计算长江中游城市群新型城镇化综合得分，分析其发展趋势，运用超效率 SBM 模型和 Malmquist 指数对长江中游城市群的水资源绿色利用效率进行测度分析。最后采用耦合协调度模型研究了长江中游城市群新型城镇化与水资源绿色利用效率协调性的时空演变特征，运用 Tobit 模型实证分析两者协调性的影响因素。主要得出以下结论：

第一，2011~2020 年长江中游城市群新型城镇化水平整体呈提高趋势，其中武汉、长沙、南昌的新型城镇化发展水平远高于同省其他城市，天门一直处于末位。在水资源绿色利用效率方面，宜昌、武汉在研究期内效率值相对稳定，一直处于有效水平，黄冈在 2014 年达到有效并保持相对稳定，湖南 8 个城市的效率值整体上呈下降趋势，南昌、抚州、萍乡、景德镇效率值相对稳定，其他城市的效率值在研究期内呈上下波动变化趋势，整体来看，长江中游城市群多数城市水资源绿色利用效率偏低，效率值主要受技术水平影响。

第二，整体来看，长江中游城市群新型城镇化与水资源绿色利用效率的协调度仅在 2017 年有所下降，整体上呈缓慢提高趋势，但一直处于勉强协调状态。从局部来看，武汉、长沙的协调度在 2011～2020 年平稳变化，并保持在中级协调以上，宜昌在 2014 年之后保持中级协调状态，荆州、天门、荆门、仙桃、鄂州、湘潭、益阳、娄底、萍乡、抚州 10 个城市的协调度一直处于失调或濒临失调状态。2020 年研究区域内仅有 9 个城市处于协调发展期，5 个城市处于失调衰退期，其他 17 个城市均处于过渡转型期。从空间分布来看，长江中游城市群两系统的协调度整体呈上升趋势。湖北子群和江西子群各城市协调度差异明显，湖南子群的协调度整体呈下降趋势。总体来看，长江中游城市群 31 个城市中实现两系统协调发展的城市偏少，部分城市仍处于失调状态，有的地区新型城镇化发展滞后，有的地区水资源绿色利用效率偏低，多数城市两系统的发展不同步。

第三，在影响因素方面，第二产业占比、外资、教育投入、科技投入对新型城镇化与水资源绿色利用效率的协调性有正向影响，其中，第二产业占比和教育投入的影响不显著；第一产业占比、经济增长水平及水资源禀赋对两者协调性有负面影响，但经济增长和水资源禀赋的影响不显著，同时，人均用水量越低，两者协调性越高，即节水意识越强，新型城镇化与水资源绿色利用效率的协调性越高。

6.2 对策建议

根据本篇研究结果，长江中游城市群多数城市新型城镇化与水资源绿色利用效率的协调性不高，部分城市仍然处于失调状态。因此，长江中游城市群在推进城镇化的过程中需考虑新型城镇化发展与水资源绿色利用之间的影响，提高发展质量，重视水资源的高效利用和保护，促进两者协调发展。根据研究结论，本篇对提高长江中游城市群新型城镇化与水资源绿色利用效率的协调性提出以下建议：

6.2.1　加强城镇化内涵建设，提升城镇化质量

相对于传统城镇化，新型城镇化建设更加注重质量，强调绿色、低耗以及资源的集约利用。因此，在推进城镇化的过程中，长江中游城市群各地区需注重城镇化内涵建设，提升城镇化质量。在人口方面，越来越多的人口向城镇聚集，使得城镇供水压力逐渐增大，因此，各地可以鼓励居民采用绿色的生活方式，如推广节水器具、智能水表等，降低居民对水资源的消耗量。在经济方面，本篇研究结果显示，样本期间长江中游城市群的经济增长对两系统协调性有负面影响，因此，各地市需积极探索和尝试多样化绿色发展模式，在生产活动各个环节融入绿色发展理念，使经济增长向集约型方向转变，降低生产活动中的水资源消耗和污染排放，提高水资源绿色利用效率。在空间城镇化方面，城镇的建设需要消耗大量水资源，政府有关部门在对土地进行规划和设计时，需充分考虑水资源的高效利用，可采用生态园林绿化、雨水收集利用等措施，提高用水效率，实现水资源的可持续利用。在社会城镇化方面，各地市需完善城镇、乡村的供水、排水及垃圾清理的配套设施，并对各项设施加强后期维护，降低水资源浪费和水污染的可能性，同时，还可以提高绿化覆盖率，加强水生态保护和修复，涵养水源，建设生态城镇。总之，各地区需从人口、经济、空间、社会各层面加强城镇化内涵建设，提升城镇化质量，促进提高水资源绿色利用效率，以实现新型城镇化与水资源绿色利用效率的协调发展。

6.2.2　鼓励引进高质量外资，促进绿色发展

本篇研究结果显示，外资对新型城镇化与水资源绿色利用效率的协调

性有正向影响，因此，各地市可以出台优惠政策引进高质量外资，吸收国外高新技术和清洁生产的发展经验，激发市场创新活力，推动地区产业结构逐渐向知识密集型和技术密集型方向转型升级，逐步实现产业结构的合理化和高级化，推动绿色发展。此外，还可以引导外资与当地特色经济相结合，促进产业链延伸，带动相关产业朝着绿色、可持续方向发展。值得注意的是，政府部门需对外资加强监管，着重引进高质量外资，减少外资在使用、生产过程中的水资源消耗和非期望产出，从而在提高新型城镇化水平的同时促进提高地区水资源绿色利用效率，以实现绿色发展、协调发展。

6.2.3 加大科技投入，建设节水型社会

根据本篇研究结果，技术是影响水资源绿色利用效率的重要因素，科技投入对新型城镇化与水资源绿色利用效率的协调性有正向影响。因此，各地市可以完善人才引育政策，营造良好的创新环境，还可以建立以政府为主导，各企业、科研机构、高校共同参与的技术创新联盟，发现各行业现有生产技术的弊端，加大科技投入，促进创新成果产出，共同致力于改进现有生产工艺和技术，针对各行业研发相应的先进节水技术和废污水处理技术。同时，各地政府可以合作搭建创新交流平台，鼓励先进地区向经济实力或科研实力较弱的地区给予技术帮扶和经验指导，政府部门对当地用水效率较低的企业或单位也应给予技术指导和节水知识培训。科研机构要加快研发或改进水质检测系统和地表水、地下水监控系统，并将其推广应用到全行业，监测各企业、单位的用水排水情况，对于水资源绿色利用效率较高的企业或单位采取一定的奖励措施，对于水资源绿色利用效率较低的企业或单位则采取一定的惩戒措施，力争建设节水型社会。

6.2.4 深化治污减排，加强水资源管理

根据本篇研究结论，长江中游城市群多数城市水资源绿色利用效率偏低，黄石、新余、株洲、湘潭等城市水污染问题较为严峻，部分工业企业

存在违规排放现象，污水排放缺乏有效监管。各地市可以将水质检测系统和先进的污水处理技术推广应用到全行业，政府部门可以根据当地城市发展的实际情况划分区域，精准施策，对于重点保护区或生态敏感区应实施更加严格的水资源管理政策，重点监测非期望产出偏大、用水效率较低及生态敏感区的工业企业，对其用水和排污做到严格把控，最大限度减少浪费和污染排放，使各项产业发展朝着低耗、绿色转变，走出一条"守水保生态，用水谋发展"的新路。

6.2.5   增强节水意识，实现人水和谐

长江中游城市群实现两系统协调发展的城市偏少，部分城市仍处于失调状态。提高新型城镇化发展质量和水资源绿色利用效率，促进两者协调发展不仅是政府的责任，也是每个人的责任，需要所有人共同努力。本篇研究结果显示，教育对提高两者协调性有正向作用，因此，政府部门需引导学校将节水与水污染防治的相关知识纳入课程体系，安排有关实践活动，从理论和实践的双重角度引导学生增强水资源节约和保护意识。还可以通过当下流行的短视频、微博、电视节目等平台，以观众喜爱的节目形式呈现和宣传节水知识，潜移默化地增强人们的节水意识，在全社会营造节水和护水的良好氛围。对于水资源绿色利用效率较低的地区，如荆州、萍乡、抚州、益阳、天门等地区，可以通过适当调整水价来激发当地企业和居民的节水意识，倒逼其主动采取节水措施。此外，各地区政府需推动将各行业对应的节水设施普及应用到各单位或门店，如洗浴、洗车等高耗水的行业或门店，扩大节水设施和污水处理设施的使用范围。同时，各地需完善防洪减灾体系，通过一定的工程措施将雨水做蓄水处理，既可以防洪，也可变害为利。各地市需处理好城镇发展与水资源利用的关系，各行业、单位及个人均需增强水资源保护意识并付诸行动，共同为提高新型城镇化与水资源绿色利用效率协调性，实现"城—人—水"和谐发展贡献力量。

6.3 研究展望

　　本篇在城镇化与水资源利用效率相关文献基础上，对长江中游城市群新型城镇化与水资源绿色利用效率的现状、协调性及其影响因素进行了实证分析，丰富了相关研究内容。但还存在下列不足之处：一是本篇选取2011~2020年各指标数据进行实证分析，研究的时间范围有限，并且由于个别数据的缺失，采用插值法进行填补，可能会对测算结果产生微弱影响。二是影响新型城镇化与水资源绿色利用效率协调性的因素有很多，鉴于数据可得性，在影响因素指标选取上缺乏全面性，在研究深度上存在不足。这些都是未来可以深入研究的方向。

第二篇　新型城镇化与水生态环境（水资源安全利用）的耦合协调性

7 绪论

7.1 研究背景与研究意义

7.1.1 研究背景

新型城镇化是以人为本的城镇化，是顺应时代发展的必然趋势，也是促进产业结构升级、推动经济发展的重要途径，更是实现社会主义现代化的重要"引擎"，对全面建成社会主义现代化强国和实现中华民族伟大复兴具有重要的历史意义和现实价值。自改革开放以来，我国城镇化飞速发展，并取得了卓越的成效，我国常住人口的城镇化率已从 1978 年的 17.9%上升到 2022 年的 65.22%，并预计到 2035 年我国城镇化率将达到 70%以上，接近发达国家城镇化水平。新型城镇化的快速发展对我国水生态环境产生了很大的影响，而对水生态环境的保护又离不开新型城镇化的发展成果，两者之间相互依存、相互作用、相互促进，如何协调好新型城镇化与水生态环境两者之间的关系是亟待解决的问题，也是推动我国生态环境健康可持续发展的关键性议题。

中部地区地处我国内陆，是我国区域经济发展的一个重要组成部分，也是实现第二个百年奋斗目标的重要支撑，有着不可或缺的重要地位。2021年，《中共中央　国务院关于新时代推动中部地区高质量发展的指导意见》明确指出，要坚持绿色低碳发展的新道路，加强能源资源的节约集约利用，加强生态建设和治理，实现中部绿色崛起。《国家新型城镇化发展规划（2014—2020年）》提出，要顺应现代城市发展新理念新趋势，使生态文明理念充分融入城市发展，构建绿色生产方式、生活方式和消费模式，促进城市绿色发展。同时，党的二十大报告强调，要坚持山水林田湖草沙一体化保护和系统治理，深入推进环境污染防治，持续深入打好蓝天、碧水、净土保卫战，提升环境基础设施建设水平。为了对新型城镇化与水生态环境两者的关系进行深入研究，首先，本篇在总结国内外文献的基础上，从正反作用机理、交互耦合机理方面构建一个综合的理论框架体系深入剖析中部地区新型城镇化与水生态环境之间的关系，通过构建新型城镇化与水生态环境指标体系对中部地区新型城镇化和水生态环境水平进行测度。其次，利用耦合协调度模型实证分析中部地区新型城镇化与水生态环境耦合协调状况，对耦合协调发展的影响因素进行分析，并进一步对中部地区新型城镇化与水生态环境耦合协调度进行预测分析。最后，根据验证结果提出促进中部地区新型城镇化与水生态环境耦合协调发展的政策建议。

7.1.2　研究意义

7.1.2.1　理论意义

首先，通过查阅相关文献，对新型城镇化相关概念进行全面、准确的界定，概括和总结生态经济学理论、可持续发展理论、环境承载力理论、循环经济理论，有助于进一步丰富生态城市理论，从而为生态文明城市建设、城镇化高质量发展提供理论支撑。其次，深入探究新型城镇化与水生态环境之间的交互耦合机理，有助于进一步探究新型城镇化与水生态环境之间的关系，在一定程度上丰富城镇化与生态环境理论。最后，借鉴国内外学者相关评价指标体系构建新型城镇化与水生态环境指标体系，测度中部地区新型城镇化和水生态环境水平，为保护水生态环境，提高水资源利用效率，建设生态宜居绿色城市，实现以人为本的新型城镇化提供坚实的理论依据。

7.1.2.2 实践意义

当前，中部地区城镇化处于快速发展时期，由城镇化飞速发展带来的一系列水生态环境问题较为突出，深入探究新型城镇化发展、水生态环境保护以及两者间的关系有助于缓解经济发展与水生态环境保护之间的矛盾，从而实现中部地区城镇化与水生态环境协调发展。通过实证分析中部地区新型城镇化与水生态环境之间的耦合协调关系和影响因素，对中部地区及其六省份耦合协调度发展趋势进行预测分析，可以进一步认识中部地区当下以及未来新型城镇化与水生态环境的变化趋势及影响因素，为新型城镇化高质量发展，建设生态、宜居、绿色城市提供理论依据与实证支持。根据理论分析与实证检验结果提出切实可行、具有针对性的政策措施，为中部地区绿色崛起提供一定的参考价值，也为其他地区新型城镇化与水生态环境耦合协调发展提供借鉴。

7.2 国内外文献综述

7.2.1 生态环境评价及影响因素

保护生态环境功在当代、利在千秋，对生态环境进行评价及其影响因素的探究有助于进一步了解现阶段生态环境状况，并从其主要影响因素方面采取相应的措施，这对建设生态文明城市具有重要的意义和价值，国内外学者对其进行了深入探究。

关于生态环境评价方面主要有成金华和王然（2018）运用熵权法和指标体系综合评价法，测算了长江经济带矿业城市水生态环境质量综合指数和各维度指数，并得出长江经济带上下游区域矿业城市水生态环境问题较严峻，中下游区域矿业城市水环境质量和上游区域矿业城市水生态安全面临着较大挑战。崔文彦等（2020）对永定河流域 30 个站点的相关指标进行评价参数选取、指标赋分及加权求和，获得永定河流域各站点水生态环境质量综合指数，发现除少数监测站点水生态状况为较清洁外，轻度污染和中度污染站点占据了永定河流域的大部分，可以看出永定河流域整体水生态状况不容乐观。Han 等（2021）、Yang 等（2019）分别对兖州矿业、榆神府煤矿区生态环境质量进行了综合性评价。Singh 等（2017）通过陆地卫星热数据和对印度勒克瑙市的实地调查，评估了城镇化在一段时间的负面影响及其对气温上升趋势和城市生态退化的影响，并利用城市热场变异指数对该城市进行了生态评价。熊尚彦和李拓夫（2021）基于熵权物元模型，分析了长江中游经济区 4 个省份 2005～2019 年生态环境质量的时间演变、区域差距以及限制因素，结果表明：虽然该经济区 4 个省份生态环境质量逐步得到提升并达到"优"等级，但环境质量状态不稳定、区域顽固性环境因素等问题仍需解决。田艳芳和周虹宏（2021）从自然环境、社会环境、经济环境三方面构建环境质量指标体系，对上海市城市生态环境质量进行了评价分析。刘翔宇等（2021）从经济发展、社会保障、资源利用、生态健康四方面构建生态环境质量评价模型对长三角中心区 27 个城市进行评价分析，发现经济发展对生态环境质量的影响在逐渐减小，而社会保障、资源利用以及生态健康对生态环境的影响均有所上升。学者们虽然基于不同的生态环境评价指标体系对不同地区的生态环境质量进行了评价，但大部分学者得出了一致的结论，即目前大多数地区的生态环境质量并不乐观，仍需进一步采取相关的保护措施，对生态环境的保护仍然还有很长一段路要走。

在生态环境影响因素方面，学者们主要侧重于对城市生态环境、人居生态环境、流域生态环境、海洋生态环境的研究。王丽丽等（2021）指出人均 GDP、产业结构、人口密度、人均绿地面积是影响中原城市群生态环境响应的主要因素；杨万平和赵金凯（2018）研究发现改善以煤炭消耗为主的能源结构，提高能源强度和加强环境管制不仅对本省人居生态环境质量改善有显著促进作用，而且还会对相邻省份存在溢出效应；潘桂行等（2017）、郭泽呈等（2019）认为人为因素和自然因素是流域生态环境良性发展的主要推动力，社会压力因素和经济支撑因素对其影响较小；李华等（2017）认为影响环渤海地区海洋生态环境响应演变的主要因素是海域利用效率，此外，提高海洋科技发展水平和加大海洋污染治理力度等措施也对胁迫程度的减小具有一定的推动作用。

由上可知，学者们对生态环境的评价分析以及影响因素方面做了大量研究，但鲜有具体到对水生态环境的研究，这可以成为未来研究的新视角。

7.2.2 城镇化对生态环境的影响

随着城镇化的快速发展，大量农村人口涌进城市，对经济社会发展以及生态环境带来了诸多影响，生态环境关系着当代人的幸福生活以及子孙后代的未来，城镇化对生态环境产生的影响受到国内外学者的广泛关注。1962 年，美国学者蕾切尔·卡森在《寂静的春天》一书中揭露了化学农药对生态环境的污染与破坏，敲响了人们对生态环境保护的警钟，进而带动了各国学者对城市生态环境问题的关注。肖攀和苏静（2019）、何刚等（2020）基于 STRIPAT 模型和空间杜宾模型，分别对环洞庭湖区 33 个县市区以及淮河生态经济带新型城镇化水平与生态环境质量进行了分析，前者发现城镇化对生态环境质量的影响存在显著的非线性特征和空间溢出效应；后者研究发现淮河生态经济带新型城镇化水平与生态环境质量存在正空间相关性，但其空间分布不均衡；两者均发现对外开放对生态环境具有显著的正向溢出效应，富裕程度与生态环境质量之间具有负向溢出效应。Chesney 等（2016）基于环境库兹涅茨曲线假说分析了城镇化对生态环境的非线性影响。Treglia 等（2018）利用结构方程模型深入探究了城镇化对生态环境的多重影响。谢锐等（2018）对我国 2003~2012 年 284 个地级及以上城市的数据实证研究了新型城镇化对生态环境质量的影响及其空间溢出效应，得出人口、经济以及空间城镇化不利于生态环境质量的提升，而社会城镇化的稳步推进能够改善生态环境质量的结论。Nathaniel 等（2019）

通过对南非 1965～2014 年的数据应用 ARDL 估计技术，探讨了生态足迹、城镇化和能源消耗之间的关系，研究结果表明，经济增长和金融发展在短期内对环境造成了日益恶化的影响，从长远来看，城镇化和能源使用促进了环境质量。Sahoo 和 Sethi（2022）研究了 1990～2017 年新兴工业化国家城镇化、经济结构、技术创新和人口密度对生态足迹和空气质量（PM2.5）的动态影响。黄莘绒等（2021）探讨了长三角城市群 26 个城市城镇化对生态环境的影响，结果表明长三角城镇化明显改善了本城市生态环境质量，但对相邻城市的生态环境质量有一定的负面影响。程承坪和陈志（2018）通过实证研究证实了中国城镇化在一定程度上改善了环境质量，并验证了城镇化对环境质量影响的机理。而邸勍等（2021）却得出与上述学者不同的结论，认为现阶段中国城镇化进程对环境质量总体上造成了负面影响，既加剧了环境污染排放又抑制了环境吸收能力。此外，还有一些学者从城镇化对环境的污染方面进行了探究，例如，吕有金和高波（2021）利用空间杜宾模型实证检验了长江经济带 108 个城市新型城镇化对环境污染的直接影响与空间溢出效应，研究发现新型城镇化能够降低本地区的环境污染，且经济、社会和空间城镇化都发挥了主要作用。而 Yang 等（2021）、Liang 等（2019）、Wang 和 Yin（2017）认为城镇化率、人口集聚、城市扩张和产业集聚等对环境暴露出了一定程度的负面影响。在实证分析方面，李存贵（2021）、邓晓兰等（2017）、黄河东（2017）基于我国不同时期的省级面板数据，选取不同的环境污染指标，研究了城镇化与环境污染之间的关系，得出了两者之间呈倒 U 型、反 N 型、正向效应等不同的结论。Irfan 和 Shaw（2017）对印度、巴基斯坦和孟加拉国环境污染、能源消耗和城镇化水平之间的关系进行探究发现城镇化水平与二氧化碳排放也呈倒 U 型关系。

综上所述，在城镇化对生态环境的影响研究方面学者们进行了大量研究，得出的结论也因研究对象、研究视角、变量的选取、时期的选择等不同而相差甚远。大部分学者均认为城镇化对生态环境具有一定的积极影响，城镇化虽然对本地区生态环境具有改善作用，但给相邻城市的生态环境带来了一定的负面影响。城镇化对生态环境的作用主要受产业结构、消费水平、开放水平、居民素质等因素的影响。

7.2.3 城镇化与生态环境的耦合协调

新型城镇化与水生态环境是对立统一的，两者相互依赖、相互作用、互为耦合，彼此相互协调从而形成一个有机整体。18世纪工业革命以后，西方国家城镇化迅速发展，城镇化发展带来的一系列生态环境问题引起了国外学者们的关注，因此，国外学者率先对新型城镇化与生态环境之间的关系进行了探究，早期的代表性理论主要有空想社会主义者 Owen 提出的"社会环境决定论"、英国学者 Howard 提出的"田园城市"理论、Grossman 和 Krueger（1995）提出的环境库兹涅茨曲线（EKC）假说、美国经济学家 K. 波尔丁提出的"循环经济理论"。我国对城镇化与生态环境关系的研究相较于国外起步较晚，始于20世纪80年代可持续发展概念提出之后，但是发展迅速，生态环境学家马世骏和王如松（1984）、王如松和刘建国（1988）、方创琳和杨玉梅（2016）的研究是其主要代表。随着新型城镇化的不断发展，国内外新型城镇化与生态环境耦合协调研究系统已经比较完善，涵盖了各个地区、各个领域、各个学科，为此，本篇将从国家层面、省份层面、城市群层面以及功能区层面对其进行文献梳理和归纳总结。

7.2.3.1 国家层面

随着全球气候变暖、海平面上升、环境污染、生态恶化等问题的出现，国际社会对城镇化与生态环境关系的关注度持续上升。经济合作和开发组织（OCED）与联合国环境规划署（UNEP）先后提出了 PSR（压力—状态—响应）模型和 DPSIR（驱动力—压力—状态—影响—响应）模型，为测度生态环境状况和人类活动提供了概念性框架。Dong 等（2019）采用熵权法与耦合协调度模型，对蒙古国 2000～2016 年城镇化与生态环境的耦合协调度进行了评价，结果表明蒙古国城镇化与生态环境的耦合协调度总体处于严重不平衡发展阶段，蒙古国中部、南部城镇化与生态环境耦合协调程度较低，应给予重视。Liu 等（2021）综合分析了我国 2001～2016 年城镇化与生态环境耦合协调的时空分异，指出中国东部地区的城镇化水平高于其他地区，而西部地区达到了最高的生态环境水平；总体而言，城镇化与生态环境的耦合度符合环境库兹涅茨曲线（EKC）假说，呈倒 U 型趋势，协调度呈缓慢上升趋势。初楠臣等（2021）结合 PES 和 PSR 模型分别构建城镇化和生态环境的评价指标体系，对俄罗斯东部地区城镇化和生态环境进行探究，发现该地区耦合协调度呈增长趋势，但整体处于基本不协调阶段。Huang 等借助耦合协调度模型分析了哈萨克斯坦城镇化与生态环境的耦合协调度，并利用地理探测器探讨了影响其发展的主要控制因素，进而得出哈萨克斯坦城镇化水平、生态环境水平、城镇化与生态环境耦合协调度均呈上升趋势。Feng 等（2021）针对泛第三极地区生态脆弱性高、生态过程复杂，建立了一个评估城镇化与生态环境耦合协调过程的有效框架，并研究了城镇化与生态环境耦合协调的空间分布与动态演化规律。Zhao 等（2017）基于世界银行收集的 2014 年 209 个国家和地区的数据，研究发现不同国家和地区的耦合协调度值在数量和空间上存在较大差异；在全球尺度上，耦合协调度值表现为"北半球高，南半球低，西半球高，东半球低"的空间分布格局，各大陆间分布格局不同。可见，由于各个国家地理环境、经济发展、人口因素等不同，所以每个国家城镇化进程、生态环境状况以及两者之间的耦合协调情况也呈现出不同特征，但均需因地制宜，根据各自特殊发展情况采取与之相对应的措施，推动新型城镇化与生态环境耦合协调发展。

7.2.3.2 省份层面

学者们对我国各省份新型城镇化与生态环境耦合协调关系进行了实证分析。通过对山东省的研究发现，山东省新型城镇化和生态环境关系存在发展不平衡、不充分特点；新型城镇化与生态环境的耦合协调度呈上升态势，总体处于初级协调阶段。福建省和江西省各地级市新型城镇化与生态环境耦合协调情况存在显著的空间异质性，前者新型城镇化与生态环境系统耦合协调度从东向西演变时间短，主要以调和发展型为主；后者呈现出"中间高—四周低"的分布态势。黑龙江省新型城镇化与生态环境两者间的耦合协调发展情况由初期的失调发展，经过渡发展最终转为协调发展。对新疆进行研究发现，新疆"资源利用—生态环境—新型城镇化"三系统耦合协调发展水平由 2008 年的初级协调发展至 2018 年的中级协调，预计在 2023 年达到优质协调。尚海龙和蒋焕洲（2019）对西藏自治区 2007～2016 年新型城镇化与生态环境复合系统耦合演进及解耦状态进行了测度、分析与判定。对宁夏回族自治区的研究发现，城镇化与生态环境耦合协调度呈稳定上升趋势，整体处于"基本协调—生态环境"滞后的转型阶段。黄丹和肖翔（2021）对云南省新型城镇化与生态环境发展时空耦合关系进行分析，认为云南省新型城镇化发展与生态环境效益水平在空间上存在较大差异。Ren 和 Yu（2021）对河北省城镇化与生态全要素能源效率进行研究发现，耦合协调度正从低—中耦合阶段过渡到中—高耦合阶段。Luo 等（2017）对贵州、云南、湖南和浙江 4 个省份的耦合度和耦合协调度进行了分析，结果表明，4 个省份在耦合度上高度耦合，贵州省、云南省在耦合协调度上均处于低无序度和城镇化滞后状态；浙江省协调性较好，城镇化稍显滞后；湖南省失衡程度较低，城镇化与生态系统协调发展。Zhang 等（2019）利用改进的耦合协调度模型、障碍度模型考察了北京市 2008～2017 年城镇化与水资源系统的协调状态及其障碍因素。Ma 等（2022）结合系统指标评价模型（SIEM）和耦合协调度模型（CCDM），分析了南京市城镇化与水生态环境的耦合关系，并得出城镇化综合指数、水环境指数以及两者耦合协调度均呈现出明显的增长趋势，其中，水环境综合指数具有一定波动性。He 等（2017）对上海市城镇化与生态环境的耦合协调度进行测度发现，城镇化与生态环境的耦合协调呈 S 型曲线，两个子系统均由研究初期的严重不平衡发展演变为研究末期的优平衡发展。此外，对福建省 10 个少数民族地区县（市）进行探究发现，福建省少数民族地区城镇化与生态环境耦合度极高，但各个县市耦合协调度之间差异较大，跨越了低度、中度与高度协调三个阶段。可见，学者们对我国各省份的相关研究十分丰富，并基于不同的方法得出不同的结论。从对各省份的新型城镇化与生态环境关系研究结果来看，虽然各个地区新型城镇化与生态环境耦合协调度经历了一段波折发展时期，但大多数省份都呈现发展向好的趋势。

7.2.3.3 城市群层面

早期城镇化与生态环境的耦合协调研究主要集中在全国范围省市级层面或是生态比较脆弱的特殊地区，随着进一步的探究，学者们注意到城市群也是不可忽视的一部分，据此，学术界对城市群区域的新型城镇化与生态环境耦合协调测度进行了探讨。孙斌等（2021）以黄河流域宁夏沿黄、兰西、中原、山东半岛等 7 个城市群为基本研究单元，对黄河流域城市群2000~2019 年耦合协调度进行了测度，并建立 ARIMA-BP 组合模型预测了2020~2025 年未来发展趋势。Yang 等（2021）通过构建成渝城市群城镇化和生态环境综合评价指标体系；应用耦合协调度模型测度了成渝城市群2005~2018 年各地级市城镇化与生态环境的耦合协调度。梁龙武等（2019）对京津冀城市群城镇化与生态环境耦合效应类型进行了判定，为地区协调发展提出了政策建议。卢瑜和向平安（2020）对长株潭城市群研究发现，生态环境和城镇化的耦合度在 0.96~1.00 波动，协调度呈 S 型上升趋势，由中度协调发展到了极度协调，实现了生态环境和城镇化的良性耦合及高度协调发展。城市群作为经济发展的重要推动力，在城镇化发展的过程中生态环境问题也越来越突出，但目前对城市群新型城镇化与生态环境耦合协调发展方面的研究较少。

7.2.3.4 功能区层面

功能区是按照区域资源、区位优势发展起来的经济技术开发区域组成，它跨越原有的行政区域，涵盖了若干个行政区，具有特定区域功能，对功能区的探讨具有很大的现实意义和价值。马艳（2020）、翁异静等（2021）、王宾和于法稳（2019）借助于熵权耦合协调模型、综合评价模型、耦合度和耦合协调度模型，探究了长江经济带九省二市城镇化与生态环境的综合水平以及耦合协调度的时空格局演变特征，研究表明长江经济带的城镇化与生态环境之间存在交互胁迫关系，在时间序列上协调性呈现稳步上升态势；空间格局上协调发展态势呈现由东至西逐渐衰减的空间差异特征。Shao等（2020）基于熵权 TOPSIS 法，得出长江三角洲中部地区的耦合协调度总体上呈上升趋势，从不平衡状态转变为基本平衡状态，但城镇化与生态环境的区域失衡一直存在，主要受社会城镇化、经济城镇化、景观城镇化、污染负荷和资源消耗的影响。Ariken 等（2021）构建城镇化与生态环境评价模型、耦合协调度模型、地理和时间加权回归模型对 2004~2018 年中国丝绸之路经济带城镇化与生态环境的耦合协调度以及时空异质性进行了探索。耿娜娜和邵秀英（2022）、赵建吉等（2020）分别对黄河流域"新型城镇化—生态环境系统"和"生态环境—旅游产业—城镇化"系统耦合协调进行了测度，前者发现黄河流域新型城镇化及生态环境子系统，以及耦合协调度均呈现先上升后下降的趋势；后者指出黄河流域"生态环境—旅游产业—城镇化"系统呈现高耦合低协调的特征，且存在一定的空间差异。Zhu 等（2020）、荣慧芳等（2019）运用熵权法、耦合协调度模型及探索性空间数据分析方法，探讨了皖江示范区"新型城镇化—生态环境""旅游产业—城镇化—生态环境"的耦合协调度和空间集聚特征，并得出不同的研究结论。Zhao 等（2021）通过建立城镇化与水环境综合评价模型，研究了2010~2018 年中国汉江流域城镇化与水环境的发展情况，指出汉江流域各地区城镇化水平呈逐步上升趋势，水环境综合指数呈波动性增长，汉江流域城市间存在时空异质性，城镇化与水环境的正交互作用主要集中在汉江中下游。在功能区方面，学者们不仅探讨了新型城镇化与生态环境两系统间的耦合协调关系，还引入了旅游产业系统，对三个子系统间的耦合协调关系进行了深入探究。

总体来看，目前国内外关于新型城镇化与生态环境协调发展的研究范围涵盖了国家、省份、城市群等多个空间尺度，虽然采用的方法大体一致，但由于地区差异性、评价指标选取不同、地方政策、经济发展等因素，最终得出的结论也各不相同。

7.2.4 研究述评

通过对国内外新型城镇化与水生态环境耦合协调相关文献进行梳理和归纳，可以发现学者们对城镇化与生态环境耦合协调方面做了大量研究，也集中分析了城镇化对生态环境质量、环境污染的影响，此外，还深入探究了生态环境评价体系及其影响因素。这些丰硕的研究成果为后期对新型城镇化与水生态环境耦合协调研究奠定了坚实的理论基础，提供了强有力的理论依据，但当前研究仍存在些许不足，主要体现在以下几方面：

第一，在研究内容上，国内外学者对新型城镇化与生态环境两者之间的耦合协调关系、生态环境评价及其影响因素方面做了大量研究，但鲜有具体到对水生态环境的研究，尤其是关于新型城镇化与水生态环境耦合协调研究的文献较少。此外，虽然学者们对新型城镇化与生态环境耦合协调度进行了定量分析，但对耦合协调发展进行模拟和预测的文献相对较少，不能仅限于对当前的研究，更重要的是对未来新型城镇化与水生态环境的耦合协调状况进行合理性预测，这有利于促进新型城镇化高质量发展以及水生态环境保护，有助于建设美丽城市、美丽中国。

第二，在研究对象上，国内外学者大多以国家、省市级行政区域、功能区域为主要研究对象，且大多分布在一些生态脆弱性特殊地区和城镇化比较发达的地区，以城市群尺度来研究新型城镇化与水生态环境耦合协调关系的相关文献较少，城市群在推动地区经济高质量发展的过程中充当着重要角色，对城市群新型城镇化与水生态环境之间的关系进行探究以及耦合协调发展情况进行测度，能够更好地把握地区未来城镇化以及生态可持续发展的方向和进展，从而为建设资源节约型、环境友好型的文明城市、生态城市、宜居城市提供参考，加大对城市群新型城镇化与水生态环境耦合协调的探究，这可以成为未来我国研究的一个新视角、新趋势。

基于以上分析，本篇将通过构建新型城镇化与水生态环境指标体系对中部地区新型城镇化和水生态环境水平进行测度，借助耦合协调度模型实证分析新型城镇化与水生态环境耦合协调度，对其耦合协调发展的影响因素进行分析，并进一步对中部地区新型城镇化与水生态环境耦合协调度进行预测分析，最后根据检验结果理论联系实际，结合区域的不同特征提出促进中部地区新型城镇化与水生态环境耦合协调发展的政策建议。

7.3 研究内容与研究方法

7.3.1 研究内容

为了促进中部地区新型城镇化与水生态环境良好协调发展，本篇将对两者之间的耦合协调情况进行深入探究与分析，并进一步对其进行预测。首先，在总结国内外文献的基础上，从正反作用机理、交互耦合机理方面构建一个综合的理论框架体系深入剖析新型城镇化与水生态环境之间的关系，通过构建新型城镇化与水生态环境指标体系对中部地区新型城镇化和水生态环境水平进行测度。其次，基于耦合协调度模型实证分析新型城镇化与水生态环境的耦合协调状况，对两者耦合协调发展的影响因素进行分析，并进一步对新型城镇化与水生态环境耦合协调度进行预测分析。最后，根据验证结果提出促进中部地区新型城镇化与水生态环境耦合协调发展的政策建议。主要内容如下：

第7章绪论。首先介绍问题提出的相关经济、政治、社会、文化等背景，阐述本篇的研究意义；其次梳理国内外研究现状，概括研究的主要内容，提出全文的研究框架和写作思路。

第8章概念界定、理论基础及作用机理。对城镇化、新型城镇化、生态环境等进行概念界定，阐述本篇研究相关理论，并基于现有文献，对其进行梳理总结，从正反作用机理、交互耦合机理方面构建一个综合的理论框架体系深入剖析新型城镇化与水生态环境之间的耦合作用机理。

第9章中部地区新型城镇化与水生态环境水平评价。构建较为全面、系统的中部地区新型城镇化与水生态环境评价指标体系对中部地区新型城镇化和水生态环境水平进行测度。

第10章中部地区新型城镇化与水生态环境耦合协调分析。通过构建耦合协调度模型进一步衡量新型城镇化与水生态环境系统间相互作用程度，判断出两者间的耦合协调度情况，并对其影响因素进行分析。

第 11 章新型城镇化与水生态环境耦合协调度的预测分析。基于灰色预测 GM（1，1）模型，预测两系统 2021～2030 年中部地区及其六省份耦合协调度发展趋势。

第 12 章研究结论与对策建议。归纳本篇的研究结论，根据分析结果，为新型城镇化与水生态环境耦合协调发展提出相关政策措施。

7.3.2 研究方法

本篇主要采用了理论分析和实证分析相结合、定性分析与定量分析相结合的研究方法。理论联系实际，在定性的理论研究基础之上，通过阅读相关文献和书籍建立科学的定量分析模型，然后通过收集相关资料和数据，对其进行深入剖析，以确保本篇的研究结论和政策建议具有高度的科学性和可信度，增强本篇的说服力。

第一，在理论分析部分，本篇的理论分析部分主要以定性分析为主，采用归纳推理和演绎推理的方法，对国内外已有的研究成果进行梳理、归纳和总结；从正反作用机理、交互耦合机理方面建立一个综合理论框架分析新型城镇化与水生态环境的交互耦合机理。

第二，在实证分析部分，本篇的实证分析部分主要以定量分析为主。首先，通过收集数据、筛选数据，构建科学严谨的新型城镇化与水生态环境评价指标体系，采用客观赋值的熵值法进行权重设置，减少因主观能动性带来的认知误差，从而增强指标体系的科学性和精确性。其次，借助于耦合协调度模型，定量分析新型城镇化与水生态环境的耦合协调程度，并构建计量模型对耦合协调发展的影响因素进行检验。最后，通过构建灰色预测 GM（1，1）模型深入探究中部地区整体及其六省份 2021～2030 年新型城镇化与水生态环境系统耦合协调发展的变化趋势。

7.4 研究思路和技术路线

7.4.1 研究思路

本篇将对新型城镇化与水生态环境耦合协调进行分析，主轴如下：对两者耦合作用机理分析—构建指标体系测度中部地区新型城镇化和水生态环境水平—对两者进行耦合协调度测度，并对耦合协调发展的影响因素进行分析—对新型城镇化与水生态环境耦合协调趋势进行预测分析—根据实证分析结果，提出促进新型城镇化与水生态环境协调发展的政策建议。

7.4.2 技术路线

本篇的技术路线如图 7-1 所示。

7.5 创新之处

7.5.1 研究领域方面

现有文献大多是对新型城镇化与生态环境耦合协调进行研究，鲜有探究新型城镇化与水生态环境两者耦合协调关系的文献，本篇将具体到对水生态环境的研究。

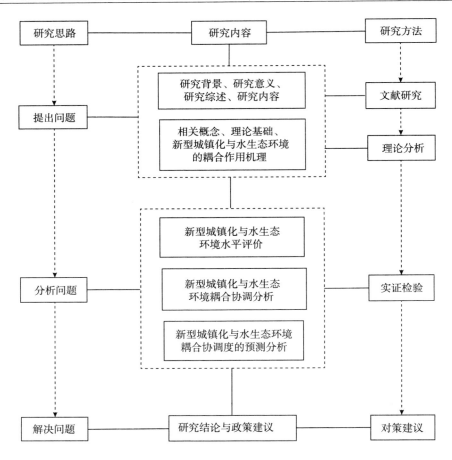

图 7-1　本篇的技术路线

7.5.2　研究内容方面

　　首先，通过构建系统全面的理论框架对新型城镇化与水生态环境的耦合机理进行综合性分析，并构建新型城镇化与水生态环境指标体系评价中部地区新型城镇化和水生态环境水平；其次，实证分析中部地区新型城镇化与水生态环境的耦合协调度，对两者耦合协调发展的影响因素进行检验，并进一步探究中部地区整体及其六省份2021~2030年新型城镇化与水生态环境系统耦合协调发展的变化趋势，现有文献鲜有对其进行进一步预测分析。

7.5.3　研究区域方面

现有文献大多是对各个省份、黄河流域以及长江经济带城镇化与生态环境耦合协调分析，对中部地区的相关研究较少，尤其是具体到对水生态环境的研究更是缺乏。

8 概念界定、理论基础及作用机理

8.1 概念界定

　　本篇主要涉及生态环境与水生态环境的概念。生态环境是由生态与环境两部分所组成，生态最初指的是所有生物的状态，以及各种生物之间、生物与环境之间的关系。后来是指自然界中生物体之间以及生物体与其附近环境之间的相互联系和相互影响的状态，强调主体与客体的关系。而环境是以人类为主体的各种自然现象的总称，包括自然环境、社会文化环境、经济环境等诸多方面，1982 年举办的第五届全国人民代表大会第五次会议上，我国黄秉维院士率先提出了生态环境一词，生态环境是指影响人类生存与发展的水、土地、生物以及气候等资源数量与质量的总称，是关系到社会和经济持续发展的复合生态系统。生态与环境两者相互独立又紧密联系，既有区别又有联系。当前，大多数学者常采用 PSR 模型或者 DPSIR 模型对生态环境进行测度与分析。

　　水生态环境一般是指水生态，从某种程度来看，水生态环境是生态环境的一个分支，其含义为环境水因子对生物的影响和生物对各种水分条件的适应。水是生命之源，同时也是一切生物的重要组成成分。近年来，我国水生态环境保护发生了历史性、转折性、全局性变化，我们要继续以水生态保护为核心，坚持精准、科学、依法治污，为建设美丽中国奠定基础。

8.2 理论基础

8.2.1 可持续发展理论

自 18 世纪工业革命以来，工业化进程不断加快，人们对资源的需求和消耗日益增加，由此产生的生态破坏、环境污染、资源匮乏等问题愈来愈突出，这严重影响了人们的生存以及未来发展，人们对此十分重视。1978年，国际环境与发展委员会首次提出了可持续发展的概念，Brundtland 女士于 1987 年在其报告《我们共同的未来》中明确提出了可持续发展的定义，即既满足当代人的需要，又不对后代人满足其需要的能力构成危害的发展，该定义包含了公平性、持续性、共同性三大基本原则，其中公平性原则又包括了横向公平与纵向公平，也称代内公平和代际公平。可持续发展的本质是寻求经济与环境生态之间的动态平衡；要义是要求人们摆脱传统工业文明的发展模式，转向生态文明的发展方式；最终目的是实现共同、协调、公平、高效、多维的发展。新型城镇化进程的加快一方面促进了经济、政治、社会、文化的发展；另一方面也带来了一系列水生态环境问题，如水资源供需矛盾加剧、水生态破坏、水污染严重等问题，从可持续发展的角度探究新型城镇化与水生态环境两者间的关系，有助于进一步深入认识两者之间的耦合协调作用状况，从而促进新型城镇化与水生态环境可持续发展。

8.2.2 生态经济学理论

20 世纪六七十年代，生态经济学作为一门新兴学科而存在，美国经济学家肯尼斯·鲍尔丁于 1966 年在其《一门科学——生态经济学》一书中正式提出了"生态经济学"的定义，生态经济学是既从生态学的角度研究经济活动的影响，又从经济学的角度研究生态系统和经济系统相结合形成的更高层次的复杂系统。生态经济学具有内在联系互动性、区域差异性、长远战略性以及层次性等特征，其研究内容主要包括三方面：一是基于经济系统和生态系统的矛盾运动；二是强调人类经济社会活动与生态环境的协调和可持续发展；三是力图揭示经济、社会、生态和自然组成的大系统的内部联系和发展规律，寻求内部各个子系统之间和谐发展的途径。它研究的主要问题有：生态—经济系统的结构、功能和目标；基本经济实体同生态环境相互作用的问题等。生态经济学的形成和发展充分体现了人们对生态经济规律认识的不断深化。新型城镇化是推动经济发展的重要动力，同时，经济水平的提升反过来也会促进新型城镇化发展，在追求经济发展的过程中，不能以牺牲水生态环境为代价谋求经济发展，要协调好经济活动与水生态环境保护之间的关系，坚持人水和谐共生。

8.2.3 · 环境承载力理论

环境承载力也称环境承受力、环境忍耐力。它是指某一地区的生态环境和生态资源在一定时期内、特定环境状态下，支持人类社会和经济活动的能力阈值。它反映了生态环境与人类活动的相互作用关系，并广泛应用于环境科学的许多分支学科。从环境承载力的定义可以看出其具有如下主要特征：第一，客观性和主观性。客观性主要体现在一定时间、状态、空间下，环境承载力是客观存在的，并且可以通过一定的方法对其进行衡量和评价；主观性体现在人们用什么样的评判标准和量化方法去衡量环境承载力。第二，动态性和可控性。环境承载力是随着时间、空间以及生产力水平的变化而不断变化的，是一种动态的过程。环境承载力的变化在很大程度上是由人类活动所造成的，因此，人类可以通过转变经济增长方式、优化经济发展结构、提高技术水平等途径来提高区域环境承载力，使其朝着有利于人类的方向发展，从而在一定程度上把控环境承载力的发展。第三,区域性和时间性。是指不同时期、不同区域的环境承载力是不同的,评价指标的选择以及衡量评价方法也要相应改变。在新型城镇化进程中,随着经济社会的发展,必将会给水生态环境造成一定的负面影响,但水生态环境的承载力是有限的。因此,在追求经济发展的过程中务必要加大对水生态环境的保护力度,将新型城镇化发展对水生态环境所带来的负面影响降到最小。

8.2.4 循环经济理论

循环经济理论萌芽于20世纪60年代美国经济学家波尔丁所提出的"宇宙飞船理论",他将地球比作太空中的宇宙飞船,是一个独立运行的系统,地球本身的资源和承载力是十分有限的,如果不合理、有节制地使用,那么地球终有一天会因为资源被消耗殆尽而走向灭亡。循环经济本质上是一种生态经济,它要求运用生态学规律来指导人类社会的经济活动,其核心内涵是整个社会再生产领域的资源循环利用,而发展循环经济的关键,主要在于加速经济转型。循环经济遵守"3R"原则,即减量化(Reduce)、再利用(Reuse)、再循环(Recycle)。减量化原则:通过最少的投入来获得既定的消费量或者生产量。再利用原则:尽可能反复地使用物品。再循环原则:生产出来的物品在使用过后能够重新变成可利用的资源。地球上的水资源十分有限,在追求新型城镇化发展的过程中应倡导节约利用水资源,优化水资源结构,通过循环利用、减量利用保护现有的水资源,促进水资源可持续发展。

8.2.5 波特假说理论

波特假说理论是在1991年经济学家Porter提出的,他认为有效地开展环境规制,能够对企业发展带来助推力,如推动其对自身的技术进行改革,提升创新水平,这就能够帮助企业提升生产效率,增强核心竞争力,且还能够给国家经济的整体发展带来强大的推动力。因此可知,环境规制不管是对于国家整体经济发展而言,还是对于企业自身而言都是有益的,能够达到双赢的效果。虽然在实施环境规制的背景下，企业需要付出对应的成本，且会在短时间内使其竞争力得到降低，但是从更为长远的角度来看，会推动企业产品技术的创新，且有助于企业工艺水平的提升。因此，这些做法会对企业发展的局限进行改革，为企业的长远发展带来潜在力量，这也是波特假设理论中所支持的"创新补偿理论"。

8.2.6 外部性理论

科斯定理揭示了外部性影响之所以导致资源配置失调是由于产权不明确。即外部性是指在不存在市场交易时，完全竞争市场上消费者的消费行为或生产者的生产行为会对其他消费者的消费行为或生产者的生产行为产生影响。西方经济学中将外部性分为正外部性和负外部性，当边际私人收益小于边际社会收益时，此时被称为正外部性；当边际私人成本小于边际社会成本时，此时被称为负外部性。因此，一个理性生产者在追求利润最大化时，可能会通过负外部性致使其他人"利益"受损，进而导致市场失灵。而水资源作为公共物品。具有非排他性和非竞争性，易造成负外部性发生，从而导致"公地悲剧"发生。对于理性的生产者们，他们为了追求利润最大化，不考虑社会成本和社会收益。为了追求利润的最大化，他们仅考虑私人成本与私人收益，而不考虑社会成本与社会收益，这必然会导致外部不经济的出现。

8.3 新型城镇化与水生态环境的耦合作用机理

8.3.1 新型城镇化对水生态环境的作用机理

8.3.1.1 人口城镇化对水生态环境的作用机理

新型城镇化发展的主要表现之一是大量农村人口迁入城镇地区，使得城镇人口数量急剧增加，为城市发展带来丰富的劳动力资源，也为水生态环境建设提供了人才支持，同时，人口迅速聚集于城镇地区在一定程度上减少了对农村地区环境的污染与破坏，提高了水生态环境的修复能力。但人口城镇化对水生态环境并非只有积极的促进作用，城镇化的快速发展也为水生态环境带来了一定的负面影响，主要体现在城市的水和土地等自然资源是有限的，大量农村人口涌进城镇地区，使得城镇地区人口密度增大，从而导致人均自然资源拥有量大大减少，城市废污水排放问题严重。由于城镇化发展对人们的消费结构与消费水平发生了改变，人们对水生态环境资源的需求量不断加大，从而导致供不应求；加之人们不合理的开发与应用，造成大量水资源浪费，水资源过度消耗。

8.3.1.2　经济城镇化对水生态环境的作用机理

新型城镇化的快速发展吸引大型企业聚集于城镇地区，社会资源的积累促进了城市地区经济发展，加之国家相关政策扶持，对水生态环境保护的投资力度以及水生态基础设施建设力度不断加大，为水生态环境的治理与保护提供了资金支持与政策保障。另外，经济的发展促进了中部地区高新技术产业的发展，先进的清洁生产技术以及水生态环境污染处理技术将污染排放总量控制在一定范围内，加之国家和社会大力倡导清洁能源的使用，在一定程度上减少了对水生态环境的压力。

在城镇化的发展过程中，城镇化推动了城镇地区的经济发展，这主要是工业化发展所带来的红利，但同时工业化的发展需要消耗大量的自然资源，排放大量的污染物和有害物质，对水生态环境造成严重的破坏，而对水生态环境的修复是一个长期性的工作，需要消耗大量的人力、物力和财力。

8.3.1.3　社会城镇化对水生态环境的作用机理

社会城镇化意味着农村地区居民的消费方式、生活方式、社会公共服务、基础设施建设等将发生很大变化，越来越趋近于城市地区发展模式，社会城镇化对水生态环境产生的作用机理主要有两方面。一方面，随着社会城镇化的不断发展，教育水平逐渐提高，人们的节约意识、环境保护意识大大提升，越来越追求高质量的生活环境与居住环境，因此，政府将加大对水生态环境保护的重视力度，增加对公共服务的投入。另一方面，由于城镇化的发展使得人们的消费观念以及消费方式发生转变，以前人们只追求解决温饱与生存问题，而现在人们的需求和偏好越来越多样化、个性化、主观化，更多倾向于精神消费，一些开发商为了获取暴利，非法开发一些河湖、江河、水域，对水生态环境造成极大破坏，同时由于管理制度不健全、环境保护措施不当等原因使得水生态环境污染严重、水资源短缺。

8.3.1.4　空间城镇化对水生态环境的作用机理

空间城镇化是新型城镇化在发展中比较直接、客观的变化，城镇化的发展使得城镇地区面积增加，这不仅扩大了城镇地区的人口容量，为城市发展带来更多机遇，也优化了城市内部产业结构布局，提高了资源利用效率，避免了资源过度浪费现象再次出现。另外，空间集聚使得水生态环境污染得以集中处理，在降低治污难度的同时，也有效地减少了城市废污水的处理成本。随着城市空间规模的不断扩大，城市用地不断向周围地区扩张，农业用地转变为建设用地、商业用地、工业用地等，破坏了周边原有的水生态环境平衡，影响地表径流，进而使得生物多样性减少。此外，在土地扩张的过程中，工业污染、城市污染、生活垃圾等向农村地区蔓延，大量不达标的废污水直接排入河流，严重破坏了水生态环境。

8.3.2　水生态环境对新型城镇化的作用机理

8.3.2.1　水生态环境对新型城镇化的促进作用

生态环境为人类生存与发展提供了物质基础，水是生命之源，其重要性显而易见。丰富的水资源与优良的水生态环境，为新型城镇化建设发展提供了物质资源上的支持与保障。生态环境越好，就越具有吸引力，优质的自然资源和舒适的生态环境有助于吸引大量高新技术产业和优秀人才会聚于此，为城市发展注入新鲜的血液与动力，进一步推动高新技术产业发展，提高城镇地区的科技竞争力，最终实现新型城镇化高质量发展。

8.3.2.2 水生态环境对新型城镇化的约束作用

水生态环境为新型城镇化发展提供了物质保障，但水生态环境承载力是有限的，大量的城市人口不断索取自然资源以及不合理开发，导致水生态环境破坏、水污染严重、水资源匮乏等问题突出，严重影响了企业发展，降低了对外资、技术以及人才的吸引力，使得新型城镇化发展进程减慢、停滞甚至倒退。另外，由于城市污染物排放量增加，降低了城市的舒适度、宜居度，使得城市人口大量迁移到生态环境更好的乡村地区，造成"逆城镇化"。此外，随着城镇化生活水平的提高，人们的生态环境保护意识不断增强，越来越关注生态文明建设，对生活环境的质量要求越来越高，如果城市水质水量无法满足人们的需求，这可能会降低人们对城市的满意度。

8.3.3 新型城镇化与水生态环境的交互耦合机理

通过对上述新型城镇化与水生态环境的作用机理分析可以看出，新型城镇化与水生态环境两者之间相互影响、相互作用、交互耦合。我国大多数学者通常将新型城镇化系统分为人口城镇化、经济城镇化、社会城镇化、空间城镇化，在对水生态环境系统进行评价的过程中，PSR 模型和 DPSIR 模型是常用的评价模型，其中，PSR 模型应用更加频繁，该模型为测度生态环境状况以及人类活动提供了理论框架。

在新型城镇化发展初期，城镇人口较少，水生态环境处在即将开发阶段，水资源还未被正式利用与开采，该阶段城镇化发展缓慢，经济发展落后，新型城镇化与水生态环境关系较为和谐，但两者发展水平较为低下。随着新型城镇化的不断发展，城镇人口数量不断增加，城市规模不断扩大，城镇化水平显著提升，该阶段新型城镇化发展对自然资源的利用程度较大，城镇化的快速发展使得水生态环境污染更加严重，新型城镇化发展对水生态环境的胁迫作用越来越突出，但这些破坏还在水生态环境可承载的范围之内，此时新型城镇化与水生态环境处于磨合发展状态。当新型城镇化发展进程进一步向前推进时，人们对水生态资源的索取力度不断加大，开发速度不断加快，虽然城镇化水平突飞猛进，但对水生态环境造成了难以弥补性的伤害，水土流失、水生态环境破坏、水资源短缺、环境污染等问题十分严峻，如果在此基础上对自然资源继续过度开发，这将会进一步恶化水生态环境，严重破坏水生态平衡，同时，因此带来的环境污染会大大降低城市的宜居度，"逆城镇化"将会接踵而至，新型城镇化发展进程将会萎靡不前，甚至倒退，因此，必须正确处理好新型城镇化与水生态环境之间的关系，只有两者保持高水平的良性交互耦合才能实现两者的和谐发展、良性循环，从而推动新型城镇化与水生态环境可持续健康发展。两者具体交互耦合路径如图 8-1 所示。

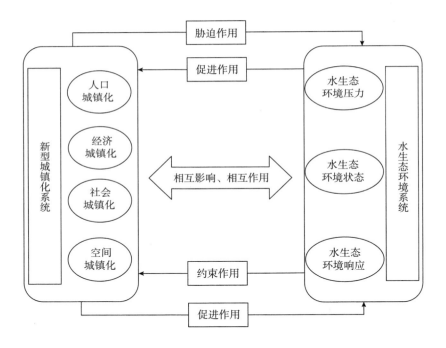

图 8-1 新型城镇化与水生态环境交互耦合作用关系

9 中部地区新型城镇化与水生态环境水平评价

9.1 新型城镇化水平指标体系构建及评价

9.1.1 新型城镇化水平指标体系构建

本篇在前人的研究基础之上，根据评价指标的科学性、全面性、代表性以及数据的可获得性原则，结合中部地区新型城镇化发展实际，从人口城镇化、经济城镇化、社会城镇化以及空间城镇化 4 个方面选取了常住人口城镇化率、第二产业从业人员比重、第三产业从业人员比重等 15 个二级指标，对中部地区新型城镇化水平进行评价，各指标属性以及权重的计算结果如表 9-1 所示。本篇中各评价指标数据主要来源于 2011~2021 年的《中国城市统计年鉴》、2010~2020 年的《中国城市建设统计年鉴》、2011~2021 年的各省市统计年鉴、2010~2020 年的水资源公报、2010~2020 年的各省市国民经济与社会发展公报，对于个别缺失数据采用均值填充法补齐。本篇中数据截至 2020 年。

表 9-1 中部地区新型城镇化评价指标体系

系统层	准则层	指标层	权重	指标属性
新型城镇化系统	人口城镇化	常住人口城镇化率（%）	0.0334	+
		第二产业从业人员比重（%）	0.0256	+
		第三产业从业人员比重（%）	0.0308	+
	经济城镇化	人均地区生产总值（元）	0.0582	+
		地区生产总值增长率（%）	0.0030	+
		第三产业占地区生产总值比重（%）	0.0262	+
	社会城镇化	社会消费品零售总额（万元）	0.1157	+
		医院床位数（张）	0.0780	+
		全市科学技术支出（万元）	0.2618	+
		全市教育支出（万元）	0.0746	+
	空间城镇化	公园绿地面积（公顷）	0.1179	+
		建成区面积（平方千米）	0.1145	+
		人均城市道路面积（平方米）	0.0457	+
		建成区绿化覆盖率（%）	0.0057	+
		建成区绿地率（%）	0.0088	+

注：由于 2021 年的《中国城市统计年鉴》未统计第二产业从业人员比重、第三产业从业人员比重，因此 2020 年数据是基于 2017~2019 年数据采用均值填充法所推算得出的。

9.1.2　评价方法

设置指标权重能够有效地考察和评估各个指标在整体中的相对重要程度，目前学术界确定权重的方法主要有两大类：一类是客观赋权法，另一类是主观赋权法。主观赋权法在很大程度上受个人的经验、偏好、知识水平所影响，为了避免个人主观赋权的局限性，本篇采用客观赋权的熵值法，其具体计算步骤如下：

第一，采用极差变换法对原始数据进行标准化处理，排除尺度、数量级大小以及正负方向不同带来的干扰。评价指标有成本型（正向）和效益型（负向）两种类型，正向指标越大越好，负向指标越小越好。

对于成本型指标：$A_{ij} = \dfrac{x_{ij} - minx_{ij}}{maxx_{ij} - minx_{ij}}$ （9-1）

对于效益型指标：$A_{ij} = \dfrac{maxx_{ij} - x_{ij}}{maxx_{ij} - minx_{ij}}$ （9-2）

其中，x_{ij} 表示原始指标值；A_{ij} 表示标准化值，$maxx_{ij}$、$minx_{ij}$ 分别表示原始指标的最大、最小值，通过标准化处理，使所有的指标值都在 $[0, 1]$。

第二，计算 i 地区第 j 个指标的比重 Q_{ij}。

$$Q_{ij} = \dfrac{A_{ij}}{\sum\limits_{i=1}^{n} A_{ij}}$$ （9-3）

第三，计算第 j 项指标的熵值 e_j。

$$e_j = -\dfrac{1}{lnm} \sum\limits_{i=1}^{n} (Q_{ij} \times lnQ_{ij})$$ （9-4）

第四，计算各指标的权重 W_j。

$$w_j = \dfrac{1 - e_j}{\sum\limits_{j=1}^{m} (1 - e_j)}$$ （9-5）

第五，根据线性加权求和计算中部地区新型城镇化系统 U（x）和水生态环境系统 W（y）的发展水平：

$$U(x) = \sum\limits_{j=1}^{m} w_j \times Q_{ij}$$ （9-6）

$$W(y) = \sum\limits_{j=1}^{m} w_j \times Q_{ij}$$ （9-7）

其中，U(x)表示新型城镇化水平，W(y)表示水生态环境水平，两者的值越大，表明新型城镇化与水生态环境水平越高。

9.1.3 新型城镇化水平评价分析

根据式（9-6）计算出中部地区及其六省份和各省份地级市新型城镇化水平，结果如图 9-1 至图 9-7 所示。

由图 9-1 可知，总体来看，中部地区新型城镇化水平呈现出大幅上升趋势，由 2010 年的 0.048 上升到了 2020 年的 0.141，这主要是因为自党的十八大以来，国家进一步加大了对中部地区的政策支持力度，各省份立足于当地发展基础以及发展要素，大力提升城市公共基础设施水平以及公共服务能力，加快构建城镇化发展新格局，深入推进弥补当地城镇化发展短板的重点项目，不断优化产业结构以及经济发展布局，推动中部地区经济高质量发展，促进城乡一体化发展，提高新型城镇化水平。

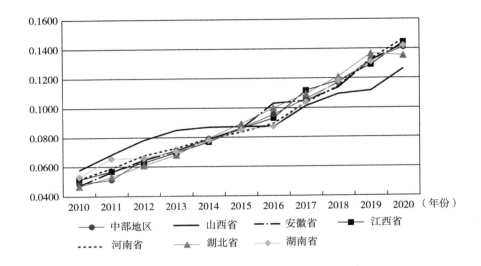

图 9-1 中部地区及其六省份新型城镇化水平

从省份来看，2010~2020 年中部六省份新型城镇化水平上升趋势较为明显，除山西省呈波动上升态势外，安徽省、江西省、河南省、湖北省、湖南省新型城镇化水平增长速度较快，这可能是因为山西省作为能源大省，以煤炭资源产业发展为主，2010~2013 年享受着煤炭资源带来的红利，经济发展速度较快，进而推动新型城镇化不断发展，但 2013~2016 年产业结构较为单一，经济效益不太明显，在"三去一降一补"的供给侧结构性改革大环境下，山西省能源产业举步维艰，转型困难，同时，由于山西省地理位置特殊，位于黄土高原，多山地，交通设施不便，阻碍了外来资金流入；

加之困于周围强省，对人才、资源的吸附能力较弱，城市吸引力不足，因此该阶段新型城镇化发展进程缓慢。2016 年后，山西省继续优化产业结构和经济增长方式，取得了一定成效，新型城镇化水平小幅度上升。此外，湖北省 2019~2020 年新型城镇化水平呈下降趋势，虽然近年来湖北省新型城镇化发展较快，但也存在着城镇化质量不高、区域不均衡、城镇化率增长乏力等问题。对此，湖北省新型城镇化发展不仅要提速，更要提质，不能仅实现武汉"一市独大"，政策扶持也应该向其他地区倾斜，使得各地区都能得到充分发展的机会，从而实现湖北省新型城镇化高质高效发展。

由图 9-2 可知，总体来看，2010~2020 年山西省 11 个地级市新型城镇化水平呈现平稳上升趋势，上升幅度较小，其中，变动较大的是长治市和阳泉市，2010~2019 年，长治市新型城镇化水平先缓慢上升，然后开始平缓下降；2019~2020 年呈陡然上升态势，新型城镇化水平由 2019 年的 0.059 急剧增加到 2020 年的 0.482，其原因是长治市坚决贯彻新发展理念，以打造全国资源型城市转型升级示范区为目标，产业结构加速升级，新兴产业成为引领转型发展的主要引擎，大力推进农业和服务业提质提效，同时，全面加强社会基础设施建设，大力推动社会人员稳就业；不断加大科技创新投入，提高科技创新能力；长治市以加快城市生态建设为指引，全面提升人居环境。2010~2020 年，阳泉市新型城镇化水平呈平缓的 W 型发展趋势，究其原因，阳泉市是 2013 年首批被住建部、科技部确定的国家"智慧城市"建设试点城市，阳泉市充分利用该契机，大力推动经济转型升级，促进数字化产业发展；阳泉市地理位置优越，西接太原，东接石家庄，同时靠近京津地区，可以承接周边地区的产业转移，加之工业基础雄厚，阳泉市大力推进工业结构调整，重视对新兴产业的发展力度，并进一步深化国企改革和重组，建立健全激励约束机制，为新型城镇化发展奠定了坚实的经济基础。2014 年，阳泉市面临着复杂的外部经济环境以及内部结构性矛盾，工业产品产能过剩，煤炭价格持续降低，工业经济增速下滑，企业效益回落，因此新型城镇化水平大幅度下降。2015 年，阳泉市制定出台了新型城镇化推进计划，积极开展新型城镇化综合试点工作，推进新型城镇化体制机制不断创新，这一系列举措在一定程度上推动了新型城镇化快速发展。

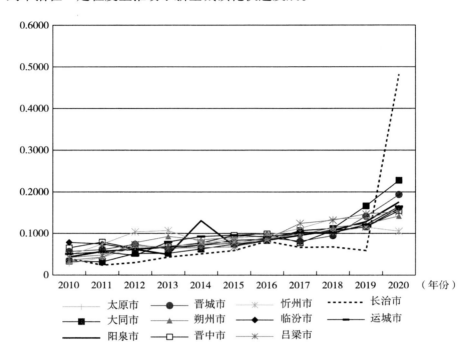

图 9-2　山西省各地级市新型城镇化水平

　　由图 9-3 可知，2010~2020 年安徽省 16 个地级市新型城镇化水平呈大幅度上升发展趋势，由 2010 年的最低水平 0.022 增加到 2020 年的最高水平 0.207，但整体新型城镇化水平不高。淮南市 2010~2019 年新型城镇化水平波动上升。其中，2015~2019 年上升趋势较为明显，2019~2020 年呈明显下降趋势，究其原因，2015 年是全面深化改革的关键之年，也是"十二五"规划的收官之年，淮南市大力推进产业转型升级，缩小煤炭产业占比，加快城乡一体化发展，2016 年安徽省政府颁发了推进新型城镇化试点省建设的实施意见，2018 年淮南市进一步深化推进新型城镇化试点工作，坚持统筹规划，促进中心城市和小城镇协调发展，建立完善的激励政策，鼓励农村人口自愿进城安家落户，并完善相关就业帮扶政策，解决迁移人口的后顾之忧。2019 年我国经济面临严峻的外部经济环境，加之自身发展存在不平衡不充分问题，国内经济发展压力增加。受到国内外经济环境的影响，2019 年淮南市经济增速以及经济效益急速下滑，对新型城镇化发展带来巨大冲击。

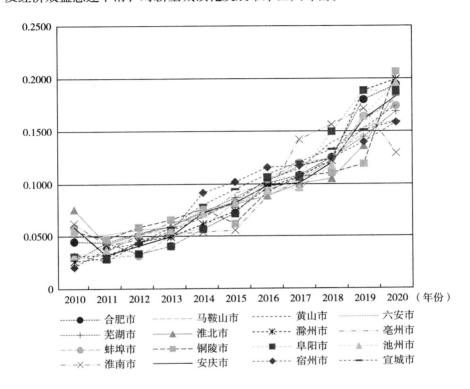

图 9-3 安徽省各地级市新型城镇化水平

由图 9-4 可知，2010～2020 年宜春市、抚州市、赣州市、上饶市、南昌市新型城镇化水平呈现出波动上升态势，尤其是 2016 年后，上升趋势更加明显，这可能是因为江西省牢固树立创新、协调、绿色、开放、共享的新发展理念，深入实施创新驱动发展战略，不断加大科技创新投入，完善创新平台体系，同时加强城市规划与建设，不断完善城市功能配套设施，逐步建立城乡一体化医疗保障制度体系，稳步推进城镇公共服务一体化。九江市、鹰潭市 2010～2020 年新型城镇化水平呈 N 型发展趋势；吉安市新型城镇化水平呈 Z 型发展；新余市 2010～2012 年新型城镇化水平上升趋势明显，2012～2020 年呈现出平缓的 V 型发展态势；景德镇市 2010～2018 年呈 M 型发展，2018～2020 年上升趋势明显；萍乡市新型城镇化水平 2010～2017 年波动上升，2017～2018 年大幅上升，并于 2018 年达到江西省新型城镇化水平最高值 0.259，然后再急剧下降，这可能是受到当时外部变化所带来的巨大冲击，经济发展一度进入低迷状态。

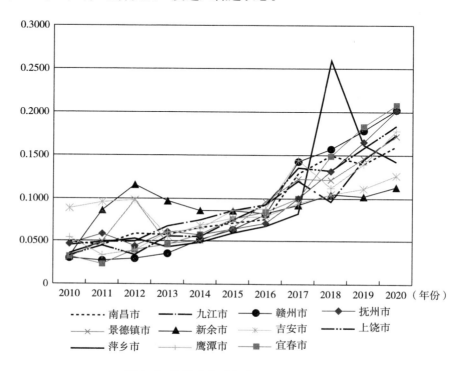

图 9-4 江西省各地级市新型城镇化水平

由图 9-5 可知，2010～2020 年河南省 17 个地级市新型城镇化水平总体呈现平滑上升趋势，仅有新乡市和安阳市 2010～2013 年小幅度波动，尤其是 2016 年后上升趋势较为明显，这可能是因为 2016 年是"十三五"规划的开局之年，为了贯彻落实《河南省人民政府关于深入推进新型城镇化建设的实施意见》，河南省从推动农业人口向城镇转移落户、加快中小城市和特色镇发展、深化城乡一体化等六个方面进一步推进新型城镇化高质量发展，其后几年，河南省也出台了一系列助推新型城镇化发展的相关政策措施，进一步弱化了河南省新型城镇化发展不平衡不充分等问题。信阳市于

2020 年达到了 2010~2020 年河南省新型城镇化水平最大值 0.296，虽然河南省各地级市新型城镇化综合得分从 2010 年到 2020 年不断增加，但其整体水平还有待进一步提升，据此，河南省各地级市要加大对城市污水、生活垃圾无害化处理率，发挥中心城市圈以点带面功能，带动周边地区经济发展；同时要不断完善社会公共服务，建立健全完善的教育医疗卫生保障体系和养老体系，加大城市绿化面积占比，打造美丽山水城市、生态城市、绿色城市，促进城乡融合发展。

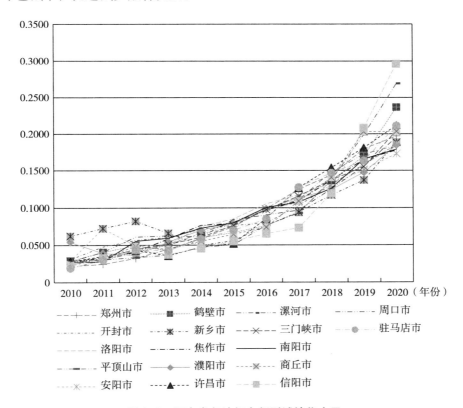

图 9-5 河南省各地级市新型城镇化水平

由图 9-6 可知，2010~2020 年湖北省 12 个地级市新型城镇化水平呈现出波动上升趋势，上升幅度较大，其中，武汉市 2010~2020 年新型城镇化水平趋于 45 度角直线上升趋势，上升速度较快；襄阳市 2010~2013 年上升趋势明显，2013~2015 年趋于平稳发展，2016 年后开始缓慢上升，究其原因，2013 年襄阳市产业结构调整"阵痛"加剧，实体经济发展艰难；全面深化改革、优化营商环境、转变政府职能任务艰巨，推动新型城镇化与城乡一体化发展面临着复杂严峻的挑战；黄冈市 2010~2013 年新型城镇化水平趋于 45 度角直线上升趋势，2013~2014 年上升趋势陡峭，2014~2020 年呈波动上升趋势。其原因是 2013 年黄冈市坚持同步推进新型城镇化与新型工业化、信息化、农业产业化协调发展，强化政府组织领导，并开展城镇建设年度"八个一"工程竞赛活动、"双十"城市建设等工程，统筹推进公共服务设施，不断完善城镇供排水、燃气、通信、公共交通、城市废污水和垃圾处理等基础设施建设，并大力发展文化产业、旅游产业，在全市掀起了一股城乡建设和推进新型城镇化发展的热潮。

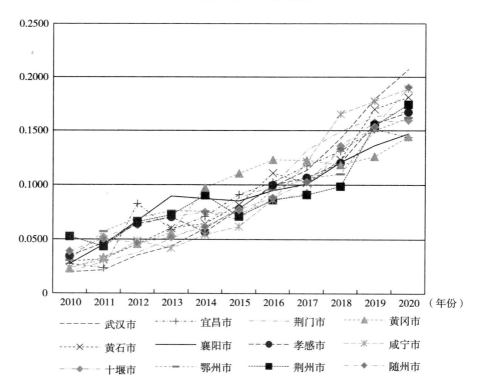

图 9-6　湖北省各地级市新型城镇化水平

由图 9-7 可知，2010~2020 年长沙市、株洲市、衡阳市、邵阳市、岳阳市、常德市、张家界市、益阳市、永州市、怀化市新型城镇化水平呈现出波动上升态势，尤其是 2016 年后上升趋势更加明显；湘潭市 2010~2016 年呈现出平缓上升趋势，2016~2018 年大幅度上升，2018~2020 年波动下降，这可能是因为 2010 年国务院批准实施《湘潭市城市总体规划（2010-2020 年）》，对湘潭市新型城镇化发展发挥了很大的指导作用，湘潭市根据当地实际发展情况，于 2016 年、2017 年相继向国务院提出修改请示，不断完善新型城镇化发展规划，对湘潭市新型城镇化发展带来了很大的促进作用。虽然湘潭市新型城镇化发展取得了一定成效，但人才短缺、中小企业发展艰难、实体经济发展力度不够、环境问题历史欠账较多、大气污染治理

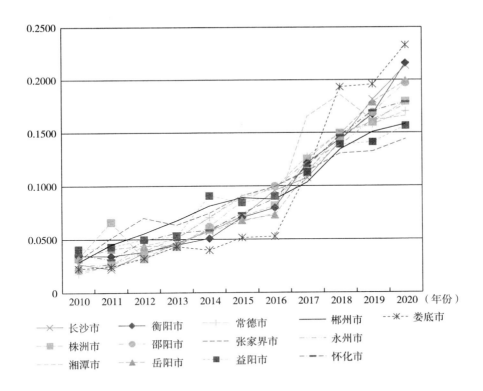

图 9-7　湖南省各地级市新型城镇化水平

任务艰巨等问题依然存在，加之 2019 年国外严峻复杂环境对经济发展带来的极大挑战，大大影响了新型城镇化水平；郴州市 2010~2020 年新型城镇化水平先呈直线上升趋势，然后于 2015~2016 年平稳发展，2016 年后呈抛物线上升态势；娄底市新型城镇化水平 2010~2016 年波动上升，2016~2020 年先陡然上升，然后平稳发展，再大幅度上升，并于 2020 年达到新型城镇化水平最大值 0.233。

9.2 水生态环境水平指标体系构建及评价

9.2.1 水生态环境水平指标体系构建

本篇根据新型城镇化与水生态环境之间的相互影响、相互作用关系，遵守评价指标的科学性、全面性、数据可获得性等原则，借鉴 PSR 模型，并结合中部地区实际发展状况，从水生态环境压力、水生态环境状态、水生态环境响应三个维度选取 11 个水生态环境评价指标，对中部地区水生态环境综合水平进行测度分析，其计算结果如表 9-2 所示，其中，指标权重是通过熵值法计算得出的。

表 9-2　中部地区水生态环境评价指标体系

系统层	准则层	指标层	权重	指标属性
水生态环境系统	水生态环境压力	污水排放量（万立方米）	0.0025	−
		用水人口（万人）	0.0045	−
		工业用水总量（亿立方米）	0.0107	−
		人均日生活用水量（升）	0.0124	−
		漏损水量（公共供水）（万立方米）	0.0027	−
	水生态环境状态	水资源总量（万立方米）	0.2534	+
		人均水资源量（立方米/人）	0.2666	+

续表

系统层	准则层	指标层	权重	指标属性
水生态环境系统	水生态环境状态	供水总量（万立方米）	0.2207	+
	水生态环境响应	城市污水处理率（%）	0.0041	+
		污水处理厂集中处理率（%）	0.0086	+
		污水处理总量（万立方米）	0.2137	+

9.2.2 水生态环境水平评价分析

根据式（9-7）得出中部地区及其六省份和各省份地级市水生态环境水平，如图9-8至图9-14所示。

从整体来看，2010~2020年，中部地区水生态环境水平呈波动上升趋势，数值由0.086增加到0.119，增长速度缓慢（见图9-8）。从局部来看，中部地区2015~2018年水生态环境水平下降趋势较为明显，2018~2020年上升趋势显著，一方面，因为中部地区人口众多，开发历史悠久，随着中部崛起战略的深入实施，中部地区新型城镇化、工业化进程加速，人地和用水关系越来越紧张，部分地表径流污染严重，地下水开采过度，湿地破坏严峻，水环境健康状况持续恶化，水环境安全问题日益突出，对人居环境、水生态环境造成了严重威胁，改善水生态环境任重而道远。另一方面，2018年国家进一步加大了对水生态环境的重视力度，《环境保护税法》以及新版《水污染防治法》在全国范围内推行开来，各地区在一系列政策的助推下，立足于当地发展实际，以改善水生态环境质量为核心，坚持统筹兼顾，协同推进经济高质量发展和水生态环境高水平保护取得了一定成效。

从省份来看，山西省2010~2020年水生态环境水平趋于平稳发展模式，水生态环境综合得分介于0.08~0.10波动；安徽省水生态环境水平2010~2016年波动上升，2016~2019年波动下降，2019~2020年上升趋势明显；江西省2010~2020年水生态环境水平介于0.06~0.11波动；河南省2010~2017年水生态环境水平呈U型发展趋势，2017~2020年呈V型发展态势；湖北省2010~2020年水生态环境水平呈平缓的W型态势；湖南省2010~2015年

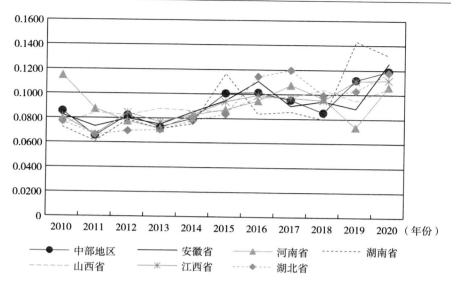

图 9-8　中部地区及其六省份水生态环境水平

呈 W 型发展趋势，2015~2019 年呈 U 型发展，2019 年达到整个中部地区水生态环境最高值 0.143，然后逐渐下降。虽然中部六省份 2010~2020 年水生态环境水平都经历了一定的上下波动，但整体综合得分均低于 0.15，总体水平较为低下，对此，中部地区要进一步加大对水生态环境的保护力度，努力实现新型城镇化高质量发展与水生态环境健康发展高度耦合，为实现中部地区绿色崛起夯实基础。

由图 9-9 可知，太原、大同、长治、朔州、晋中、吕梁 6 个城市 2010~2020 年水生态环境水平均波动上升；阳泉市 2010~2016 年呈 S 型发展趋势，2016~2020 年呈 U 型发展态势，这可能是因为 2015 年国务院颁布了《水污染防治行动计划》，阳泉市积极响应国家政策，加大对工业污染监督力度，建立健全工业废污水处理设施，强化城镇生活水污染处理，提高污水处理率以及水资源利用效率，这一系列措施大大提高了阳泉市水生态环境水平；2019年阳泉市深入贯彻习近平生态文明思想，大力实施城市绿化工程，涵养水源，保持水土，深入打好水污染防治攻坚战，狠抓工业污染防治工作，依法取缔高污染产业，全面加强水生态环境管理和保护，2019 年阳泉市水生态环境保护取得了显著成效；晋城市 2010~2015 年水生态环境水平呈波动下降趋势，

2015~2020 年波动上升；运城市水生态环境综合得分介于 0.060~0.127 波动；忻州市 2010~2020 年呈现波动下降态势，其原因是忻州市位于山西省中北部，地处干旱半干旱地区，山多川少，受地理因素影响，水资源严重不足，由于受技术限制，虽然矿产资源储量丰富，但并未得到充分利用，经济发展水平较低，对水生态环境的投入力度不够，整体水生态环境水平偏低；临汾市 2010~2015 年波动下降，2015~2020 年波动上升。

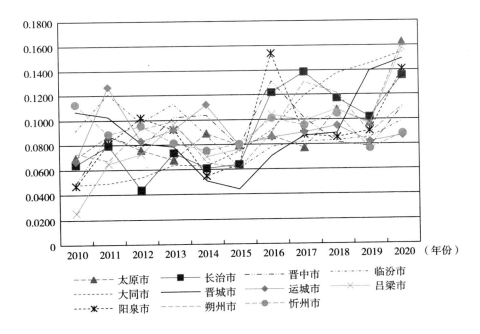

图 9-9　山西省各地级市水生态环境水平

由图 9-10 可知，安徽省各地级市 2010~2020 年水生态环境水平大体介于 0.050~0.150 波动上升，上升的幅度较小。其中，蚌埠市 2010~2020 年水生态环境综合得分围绕 0.1 上下波；淮南市 2010~2018 年呈 U 型发展趋势，2018~2020 年呈 V 型发展态势；淮北市 2010~2011 年水生态环境水平急剧下降，由最大值 0.296 降低到 0.040，2011~2020 年小幅度波动上升，这可能是因为随着城镇化进程加快以及经济发展需要，人们对水资源的需求进一步加大,受地理位置影响,淮北市降水时空变化大,旱涝灾害较为频繁,2011 年降水量大大减少,供水量严重不足,导致水资源供求矛盾加剧,且为了当地经济发展,第二产业占比较大,工业污染严重,废污水排放量大,对水生态环境造成了极大破坏,饮水矛盾越来越突出。自党的十八大召开以来,淮北市积极响应国家、省级生态环境保护相关政策,大力推进生态文明建设,改变水生态环境恶化现状,加大对水生态环境的资金投入,加强工业、农业、城镇以及公共节水推进力度,深入落实黑臭水体的治理和保护工作,水生态环境水平得到了一定提升。

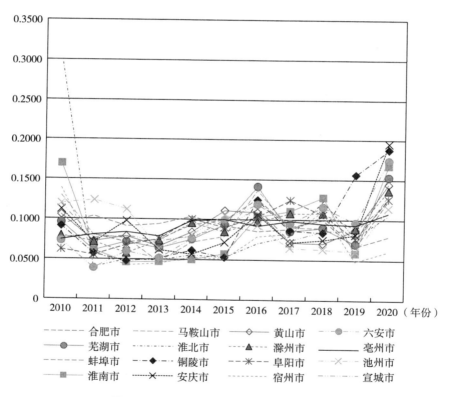

图 9-10 安徽省各地级市水生态环境水平

由图 9-11 可知,2010~2020 年江西省各地级市水生态环境水平大体上呈 U 型发展态势;其中,萍乡市水生态环境水平 2010~2019 年波动缓慢上升,2019~2020 年大幅度上升,其原因可能是党的十九大强调生态文明建设是关系中华民族永续发展的根本大计，萍乡市深入贯彻习近平生态文明思想和新发展理念，紧紧抓住长江经济带发展战略、"一带一路"倡议等机遇，立足于当地水生态环境发展状况，统筹推进，不断优化产业结构，全面实施工业绿色转型升级，大力发展文化产业、生态旅游产业、生态休闲农业；新余市 2010~2020 年总体呈波动下降趋势，2010~2011 年下降趋势明显，究其原因，新余市因钢设市，因工兴市，工业化率达到了 50% 以上，是一座典型的重工业化城市，长期对矿产资源进行开发与利用，给当地土壤、水生态环境带来了严重的污染，加之监管不到位，新余市露天矿山开采违法行为乱象丛生，生态修复严重滞后；宜春市 2010~2017 年处于平稳发展阶段，2017~2020 年小幅度上升；赣州市 2010~2015 年呈 W 型发展态势，2016~2020 年呈 V 型发展趋势；抚州市 2010~2020 年水生态环境水平趋于平稳发展状态。

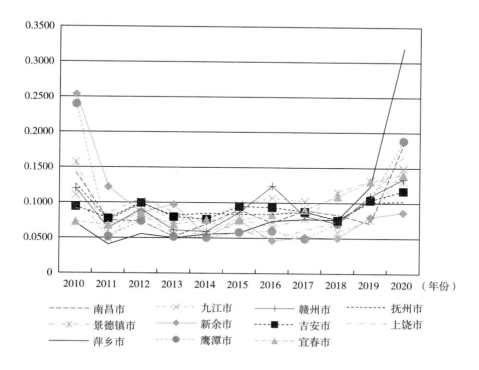

图 9-11　江西省各地级市水生态环境水平

由图 9-12 可知，河南省 17 个地级市水生态环境水平大体上 2010~2012 年均呈现出下降趋势，2012~2020 年呈波动上升趋势，且波动幅度较大。其中，洛阳市、平顶山市和南阳市 2010~2013 年下降趋势十分显著，尤其是洛阳市，由最大值 0.201 急剧降低至 0.047，这可能是因为随着经济社会发展，用水需求量不断加大，洛阳市属于北方缺水型城市，水资源分布不均，河流水量减少，地下水位下降，地表水用量不足，再生水利用效率低下，供需矛盾突出，此外，水资源配置不合理，水污染日益严重，饮用水存在安全隐患。这一系列问题大大拉低了洛阳市水生态环境综合水平；2010~2020 年郑州市水生态环境水平呈 W 型发展趋势，其原因是 2010~2014 年

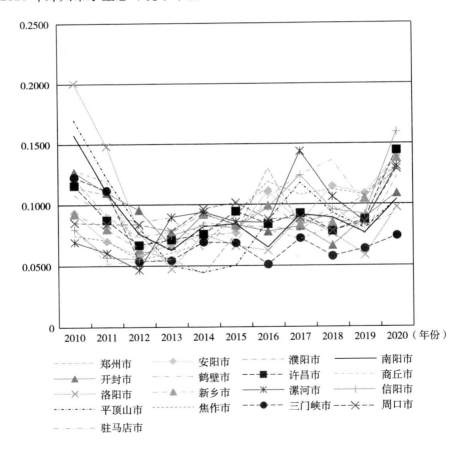

图 9-12　河南省各地级市水生态环境水平

郑州市生态用水历史欠账太多、水资源配置结构不合理、地下水开采过度、水污染越来越严重等问题十分突出，水生态环境综合水平低下；2014～2016年郑州市开创"循环水系"理念，启动建设环城生态水系循环工程，大大提高了水资源利用效率，同时，郑州市建立最严格的水资源管理制度，将其提升到法制层面，并严格督促落实到位；2016～2017年郑州市常住人口迅速增加45万，对水资源的需求量增加了6.2亿立方米，加之人们浪费现象严重，加剧了水资源供需矛盾；由于监管制度不太健全，相关处罚制度不太完善，工业和生活污水直接排入河流，对水生态环境造成了严重污染；但自2017年水污染防治攻坚战开展以来，郑州市在全市牢固树立绿色发展理念，始终坚持贯彻习近平生态文明思想，郑州市连续5年被省政府考核评为优秀。

由图9-13可知，宜昌市、襄阳市、荆门市、孝感市、荆州市2010～2020年水生态环境水平呈现出波动上升趋势；武汉市、黄冈市2010～2020年水生态环境发展呈W型态势；黄石市2010～2019年波动下降，2019～2020年急剧增加，究其原因，黄石市加大城镇生活污水和农业面源污染治理力度，积极推进湖泊水生态环境修复工作，因地制宜，加快推进黑臭水体整治，建立健全污水处理设施，不断提高污水收集和雨水排放能力，2019～2020年黄石市污水处理总量增加了614万立方米；十堰市2010～2017年呈W型发展态势，2017～2020年呈V型发展趋势；鄂州市2010～2020年水生态环境表现出"波动下降—急剧增加—明显下降"趋势；咸宁市2010～2020年呈S型发展态势；随州市2010～2011年急剧下降，由0.150降低到0.015，2011～2020年呈现"波动上升—大幅下降—小幅上升"的发展趋势，这可能是因为随着经济社会发展、人口增加，与水生态环境之间的矛盾不断升级，加之在城市发展过程中不合理开发，郊区和经济开发区工业废污水直接排入河流，导致水污染严重，生态环境越来越脆弱，水土流失加剧，河流、湖泊、江河等流水量减少，水质严重下降。

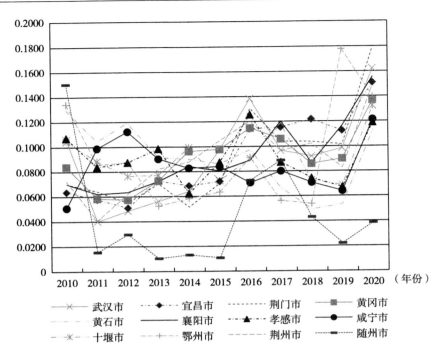

图 9-13 湖北省各地级市水生态环境水平

由图 9-14 可知，2010~2020 年长沙、株洲、湘潭、衡阳、邵阳、岳阳、常德、益阳、郴州、怀化、娄底 11 个地级市水生态环境水平介于 0.049~0.212 波动，整体处于平稳发展状态。张家界市 2010~2014 年、2016~2020 年两阶段水生态环境水平大体处于平缓发展态势，仅个别年份有所波动，2014~2015 年急剧增加，并于 2015 年达到湖南省水生态环境最大值 0.459，随之急剧降低，这可能是因为 2014 年张家界市紧紧围绕市委、市政府"双联双解六攻坚"主线，实施水污染防治、噪声污染整治等"六大环保专项行动"，在污染防治、改善生态环境方面狠下功夫，大大提高了张家界市水生态环境水平；随着经济的发展，盲目吸引投资，不合理地发展旅游，使得张家界市自然景区出现了严重的城镇化和商业化倾向，加之管理和监督制度不太完善，游客人口大量增加，乱扔垃圾等破坏生态环境的行为十分普遍，给水生态环境带来了很大压力。永州市 2010~2018 年水生态环境趋于平缓发展模式，2018~2019 年呈大幅度上升趋势，2019~2020 年下降趋势明显，其原因是 2018 年永州市深入践行"绿水青山就是金山银山"的发展理念，创新推行"双河长制"，充分发挥河长宣传员、监督员、信息员作用，先后举办了河长座谈会、水环境保护培训、民间河长能力建设培训会等活动，大力增强人们的环保意识，并呼吁大众积极参与河长制治理；而 2019 年永州市河流污染、城乡生活污染、农业面源污染等问题尚未得到根本性解决，部分流域重金属超标、城乡水生态环境基础设施不太完善，农村环境保护意识薄弱。

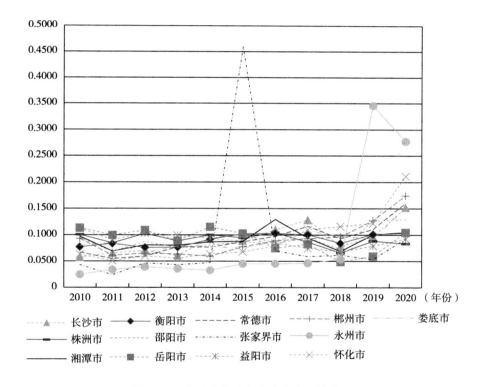

图 9-14 湖南省各地级市水生态环境水平

10 中部地区新型城镇化与水生态 环境耦合协调分析

10.1 耦合协调度模型构建

"耦合"一词最早是在物理学领域提出，主要指两个或两个以上的体系或两种运动形式间通过相互作用而彼此影响，从而联合起来实现特定目标的现象。参考相关文献，构建新型城镇化与水生态环境耦合协调度模型，测度和分析中部地区新型城镇化与水生态环境耦合协调度大小及耦合协调发展状况，公式为：

$$C = \frac{2\sqrt{U(x) \times W(y)}}{U(x) + W(y)} \tag{10-1}$$

$$T = \alpha U(x) + \beta W(y) \tag{10-2}$$

$$D = \sqrt{C \times T} \tag{10-3}$$

其中，C 表示新型城镇化与水生态环境耦合度（$C \in [0, 1]$），T 表示协调度指数，D 表示耦合协调度，U(x) 表示新型城镇化水平，W(y) 表示水生态环境水平；α、β 为待定系数，通常认为，两个子系统对于整个系统耦合协调度的影响同样重要，因此两者均取值1/2。参考杨秀平等（2020）的研究成果，根据耦合协调度大小进行分类，如表 10-1 所示。

表 10-1　耦合协调度类型划分和发展特征

序号	耦合协调度	耦合协调类型	耦合协调发展特征
1	0.000~0.099	极度失调	W(y)<U(x)水生态环境发展滞后；-0.1<U(x)-W(y)<0.1 新型城镇化和水生态环境发展基本同步；W(y)>U(x)新型城镇化发展滞后
2	0.100~0.199	严重失调	
3	0.200~0.299	中度失调	
4	0.300~0.399	轻度失调	
5	0.400~0.499	濒临失调	
6	0.500~0.599	勉强耦合协调	
7	0.600~0.699	初级耦合协调	
8	0.700~0.799	中级耦合协调	
9	0.800~0.899	良好耦合协调	
10	0.900~1.000	优质耦合协调	

10.2　新型城镇化与水生态环境耦合协调度评价

　　为便于研究，根据前文所提及式（10-1）至式（10-3）的耦合协调模型，测度出中部地区及其六省份和各省份地级市 2010 年、2015 年、2020 年新型城镇化与水生态环境耦合协调状况，具体结果如表 10-2 至表 10-8 表示。

　　由表 10-2 可知，2010 年、2015 年、2020 年中部地区及其六省份耦合度值均大于 0.900，2015 年山西省和河南省耦合度值甚至达到了 1.000，表明新型城镇化与水生态环境整体耦合度较高。2010 年、2015 年、2020 年中部地区及其六省份协调度值均低于 0.140，整体协调度偏低，但呈现稳步上升趋势。中部地区及其六省份新型城镇化与水生态环境耦合协调发展阶段

· 141 ·

主要经历了"中度失调—轻度失调"的过程。2010 年中部地区及其六省份新型城镇化与水生态环境耦合协调度均低于 0.299，整体处于中度失调阶段；2015 年中部地区新型城镇化与水生态环境耦合协调发展取得了一定成效，安徽省和江西省耦合协调度值均为 0.300，湖南省耦合协调度值为 0.316，3 个省份均由中度失调阶段发展到轻度失调阶段，山西省、河南省、湖北省耦合协调度仍低于 0.299，处于中度失调阶段；2020 年，中部地区及其六省份新型城镇化与水生态环境耦合协调度处于 [0.300，0.399]，属于轻度失调阶段。虽然在一系列政策支持、环境保护措施的助推下，中部地区及其六省份新型城镇化与水生态环境耦合协调发展状况取得了一定进展，但整体耦合协调度水平偏低，还未达到濒临失调、勉强耦合协调、初级耦合协调、中级耦合协调、良好耦合协调等阶段，中部地区及其六省份需继续加大对水生态环境的保护力度以及投资力度，从新型城镇化高质量发展与水生态环境健康可持续发展两手发力，既要金山银山，也要实现碧水蓝天。

表 10-2　中部地区及其六省耦合协调状况

地区	2010 年			2015 年			2020 年		
	C	T	D	C	T	D	C	T	D
中部地区	0.961	0.067	0.254	0.997	0.093	0.305	0.997	0.130	0.360
山西省	0.992	0.066	0.256	1.000	0.087	0.294	0.996	0.116	0.339
安徽省	0.963	0.065	0.250	0.999	0.090	0.300	0.998	0.134	0.366
江西省	0.974	0.066	0.254	0.999	0.090	0.300	0.992	0.128	0.356
河南省	0.925	0.083	0.278	1.000	0.085	0.292	0.987	0.126	0.353
湖北省	0.965	0.061	0.243	0.999	0.087	0.294	0.998	0.127	0.356
湖南省	0.988	0.063	0.249	0.988	0.101	0.316	0.999	0.137	0.370

由表 10-3 可知，山西省各地级市 2010 年、2015 年、2020 年耦合度值总体均大于 0.900，仅有 2020 年长治市耦合度值为 0.828，2015 年大同市和忻州市、2020 年太原市和吕梁市耦合度值达到了 1.000，整体来看，山西省各地级市耦合度水平较高。从协调度来看，山西省各地级市耦合度值处于

[0.034，0.309]，晋城市和临汾市 2010 年、2015 年、2020 年耦合度呈现"降低—上升"趋势，整体水平偏低。从耦合协调度来看，2010 年，太原、大同、阳泉、长治、晋城、朔州、晋中、运城、忻州、临汾 10 个地级市新型城镇化与水生态环境耦合协调度值均处于 [0.200，0.299]，属于中度失调阶段，吕梁市耦合协调度值为 0.180，处于严重失调阶段，表明 2010 年山西省 11 个地级市新型城镇化与水生态环境耦合协调状况不容乐观；2015 年，山西省各地级市耦合协调度均处于中度失调阶段；2020 年，大同市和晋城市达到了濒临失调状态，长治市新型城镇化与水生态环境耦合协调发展取得了很大进步，由 2010 年、2015 年的中度失调阶段发展到 2020 年勉强耦合协调阶段，其余各市均处于轻度失调状态。总体而言，山西省 11 个地级市新型城镇化与水生态环境耦合协调度呈现出一种发展向好的趋势。

表 10-3　山西省各地级市耦合协调状况

地区	2010 年			2015 年			2020 年		
	C	T	D	C	T	D	C	T	D
太原市	0.900	0.048	0.209	0.999	0.084	0.289	1.000	0.159	0.398
大同市	0.983	0.041	0.200	1.000	0.074	0.272	0.981	0.191	0.433
阳泉市	0.999	0.045	0.212	0.999	0.067	0.258	0.994	0.158	0.397
长治市	0.972	0.052	0.224	0.999	0.061	0.247	0.828	0.309	0.506
晋城市	0.951	0.082	0.278	0.962	0.061	0.241	0.992	0.171	0.412
朔州市	0.937	0.054	0.225	0.980	0.076	0.272	0.992	0.126	0.354
晋中市	0.990	0.057	0.237	0.995	0.087	0.294	0.985	0.132	0.361
运城市	0.990	0.058	0.241	0.996	0.087	0.295	0.951	0.126	0.346
忻州市	0.912	0.080	0.270	1.000	0.080	0.282	0.996	0.097	0.311
临汾市	0.997	0.085	0.291	0.988	0.072	0.267	0.971	0.130	0.355
吕梁市	0.970	0.034	0.180	0.998	0.072	0.267	1.000	0.155	0.394

由表 10-4 可知，安徽省大部分地级市 2010 年、2015 年、2020 年耦合度值均大于 0.800，2010 年宿州市、马鞍山市耦合度值分别为 0.668、0.748，表明这两个地级市还需进一步加大对水生态环境的保护力度。在协

调度方面，2010 年、2015 年、2020 年淮南市、马鞍山市、淮北市、铜陵市、安庆市、宿州市均呈现出"V"型发展趋势，各地级市协调度值均小于 0.200，说明安徽省整体协调度较低。在耦合协调度方面，2010 年，除淮南和淮北两市处于轻度失调阶段，其余 14 个地级市均属于中度失调状态；2015 年，芜湖、黄山、六安、亳州、池州、宣城 6 个地级市达到了轻度失调阶段，其余各地级市处于中度失调状态；2020 年，芜湖、马鞍山、铜陵、安庆、六安、滁州 6 个地级市耦合协调度值均处于 ［0.400，0.499］，达到了濒临失调状态，其余各地级市均处于轻度失调阶段。总体而言，安徽省 2010 年、2015 年、2020 年新型城镇化与水生态环境耦合协调状态经历了"中度失调—轻度失调—濒临失调"过程。

表 10-4　安徽省各地级市耦合协调状况

地区	2010 年			2015 年			2020 年		
	C	T	D	C	T	D	C	T	D
合肥市	0.967	0.061	0.242	0.987	0.086	0.291	0.976	0.159	0.394
芜湖市	0.827	0.061	0.225	0.999	0.090	0.300	0.999	0.161	0.401
蚌埠市	0.974	0.075	0.271	0.998	0.087	0.295	0.927	0.127	0.343
淮南市	0.885	0.116	0.320	1.000	0.056	0.238	0.992	0.149	0.384
马鞍山市	0.748	0.078	0.241	0.999	0.076	0.276	0.979	0.165	0.402
淮北市	0.805	0.186	0.387	0.978	0.067	0.256	0.960	0.146	0.374
铜陵市	0.969	0.073	0.266	0.997	0.057	0.239	0.999	0.197	0.444
安庆市	0.950	0.085	0.285	0.998	0.077	0.277	0.999	0.189	0.435
黄山市	0.843	0.068	0.240	0.991	0.098	0.311	0.995	0.159	0.398
滁州市	0.864	0.053	0.213	0.998	0.079	0.281	0.982	0.168	0.406
阜阳市	0.942	0.046	0.209	0.993	0.081	0.283	0.980	0.157	0.392
宿州市	0.668	0.079	0.230	0.942	0.076	0.268	0.895	0.110	0.313
六安市	0.981	0.061	0.245	0.996	0.091	0.301	0.999	0.167	0.409
亳州市	0.841	0.048	0.201	0.999	0.096	0.309	0.968	0.144	0.374
池州市	0.816	0.076	0.249	0.992	0.094	0.305	0.965	0.155	0.387
宣城市	0.831	0.076	0.251	1.000	0.093	0.305	0.992	0.142	0.375

由表 10-5 可知，2010 年、2015 年、2020 年，江西省 11 个地级市耦合度值介于 [0.630，1.000]，2010 年吉安市、2015 年萍乡市和宜春市、2020 年鹰潭市耦合度值达到了 1.000。从协调度来看，江西省各地级市协调度均小于 0.250，表明江西省 11 个地级市 2010 年、2015 年、2020 年新型城镇化与水生态环境协调状态不佳。从耦合协调度来看，2010 年，新余、鹰潭和吉安 3 个地级处于轻度失调状态，其余各地级市均属于中度失调阶段；2015年，仅有九江市达到轻度失调状态，其余各市均处于中度失调阶段；2020年，景德镇、新余、吉安、抚州 4 个地级处于轻度失调状态，其余各市均已达到濒临失调阶段。

表 10-5　江西省各地级市耦合协调状况

地区	2010 年			2015 年			2020 年		
	C	T	D	C	T	D	C	T	D
南昌市	0.872	0.096	0.289	0.993	0.081	0.283	0.998	0.172	0.414
景德镇市	0.742	0.094	0.264	0.997	0.071	0.266	0.991	0.151	0.387
萍乡市	0.944	0.053	0.224	1.000	0.058	0.241	0.923	0.231	0.462
九江市	0.908	0.078	0.266	0.998	0.092	0.303	0.997	0.162	0.401
新余市	0.630	0.143	0.300	0.997	0.080	0.283	0.991	0.100	0.315
鹰潭市	0.774	0.147	0.337	0.981	0.072	0.266	1.000	0.183	0.428
赣州市	0.803	0.075	0.246	0.988	0.075	0.272	0.979	0.168	0.406
吉安市	1.000	0.091	0.302	0.995	0.086	0.292	0.999	0.122	0.349
宜春市	0.922	0.053	0.220	1.000	0.076	0.275	0.981	0.174	0.414
抚州市	0.887	0.086	0.277	0.991	0.073	0.270	0.945	0.152	0.379
上饶市	0.885	0.062	0.234	0.995	0.068	0.260	0.999	0.175	0.418

由表 10-6 可知，2010 年、2015 年、2020 年河南省大部分地级市耦合度值介于 0.700~1.000，2010 年洛阳市和平顶山市耦合度值分别为 0.576和 0.605，表明 2010 年该两市新型城镇化与水生态环境耦合状态不太乐观。在协调度方面，2010 年、2015 年、2020 年，洛阳市、平顶山市、新乡市、濮阳市、三门峡市、南阳市、商丘市协调度均呈现出 V 型发展态势，整体

而言，河南省各地级市 2010 年、2015 年、2020 年协调度值均小于 0.230，整体耦合度水平较低。在耦合协调度方面，2010 年、2015 年、2020 年，河南省新型城镇化与水生态环境耦合协调状态经历了"严重失调—濒临失调"过程，整体耦合协调度水平较为低下。2010 年，除驻马店市耦合协调度值处于 [0.100，0.199]，属于严重失调状态，其余 16 个地级市均处于中度失调状态；2015 年，除周口市处于轻度失调阶段，其余地级市均属于中度失调阶段；2020 年，新乡、许昌、漯河、商丘、信阳、驻马店 6 个地级市耦合协调度值介于 0.400~0.499，处于濒临失调阶段，其余 11 个地级市均属于轻度失调阶段。

表 10-6　河南省各地级市耦合协调状况

地区	2010 年			2015 年			2020 年		
	C	T	D	C	T	D	C	T	D
郑州市	0.733	0.068	0.223	1.000	0.075	0.275	0.977	0.162	0.398
开封市	0.795	0.079	0.251	0.999	0.080	0.283	0.966	0.147	0.377
洛阳市	0.576	0.110	0.252	0.992	0.076	0.274	0.950	0.142	0.367
平顶山市	0.605	0.095	0.239	0.972	0.066	0.252	0.960	0.144	0.372
安阳市	0.852	0.061	0.228	1.000	0.076	0.276	0.994	0.156	0.394
鹤壁市	0.818	0.069	0.237	0.987	0.079	0.279	0.899	0.165	0.385
新乡市	0.980	0.077	0.275	0.981	0.069	0.261	0.988	0.163	0.401
焦作市	0.883	0.051	0.212	0.997	0.085	0.292	0.989	0.155	0.392
濮阳市	0.923	0.088	0.285	1.000	0.081	0.284	0.979	0.154	0.388
许昌市	0.794	0.072	0.239	0.956	0.073	0.265	0.982	0.178	0.418
漯河市	0.904	0.049	0.210	0.965	0.068	0.257	0.939	0.200	0.433
三门峡市	0.781	0.075	0.243	0.999	0.073	0.269	0.885	0.139	0.351
南阳市	0.705	0.092	0.255	1.000	0.082	0.286	0.964	0.141	0.369
商丘市	0.714	0.075	0.232	0.992	0.074	0.270	0.978	0.168	0.406
信阳市	0.836	0.052	0.208	0.982	0.068	0.259	0.954	0.228	0.466
周口市	0.862	0.057	0.221	0.996	0.093	0.304	0.979	0.162	0.399
驻马店市	0.788	0.050	0.199	1.000	0.069	0.263	0.978	0.175	0.414

由表 10-7 可知，2010 年、2015 年、2020 年湖北省大部分地级市耦合度值均大于 0.700，仅有随州市 2015 年耦合度值为 0.655，因此，随州市要正确处理好新型城镇化与水生态环境两者之间的关系，从而推动新型城镇化高质量发展与水生态环境高水平健康耦合协调。在协调度层面，2010 年、2015 年、2020 年湖北省 12 个地级市协调度值均低于 0.185，整体协调度水平较低，但大体呈现出平稳上升趋势。在耦合协调度层面，2010 年荆门和咸宁两个地级市耦合协调度值介于 0.100~0.199，属于严重失调阶段，其余 10 个地级市均处于中度失调状态；2015 年，随州市新型城镇化与水生态环境耦合协调由中度失调阶段退步到严重失调阶段，襄阳市和黄冈市耦合协调度值处于 [0.300，0.399]，属于轻度失调状态，其余各个地级市均属于中度失调阶段；2020 年，随州市由 2015 年的严重失调恢复到中度失调状态，武汉、荆门、荆州 3 个地级市达到了濒临失调阶段，其余 8 个地级市处于轻度失调状态。

表 10-7　湖北省各地级市耦合协调状况

地区	2010 年			2015 年			2020 年		
	C	T	D	C	T	D	C	T	D
武汉市	0.728	0.063	0.214	0.994	0.088	0.295	0.993	0.185	0.428
黄石市	0.778	0.080	0.249	1.000	0.084	0.290	0.973	0.147	0.378
十堰市	0.869	0.070	0.246	1.000	0.073	0.270	0.996	0.146	0.381
宜昌市	0.917	0.045	0.204	0.993	0.081	0.285	1.000	0.147	0.384
襄阳市	0.862	0.046	0.200	0.988	0.095	0.307	0.999	0.150	0.387
鄂州市	0.777	0.082	0.253	0.999	0.066	0.256	0.997	0.151	0.388
荆门市	0.833	0.045	0.182	0.994	0.079	0.281	0.999	0.173	0.415
孝感市	0.858	0.071	0.247	0.998	0.083	0.287	0.986	0.143	0.376
荆州市	0.988	0.062	0.248	0.982	0.088	0.294	0.997	0.161	0.401
黄冈市	0.821	0.053	0.209	0.998	0.104	0.322	1.000	0.140	0.375
咸宁市	0.931	0.037	0.186	0.988	0.073	0.268	0.976	0.155	0.389
随州市	0.809	0.095	0.277	0.655	0.044	0.170	0.749	0.114	0.293

由表 10-8 可知，2010 年、2015 年、2020 年湖南省各地级市耦合度值均大于 0.800，仅个别年份个别地级市耦合度值介于 0.600~0.700，总体来说，湖南省 2010 年、2015 年、2020 年耦合度水平较高。在协调度方面，2010 年、2015 年、2020 年，除张家界市耦合度发展呈倒 V 型发展趋势外，其余各地级市均表现出稳定上升态势，总体来看，湖南省 2010 年、2015 年、2020 这三年协调度值均小于 0.260，新型城镇化与水生态环境协调度水平偏低。在耦合协调度方面，2010 年，长沙、常德、张家界、永州 4 个地级市处于严重失调状态，其余各市耦合度值介于 0.200~0.299，属于中度失调阶段；2015 年，益阳市由中度失调阶段进入轻度失调阶段，张家界市率先达到了濒临失调状态，其余 11 个地级市均处于中度失调状态；2020 年，湖南省各地级市新型城镇化与水生态环境耦合协调取得了重大进展，株洲市、湘潭市、衡阳市、岳阳市、张家界市和益阳市达到了轻度失调阶段，其余 7 个地级市进入了濒临失调状态。总体而言，虽然湖南省各地级市新型城镇化与水生态环境从 2010~2020 年取得了一定成效，但还未达到高水平耦合协调阶段，因此，湖南省各地级市在追求城镇化高质量发展的同时也不能忽视对水生态环境的保护和重视力度。

表 10-8　湖南省各地级市耦合协调状况

地区	2010 年			2015 年			2020 年		
	C	T	D	C	T	D	C	T	D
长沙市	0.932	0.042	0.198	0.994	0.080	0.282	0.986	0.139	0.424
株洲市	0.861	0.067	0.240	0.990	0.083	0.287	0.931	0.124	0.350
湘潭市	0.755	0.059	0.210	0.990	0.077	0.277	0.975	0.131	0.363
衡阳市	0.925	0.056	0.227	0.983	0.086	0.291	0.936	0.134	0.386
邵阳市	0.778	0.058	0.212	1.000	0.086	0.293	0.978	0.148	0.400
岳阳市	0.831	0.073	0.246	0.979	0.085	0.289	0.951	0.119	0.380
常德市	0.814	0.042	0.186	1.000	0.088	0.296	1.000	0.134	0.406
张家界市	0.986	0.037	0.191	0.743	0.275	0.452	0.976	0.093	0.340
益阳市	0.884	0.077	0.260	0.996	0.093	0.304	0.967	0.110	0.347

续表

地区	2010 年			2015 年			2020 年		
	C	T	D	C	T	D	C	T	D
郴州市	0.848	0.061	0.227	0.998	0.083	0.288	0.999	0.139	0.408
永州市	0.999	0.025	0.159	0.943	0.068	0.253	0.975	0.254	0.470
怀化市	0.963	0.049	0.218	0.999	0.071	0.266	0.996	0.146	0.441
娄底市	0.830	0.051	0.206	0.983	0.063	0.249	0.977	0.144	0.433

10.3 耦合协调发展的影响因素

10.3.1 模型设定

新型城镇化与水生态环境耦合协调度值在 0~1 变化，符合受限变量特征，为了能够有效避免传统 OLS 法带来的估计结果偏差和不一致，本章将采用面板数据 Tobit 模型进行回归和参数估计，Tobit 模型由经济学家 James Tobin 于 1958 年提出，是因变量受到限制的一种模型，其标准的一般回归模型如下：

$$y_i = \alpha + \beta x_i + \mu_i \tag{10-4}$$

$$y'_i = \begin{cases} y_i, & y_i > 0 \\ 0, & y_i \leq 0 \end{cases} \tag{10-5}$$

其中，x_i 表示解释变量，y_i 表示被解释变量，u_i 表示随机误差项，α 表示截距项，β 表示系数向量。新型城镇化与水生态环境的耦合协调状况受到多种影响因素的作用，参考相关文献，并结合现实发展状况，本章选取耦合协调度作为被解释变量，以经济发展水平、资源聚集能力、科技创新投入、教育水平、政府能力、工业化水平作为解释变量，通过构建计量模型对其进行定量分析，具体指标解释如表 10-9 所示。

表 10-9　耦合协调度影响因素

变量类型	变量名称	变量符号	变量说明	单位
被解释变量	耦合协调度	D	耦合协调度模型计算结果	—
解释变量	经济发展水平	eco	地区生产总值	万元
	资源聚集能力	res	人口密度	人/平方千米
	科技创新投入	tech	科学技术支出占财政支出比重	%
	教育水平	edu	教育支出占财政支出比重	%
	政府能力	gov	地区财政支出占 GDP 比重	%
	工业化水平	indu	第二产业增加值占 GDP 比重	%

本章基于 2010~2020 年中部地区 80 个地级市的面板数据，建立面板数据 Tobit 模型，模型设定如下：

$$D_{it} = cons + \beta_1 eco_{it} + \beta_2 res_{it} + \beta_3 tech_{it} + \beta_4 edu_{it} + \beta_5 gov_{it} + \beta_6 indu_{it} + \varepsilon_{it} \qquad (10-6)$$

其中，D_{it} 表示 i 地区 t 年份的耦合协调度，cons 表示常数项，eco 表示经济发展水平，res 表示资源聚集能力，tech 表示科技创新投入，edu 表示教育水平，gov 表示政府能力，indu 表示工业化水平，ε_{it} 表示随机扰动项。上述解释变量数据主要来源于 2011~2021 年的《中国城市统计年鉴》、2010~2020 年的《中国城市建设统计年鉴》、2011~2021 年的各省统计年鉴、2010~2020 年各省市国民经济与社会发展公报。为了降低数据的异方差性和共线性，对经济发展水平（eco）和资源聚集能力（res）进行了取对数处理。在进行面板数据 Tobit 模型回归之前，运用 Eviews10.0 对解释变量与被解释变量进行描述性统计分析，结果如表 10-10 所示。

表 10-10　各变量描述性统计

变量	样本量	均值	标准差	最小值	最大值
耦合协调度（D）	880	0.279179	0.070686	0.041671	0.505749
经济发展水平（eco）	880	7.162505	0.289778	6.363225	8.210131
资源聚集能力（res）	880	3.588303	0.276889	2.827369	4.177681
科技创新投入（tech）	880	1.811466	1.741521	0.196603	16.27287

续表

变量	样本量	均值	标准差	最小值	最大值
教育水平（edu）	880	17.38003	3.195180	8.440504	27.10040
政府能力（gov）	880	18.88064	5.994839	8.212106	55.61391
工业化水平（indu）	880	49.19111	9.402388	14.74000	74.73000

为了避免在实证分析中出现伪回归现象，保证所选变量的平稳性，需要在进行回归分析之前对所有变量进行单位根检验。目前常用的单位根检验方法有 LLC、ADF、PP、IPS 等，本章对所有变量进行单位根检验时，均通过了 ADF、LLC 检验，不存在单位根，表明所选变量是平稳的，可以进行回归分析。运用 Eviews10.0 计量分析软件，进行面板数据 Tobit 模型回归，具体结果如表 10-11 所示。

表 10-11　回归结果

变量	系数	标准差	Z 统计量	P 值
cons	−0.1495	0.0710	−2.1045	0.0353 **
eco	0.0743	0.0086	8.6923	0.0000 ***
res	−0.0105	0.0079	−1.3284	0.1841
tech	0.0062	0.0013	4.6767	0.0000 ***
edu	−0.0013	0.0007	−1.9414	0.0522 *
gov	0.0021	0.0004	4.7895	0.0000 ***
indu	−0.0019	0.0003	−7.2073	0.0000 ***

注：＊、＊＊和＊＊＊分别表示在 10%、5% 和 1% 水平下显著。

10.3.2　回归结果分析

从表 10-11 回归结果可以看出，经济发展水平、科技创新投入、政府能力的回归系数均为正数，表明这三个影响因素对中部地区新型城镇化与水生态环境耦合协调度具有正向作用，其中，经济发展水平、科技创新投入以及政府能力在 1% 的水平上显著，相关系数分别为 0.0743、0.0062、0.0021，基于此，中部地区要不断加大对科技创新的投入，尤其是对于那些以煤炭资源产业为主的地区，要进一步推动产业结构转型升级，依法淘汰落后产能，加大对高新技术产业的扶持力度，实现产业集约化、高端化、生态化发展；同时要发挥政府的积极作用，优化产业资源配置，激发市场活力，推动经济高质量发展。资源聚集能力、教育水平和工业化水平的回归系数均为负数，说明这三者对新型城镇化与水生态环境耦合协调度具有负向作用，教育水平和工业化水平的相关系数分别为 −0.013、−0.0019，分别在 10% 和 1% 的水平下显著，表明这两个影响因素对耦合协调度的负面影响是显著的，中部地区在追求经济发展的同时，也要加大对水生态环境的保护力度，不能以牺牲生态环境为代价获得经济发展；另外，中部地区要提高资源整合能力，处理好人口聚集所带来的水生态环境破坏、水污染严重、水资源短缺等问题；中部地区各省份要加大对教育资源的投入力度，不断完善教育基础设施，创建新型教育服务平台，增强公民的环境保护意识，提高公民参与水生态环境保护的积极性、主动性，促进新型城镇化与水生态环境协调发展。

为了检验上述基准模型回归结果的稳健性，本章采用了工业增加值重新测度了工业化水平，然后再进行回归，回归结果如表 10-12 所示。从表 10-12 可以看出，经济发展水平、资源集聚能力、科技创新投入、教育水平、政府能力和工业化水平对新型城镇化与水生态环境耦合协调度的估计系数符号未发生改变，估计系数的大小和显著性水平基本保持不变。因此，回归结果通过了稳健性检验。

表 10-12　稳健性检验

变量	系数	标准差	Z 统计量	P 值
cons	−0.3104	0.0600	−5.1762	0.0000***
eco	0.0886	0.0079	11.2143	0.0000***
res	−0.0073	0.0078	−0.9400	0.3472

续表

变量	系数	标准差	Z 统计量	P 值
tech	0.0068	0.0013	5.2031	0.0000***
edu	−0.0022	0.0007	−3.2079	0.0013***
gov	0.0038	0.0004	10.5392	0.0000***
indu	−0.0040	0.0004	−9.6210	0.0000***

注：*、**和***分别表示在10%、5%和1%水平下显著。

11　新型城镇化与水生态环境耦合协调度的预测分析

11.1　预测模型构建

为了能够更好地预判中部地区未来新型城镇化与水生态环境耦合协调发展状况，本章将通过构建灰色预测 GM（1，1）模型对其进行预测分析。灰色预测模型是通过少量的、不完全的信息，建立灰色微分预测模型，对事物发展规律做出预测的一种方法，由我国学者邓聚龙于1982年首次提出，具有预测精度高、样本量需求少等特点，GM（1，1）表示一阶的、一个变量的微分方程型预测模型，是灰色预测模型中最常用的一种模型。其建模步骤为：

第一，已知数据变量建立时间序列。设原始序列为：

$$x^{(0)} = (x^{(0)}(1),\ x^{(0)}(2),\ \cdots,\ x^{(0)}(n)) \tag{11-1}$$

其中，n 表示有 n 个样本观测值，为了保证 GM（1，1）建模方法的可行性，需对其进行级比计算与判断，数列的级比：

$$\lambda(k) = \frac{x^{(0)}(k-1)}{x^{(0)}(k)},\ k = 2,\ 3,\ \cdots,\ n \tag{11-2}$$

如果所有的级比均落在可容覆盖区间 $X = \left(e^{\frac{-2}{n+1}},\ e^{\frac{2}{n+1}} \right)$ 内，则可以建立预测模型进行灰色预测，否则需进行进一步变换处理。

第二，对原始数据序列累加 AGO 生成新的数据序列，累加生成克服了原始数列的随机性与波动性，在灰色系统理论中起着重要的作用。

$$x^{(1)} = (x^{(1)}(1),\ x^{(1)}(2),\ \cdots,\ x^{(1)}(n)) \tag{11-3}$$

第三，将累加生成之后的序列进行邻均值生成。邻均值是通过相邻数据的平均值构造所生成新的数据。

$$z^{(1)}(k) = 0.5x^{(1)}(k) + 0.5x^{(1)}(k-1),\ k = 2,\ 3,\ \cdots,\ n \tag{11-4}$$

第四，构造数据矩阵 B 及数据向量 Y。

$$B = \begin{bmatrix} \left(-\dfrac{1}{2}(z^{(1)}(1) + z^{(1)}(2)) \right) & 1 \\[2mm] \left(-\dfrac{1}{2}(z^{(1)}(2) + z^{(1)}(3)) \right) & 1 \\[2mm] \left(-\dfrac{1}{2}(z^{(1)}(n-1) + z^{(1)}(n)) \right) & 1 \end{bmatrix} \tag{11-5}$$

$$Y = \begin{bmatrix} x^{(0)}(2) \\ x^{(0)}(3) \\ x^{(0)}(n) \end{bmatrix} \tag{11-6}$$

第五，计算发展系数 a 及灰作用量 u。

$$\begin{bmatrix} a \\ u \end{bmatrix} = (B^T \times B)^{-1} B^T Y \tag{11-7}$$

第六，建立模型求解时间响应函数并进行预测。首先求解系数 a、u，再将系数 a、u 代入下列式子中，求解此微分方程，得到 GM（1，1）预测模型的白化形式方程，进而得到 GM（1，1）预测模型：

$$\frac{dx^{(1)}}{dt} + ax^{(1)} = u \tag{11-8}$$

该模型的时间响应函数为：

$$\hat{x}^{(1)}(k+1) = \left(x^{(1)}(1) - \frac{u}{a} \right) e^{(-ak)} + \frac{u}{a},\ k = 1,\ 2,\ \cdots,\ n \tag{11-9}$$

第七，模型检验。为了判断预测结果的准确度，一般采用残差检验、后验差检验进行检测：

一是残差检验。

残差序列：

$$M = (K) = x^{(0)}(k) - \hat{x}^{(0)}(k), \quad k = 2, 3, \cdots, n \tag{11-10}$$

相对误差：

$$m(k) = \left| \frac{x^{(0)}(k) - \hat{x}^{(0)}(k)}{x^{(0)}(k)} \right|, \quad k = 2, 3, \cdots, n \tag{11-11}$$

平均相对误差：

$$\varphi = \frac{1}{n} \sum_{k=1}^{n} m(k) \tag{11-12}$$

二是后验差检验。

1）计算原始数据的平均值和方差。

$$\overline{x}^{(0)} = \frac{1}{n} \sum_{i=1}^{m} x^{(0)}(i) \tag{11-13}$$

$$S_1 = \sqrt{\frac{1}{n} \sum_{i=1}^{m} \left[x^{(0)}(i) - \overline{x}^{(0)} \right]^2} \tag{11-14}$$

2）计算绝对误差序列 $\Delta^{(0)}$ 的均差和均方差。

$$\overline{\Delta}^{(0)} = \frac{1}{n} \sum_{i=1}^{m} \Delta^{(0)}(i) \tag{11-15}$$

$$S_2 = \sqrt{\frac{1}{n} \sum_{i=1}^{m} \left[\Delta^{(0)}(i) - \overline{\Delta}^{(0)} \right]^2} \tag{11-16}$$

3）计算后验差比 C。

$$C = \frac{S_2}{S_1} \tag{11-17}$$

4）小误差概率 P。

$$P = P\left\{ \left| \Delta^{(0)}(i) - \overline{\Delta}^{(0)} \right| < 0.6745 S_1 \right\} \tag{11-18}$$

后验差比 C 越小越好，小误差概率 P 越大越好，根据灰色预测模型精度等级表来确定该模型精确度，如表 11-1 所示。

表 11-1　精度检验等级参照

精度等级	状态	P	C	φ
1 级	好	P>0.95	C≤0.35	φ<0.01
2 级	合格	0.8<P≤0.95	0.35<C≤0.5	φ<0.05
3 级	勉强合格	0.7<P≤0.8	0.5<C≤0.65	φ≤0.10
4 级	不合格	P≤0.7	C>0.65	φ>0.10

11.2　中部地区耦合协调度预测分析

运用 Matlab2017b 软件，以中部地区及其六省份 2010~2020 年耦合协调度为原始时间序列，经过一系列相关检验和操作，最后建立 GM（1，1）模型，如表 11-2 所示。本章采用残差检验法和后验差检验法对拟合的结果进行检测，除河南省小误差概率 P 小于 0.95，其余地区 P 值均为 1，且中部地区及其六省份后验差比 C 均小于 0.35，平均相对误差 φ 均小于 0.05，根据灰色预测模型精度检验等级参照表，中部地区、山西省、安徽省、江西省、湖北省、湖南省精度等级均达到了 1 级，河南省预测精度为 2 级，表明该模型预测效果较好，准确度高，可以进一步外推预测。

表 11-2　GM（1，1）灰色预测模型及检验结果

地区	拟合模型	C	P	φ	精度等级
中部地区	$\hat{x}^{(1)}(k+1)=6.230659e^{0.039540k}-5.976869$	0.2080	1.0000	0.0202	1 级
山西省	$\hat{x}^{(1)}(k+1)=12.834145e^{0.021295k}-12.578117$	0.1778	1.0000	0.0102	1 级
安徽省	$\hat{x}^{(1)}(k+1)=7.013300e^{0.035947k}-6.763205$	0.2543	1.0000	0.0208	1 级
江西省	$\hat{x}^{(1)}(k+1)=6.547356e^{0.038063k}-6.293330$	0.1103	1.0000	0.0114	1 级
河南省	$\hat{x}^{(1)}(k+1)=8.494802e^{0.030248k}-8.217271$	0.3020	0.9091	0.0185	2 级
湖北省	$\hat{x}^{(1)}(k+1)=5.700174e^{0.042659k}-5.454854$	0.2248	1.0000	0.0214	1 级
湖南省	$\hat{x}^{(1)}(k+1)=5.758346e^{0.042253k}-5.509076$	0.3345	1.0000	0.0352	1 级

通过表 11-2 中的预测模型,对中部地区及其六省份 2021~2030 年新型城镇化与水生态环境耦合协调度进行预测,其结果如表 11-3 所示。

表 11-3 中部地区及其六省份耦合协调度预测结果

年份	中部地区	山西省	安徽省	江西省	河南省	湖北省	湖南省
2021	0.373	0.342	0.368	0.372	0.353	0.381	0.379
2022	0.388	0.349	0.381	0.386	0.364	0.397	0.396
2023	0.404	0.357	0.395	0.401	0.375	0.415	0.413
2024	0.420	0.364	0.410	0.417	0.387	0.433	0.430
2025	0.437	0.372	0.425	0.433	0.398	0.451	0.449
2026	0.455	0.380	0.440	0.450	0.411	0.471	0.468
2027	0.473	0.388	0.456	0.467	0.423	0.492	0.489
2028	0.492	0.397	0.473	0.485	0.436	0.513	0.510
2029	0.512	0.405	0.490	0.504	0.450	0.535	0.532
2030	0.533	0.414	0.508	0.524	0.464	0.559	0.555

由表 11-3 可知,预测 2021~2022 年中部地区整体新型城镇化与水生态环境耦合协调度将处于轻度失调阶段,2023~2028 年过渡到濒临失调阶段,于 2029~2030 年达到勉强耦合协调阶段;山西省 2021~2028 年耦合协调度将处于轻度失调状态,2029~2030 年进入濒临失调阶段;安徽省新型城镇化与水生态环境耦合协调度 2021~2023 年将处于轻度失调状态,2024~2029 年进展到濒临失调状态,2030 年耦合协调度值为 0.508,属于勉强耦合协调阶段;江西省耦合协调度发展状况将与整个中部地区发展状态保持一致;河南省 2021~2025 年耦合协调度将处于轻度失调状态,2026~2030 年将进入濒临失调阶段;湖北省、湖南省新型城镇化与水生态环境耦合协调度 2021~2022 年属于轻度失调状态,2023~2027 年过渡到濒临失调状态,2028~2030 年将达到勉强耦合协调状态。总体来看,预测中部地区及其六省份 2021~2030 年新型城镇化与水生态环境耦合协调度将呈现出发展向好的趋势,但整体耦合协调水平不高,预计到 2030 年,将达到勉强耦合协调状

态，还未达到更高水平的耦合状态，据此，中部地区六省份要进一步推进水生态文明建设，加大对水生态环境的保护力度，促进人与自然和谐共生，打好污染防卫战、水资源保卫战，推进生态优先、节约集约、绿色低碳发展，争取早日实现中部地区绿色崛起。

12 研究结论与对策建议

12.1 研究结论

本篇基于《中共中央 国务院关于新时代推动中部地区高质量发展的意见》这一重大国家政策背景,以中部地区作为研究对象。首先,通过构建新型城镇化与水生态环境评价指标体系,对 2010~2020 年中部地区及其六省份新型城镇化与水生态环境水平进行评价分析。其次,借助耦合协调度模型,实证分析了中部地区及其六省份新型城镇化与水生态环境耦合协调发展状态,并构建面板数据 Tobit 模型,对中部地区新型城镇化与水生态环境耦合协调发展的影响因素进行计量研究。最后,通过灰色预测 GM(1,1)模型,对中部地区及其六省份 2021~2030 年新型城镇化与水生态环境耦合协调度进行预测分析。本篇的研究结论如下:

第一,从综合水平来看,2010~2020 年中部地区及其六省份新型城镇化水平总体呈现出大幅上升趋势,仅有湖北省 2019~2020 年新型城镇化水平小幅下降;除山西省 11 个地级市新型城镇化水平呈平稳上升趋势外,其余各省份地级市新型城镇化水平均呈明显上升态势。中部地区及其六省份 2010~2020 年水生态环境水平呈波动上升趋势,增长速度缓慢,总体水平较为低下。除江西省、湖南省各地级市水生态环境水平呈平稳发展趋势外，其余四省份地级市水生态环境 2010～2020 年均有所上下波动，整体波动上升，但上升的幅度较小，总体水平偏低。

第二，从耦合度来看，2010 年、2015 年、2020 年中部地区及其六省份耦合度值均大于 0.900，有的省份已经达到了 1.000，表明新型城镇化与水生态环境整体耦合度较高。从协调度来看，中部地区及其六省份协调度值均低于 0.140，整体协调度偏低，但呈现稳步上升趋势。从耦合协调度来看，中部地区及其六省份新型城镇化与水生态环境耦合协调发展阶段主要经历了"中度失调—轻度失调"的过程。从各地级市来看，中部地区 80 个地级市整体耦合度较高，协调度偏低，耦合协调度呈现一种较好的发展趋势，但整体耦合协调度不高，未达到高水平耦合协调状态。

第三，从影响因素来看，经济发展水平、科技创新投入、政府能力对中部地区新型城镇化与水生态环境耦合协调度具有正向作用，而资源聚集能力、教育水平和工业化水平的回归系数均为负数，对耦合协调度具有负向作用。

第四，通过灰色预测 GM（1，1）模型，预计中部地区及其六省份 2021～2030 年新型城镇化与水生态环境耦合协调度将呈现出发展向好的趋势，大体将经历"轻度失调—濒临失调—勉强耦合协调"的发展过程，但整体耦合协调度水平不高，要实现更高水平的耦合协调状态还需进一步努力。

12.2　对策建议

基于以上研究结论，结合中部地区及其六省份新型城镇化与水生态环境实际发展状况、存在的问题以及新型城镇化与水生态环境耦合协调发展中的影响因素，为进一步促进中部地区新型城镇化与水生态环境高水平耦合协调发展，本篇提出以下对策建议：

第一，统筹推进区域协调发展，坚持人水和谐共生。一方面，要统筹协调好省会城市以及其他地级市的关系，省会城市由于其优越的政治、经济、社会、文化等资源，通常会获得更多的政策扶持和发展机遇，新型城镇化以及水生态环境综合水平可能高于本省其他地级市，据此，要进一步解决好统筹发展问题，应根据各地级市实际发展状况提出相应的政策帮扶措施，对基础设施落后的地区应该加大政策倾斜力度，发挥中心城市的辐射作用，以点带面，全面推进新型城镇化高质量发展、水生态环境可持续发展。另一方面，坚持人与自然和谐发展是可持续发展的重要内容，中部地区六省份要协调好经济发展与水生态环境保护之间的关系，一切开发建设都应该坚持生态优先、环保优先，持续推进人水和谐共生。

第二，构建多元主体协同治理格局，不断完善水生态环境补偿机制。一方面，促进新型城镇化与水生态环境耦合协调发展任务繁重，仅依靠政府和企业难以实现，要构建多元主体协同治理格局，倡导政府、企业、非营利组织等多方参与，共同为推动新型城镇化与水生态环境高水平耦合协调发展出谋划策；通过多元主体协同治理新格局，形成多元主体对话、协同、合作的共治和服务机制，拓宽融资渠道，为新型城镇化高质量发展和水生态环境健康可持续发展提供强有力的资金支持。另一方面，要不断完善现有的水生态环境保护机制以及补偿机制，各方不仅要共同出谋划策，同时也要共同监督，对于污染和破坏水生态环境系统的行为方要对其进行严惩，并使之承担修复水生态环境的责任。

第三，加大科技创新投入，推动产业结构转型升级。中部地区作为国家经济发展的重要腹地，要始终坚持"创新、协调、绿色、开放、共享"的新发展理念，全面深入贯彻习近平生态文明思想，将水生态环境保护摆在重要位置；要不断加大科技创新投入，为企业发展搭建良好的创新平台，吸引高尖端技术科技人才；同时要不断优化产业结构，推动产业结构转型升级，依法淘汰落后产能，优先发展清洁能源产业、现代服务业和中高端制造业，降低低端制造业的比重，减少工业废污水排放与污染，进而推动新型城镇化高质量发展和水生态环境可持续发展。

第四，不断整合社会资源，提高水环境治理能力。中部地区各省份要不断整合现有的人力、物力、财力等社会资源，减少资源浪费，优化资源配置，提高资源的利用效率，促进经济高质量发展，推动新型城镇化发展进程；同时，中部地区要建立健全水污染治理机制，不断加大对水污染的治理力度，要不断完善城镇污水处理设施以及雨水收集管网建设，利用新兴高尖端技术加大对水环境、水污染的监督力度，不断提高水环境综合治理能力。

第五，加大水环境保护宣传教育力度，提升居民水环境保护意识。水生态环境的好坏直接关系到我们的生活质量和居住环境，中部地区六省份要吸取"先污染，后治理"的教训，坚持可持续发展理念。要加强水环境科学知识宣传教育力度，普及水环境保护知识，提高全民的水生态环境保护意识，具体可以通过张贴水环境保护宣传标语、横幅，在新闻媒体、微信公众号等平台广泛宣传水环境保护知识。同时，也要出台相关水环境保护法律法规和制度，并将其进行广泛宣传，安排相关工作人员对居民进行耐心解读，提高居民对水生态环境保护制度的认知，并严格遵守相关法律法规，不触犯法律红线。此外，公民作为新型城镇化发展与水生态环境保护的受益者和监督者，要充分调动居民参与水生态环境保护和治理的积极性，发挥广大人民群众的优势，集思广益，共商、共建、共治、共享，形成相互监督、相互促进的水环境保护机制。

总之，每个地区新型城镇化与水生态环境耦合协调发展状况存在差异，中部地区六省份应该结合自身实际发展状况，因地制宜，不能照搬照抄其他地区的相关政策以及措施，应找准当地问题的根源所在，对症下药，精准施策。此外，各地区应该结合当地优越的地理位置、便利的交通设施以及其他优势等，抓住发展先机，推动新型城镇化与水生态环境高水平耦合协调发展。

第三篇　新型城镇化与水生态文明（水资源可持续利用）的耦合协调性

13 绪论

13.1 研究背景

自改革开放以来，我国城镇化取得了显著成绩。常住人口城镇化率由1978年的17.92%提升至2022年的65.22%，并以年均增速1.05%保持稳定增长，高于同期世界平均水平。然而，由于我国长期以来忽视了城镇化内涵建设，导致城镇化出现重速轻质的发展格局，从而造成水资源供需矛盾尚未解决、水资源利用效率不高、水环境污染尚需治理和水生态失衡等问题依然存在。鉴于当前我国城镇化率低于发达国家，甚至2022年的户籍人口城镇化率更不足50%，结合诺瑟姆曲线规律和参照发达国家城镇化发展经验，截至2035年，我国城镇化仍将保持高速发展的态势，这势必会进一步影响水生态文明建设的推进，从而影响到美丽中国建设和人水和谐共生发展。

因此，如何在城镇化进程下推进水生态文明建设，从而更加合理有效地优化用水结构、提高水资源利用效率、改善水环境质量和维护水生态平衡，成为我国政府亟待解决的问题之一。为此，党的十八大报告明确提出了"新型城镇化"概念，拟克服传统城镇化重速轻质的不足，注重城镇化内涵建设，着力提高城镇化质量，统筹人与自然和谐共处；党的十九大报告在新型城镇化摸索的基础上，将绿色发展理念纳入新型城镇化建设要求中，并明确了大力推进生态文明建设、资源节约型和环境友好型社会建设；党的二十大报告进一步赋予新型城镇化更高的要求，即要统筹水资源、水环境、水生态治理的同时加快实施新型城镇化战略，推动发展方式绿色转型和形成绿色低碳的生产方式和生活方式，促进人与自然和谐共生。由此可见，绿色环保和集约发展已成为新型城镇化的重要特征和必然要求。基于此，探讨新型城镇化与水生态文明的动态关系，对合理有效地优化用水结构、提高水资源利用效率、改善水环境质量和维护水生态平衡，进而推进水生态文明建设，实现人水和谐共处，显然是一个值得思考和极具现实意义的问题。

长江经济带依托长江黄金水道、以城市经济区为基本单元确定的区域，横跨中国东部、中部、西部地区，是我国人口、经济、城市密集的重要发展轴和产业集聚区，也是实现第二个百年奋斗目标的重要支撑，有着不可或缺的重要地位。以它为研究对象是因为它具有典型性、示范性和推广性，主要体现在以下几点：第一，经济体量大。2022 年，长江经济带以约占中国国土面积的 21.40%，承载着中国近 43.07%的人口，创造出中国 46.50%的国内生产总值，是我国区域经济发展的一个重要组成部分，具有不可或缺的战略地位。第二，城镇化水平位于全国前列。长江经济带城镇化水平位于中国前列，人口常住城镇化率由 2011 年的 51.77%增长到 2022 年的 65.47%，年均增长 1.14%，高于同期中国平均水平。第三，环境污染依然存在。长江经济带污染排放总量大、强度高，废水中主要污染物化学需氧量、氨氮和总氮的排放量占全国排放总量 41.17%、47.58%和 46.26%。水污染较为严峻，部分支流域生态环境承载能力下降，湖库富营养化未有效控制，制约着长江经济带生态文明示范区建设的进程。第四，地区特性明显。长江经济带可分为长江经济带上游、中游和下游，每个地区都具有独特的性质。具体来说，长江经济带上游具备生态红利，旅游业发达；中游具有地理优势，承接中国东西部，是产业转移首选地；下游经济发达，对外开放程度高，服务业发展强劲。

13.2　研究意义

13.2.1　理论意义

鉴于数据成为继劳动力、资本和土地后的新生产要素，本篇尝试将基于以数据要素为核心的数字城镇化纳入新型城镇化指标体系中，丰富现有新型城镇化相关文献。考察新型城镇化对水生态文明的影响机理，丰富了城镇化与生态文明关系的理论分析，拓展了水生态文明的相关理论研究，充实了生态文明理论与城镇化理论的研究内容。

13.2.2　现实意义

在当前大力推进新型城镇化时期，及时出台各项有针对性的政策措施，推动长江经济带生态文明示范区建设，实现更高质量的新型城镇化，进而落实新型城镇化发展战略。又能在推进新型城镇化进程中改善水生态环境，实现长江经济带新型城镇化与水生态文明之间的协调发展。并据此制定加强水生态文明建设政策建议。

13.3　国内外文献综述

13.3.1　水生态文明研究现状

"水生态文明"一词是水利部为了深入贯彻党的十八大精神，将生态文明理念融入水资源开发、利用、治理、配置、节约、保护的各方面和水利规划、建设、管理的各环节而提出的，从而解决伴随人口增加和经济社会高速发展出现的洪涝灾害、干旱缺水、水土流失和水污染等水问题。

首先，国外相关水生态文明的研究。考虑到水生态文明是极具有中国特色的新概念，国外并没有此类相关文献，但国外学者关注的水生态、水污染和水资源利用效率等领域的研究成果为我国推进水生态文明建设提供重要参考意义。Hayashi 和 Rosenberry（2002）认为通过地下水交换可为河岸植物和动物提供水分和有机物，从而增强河岸对侵蚀的抵抗力；Nilsson 和 Svedmark（2002）也证实了这一观点，并进一步发现河岸植物群落可预测该流域内河流的需水量。Azizullah 等（2011）以巴基斯坦为案例进行分析，发现水污染已严重危害到公民健康安全，其中研究指出城市和工业污水的不当处置及农业中农用化学品的滥用，是导致水质恶化的主要因素。Sikder 等（2013）基于一项物理化学参数和溶解金属的浓度的田野调查，比较了发达国家和发展中国家河流的水质。结果发现，发展中国家较之发达国家相比，其水质污染尤为严重。Rogers 等（2002）认为水资源作为公共产品，具有经济效益，合理的水价能够提升水资源的使用效率。Deason 等（2001）、Martinez-Lagunes 和 Rodríguez-Tirado（1998）分别以美国和墨西哥为研究对象，发现有效地实施水资源管理政策是提升水资源利用效率的重要举措。

其次，水生态文明水平测度。国内关于水生态文明研究主要包括水生态文明内涵及其评价、水生态文明建设现状与问题及对策、水生态文明建设方法与思路及途径等，其中水生态文明评价又是研究重点。邓宗兵等（2019）、苏聪文等（2021）均以熵值法测度了中国省域的水生态文明现状。两者都得出中国水生态文明水平逐渐提升且空间格局呈现由东至西"高—低—较高"的状态；后者进一步通过探索性空间分析发现，中国省域水生态文明存在显著的空间正相关，且水生态文明水平高的省份在空间上存在集聚效应。于欣鑫等（2021）、Qi 和 Song（2022）同样运用熵值法测度了长江经济带的水生态文明水平。结果均发现，在样本期内水生态文明建设水平显著提升；前者发现随着水生态文明建设的推进，长江经济带各地区之间的差异在逐渐缩小，其增长幅度呈现"中西快，东部慢"的态势。李丽丽等（2022）、陈龙等（2018）将研究对象聚焦于城市群，希望能够提升评价结果的准确性和科学性，便于全面、科学地把握我国各地区水生态文明发展的空间格局与动态演进。前者以长三角城市群为研究对象，发现从时序演变来看，水生态文明建设水平呈现上升的趋势；从空间分布来看，呈现"东高西低，南高北低"的格局。后者以关中城市群为研究样本，发现城市群内水生态文明试点城市提升效果显著及水生态文明发展的好坏在一定程度上还与地区的水资源自然禀赋有联系。此外，现有文献还分别运用随机森林回归算法、投影寻踪法、AHP 法、模糊评价法、熵值法等针对某个城市或者水生态文明试点城市进行研究。结果普遍表明，自从实施水生态文明试点政策以来，水生态文明情况日益趋好，水资源利用效率、水环境质量得到显著提升，水资源供需矛盾和水生态失衡等问题获得较好改善（Jin 和 Yao，2021；黄显峰等，2016；Chai 等，2022；方奕舟等，2021；张雯婕等，2020；Tian 等，2021）。

最后，水生态文明试点政策的评估。水生态文明建设作为水污染治理的一项重要举措，部分学者开始借助双重差分模型评估水生态文明试点政策对水污染治理的"净效应"。曾维和等（2021）以江苏省 13 个地级市为研究对象探究水生态文明建设能否持续改善水生态环境。结果表明，水生态文明建设改善水生态环境的影响呈现倒 U 型变化，即在短期内该政策能够显著促进水生态环境改善；但鉴于该政策不具备较长的滞后效应，无法持续发挥对水生态环境的改善作用。邵帅和刘丽雯（2023）采用双重差分法评估水生态文明试点城市的水污染治理效果。结果显示，水生态文明试点城市建设改善了水环境质量，这种降污效果在经济发展水平较高、城镇化水平高和水资源禀赋稀缺的地区更为显著；且进一步通过中介效应模型发现水生态文明试点城市建设可通过绿色技术创新效应、产业结构升级效应、环境治理投资效应和公共环境关注度效应改善水环境质量。Yang 等（2021）将环境管制、污染下降与绿色创新纳入一个分析框架，也同样发现水生态文明试点政策具有显著的降污效果，该降污效果在大城市尤为显著；

并同样发现绿色技术创新在水生态文明试点政策降低水污染的过程中发挥中介效应。

由上可知，学术界对水生态文明开展了一系列的研究，为本篇规范水生态文明指标体系构建和阐明影响机理提供借鉴。在相关水生态文明的研究方面，国外学者率先关注河流健康、水质恶化和水的经济效益，认识到水生态健康发展、水污染治理和用水效率提升的必要性，以此为本篇筛选水生态文明指标提供理论支撑。在水生态文明水平测度，大部分通过运用评价分析方法得出我国水生态文明水平也存在显著异质性，呈现"东高西低，南高北低"分布格局，以此检验本篇运用的测度方式和指标体系构建是否合理。在水生态文明试点政策的评估，学术界普遍运用双重差分模型评估该政策的治污的"净效应"，并发现绿色技术创新水平会间接影响治污效果，进而考虑在后续的实证研究中纳入绿色技术创新水平为门槛变量，分析新型城镇化对水生态文明是否存在门槛效应。

13.3.2 城镇化与生态文明关系研究现状

国内外关于城镇化与生态文明的研究现状主要集中于城镇化与生态环境的耦合协调分析和城镇化对生态环境的影响研究。

首先，城镇化与生态环境的耦合协调分析。学术界对城镇化与生态环境耦合的研究，可大致分为城镇化与生态环境耦合的基础理论及变化规律和城镇化与生态环境耦合协调及影响因素分析。第一，城镇化与生态环境耦合的基础理论及变化规律。发达国家由于过快的城镇化导致环境污染、交通拥挤和资源短缺等"城市病"的出现，由此引发国外学者开始思考城镇化进程中如何处理生态环境问题。从 Owen 和 Howard 提出的田园城市再到 PSR 模型、环境库兹涅茨曲线和脱钩理论的提出，这些均对城镇化与生态环境的相互作用关系进行了论述（Berger 和 Hodge，1998；Caviglia 等，2009；Ruffing，2007）。由于我国城镇化进程较之西方国家较缓慢，在马世骏和王如松（1984）提出"社会—经济—自然"复合生态系统理论和方创琳研究团队提出了交互耦合的作用机制、基本定律和主要阶段后（黄金川和方创琳，2003；方创琳和杨玉梅，2006；乔标和方创琳，2005），国内才逐渐兴起研究城镇化与生态环境的交互耦合。第二，城镇化与生态环境耦合协调及影响因素分析。吕有金等（2019）、任亚文等（2019）分别以我国285个地级市和长江经济带三大城市群为研究对象，分析了城镇化与生态环境耦合协调度和驱动因素。前者研究发现，我国耦合协调度整体呈现上升的趋势，且空间分布存在显著的集聚性和异质性，即呈现由东至西依次递减的态势；并进一步通过空间计量模型得出经济发展、城市文明、产业结构和政府干预均对提升耦合协调度有促进作用。后者研究表明，三大城市群之间存在不同的耦合关系时空特征，且内部空间分异显著，长三角城市群城镇化与生态环境耦合关系已经达到高水平耦合阶段的协调状态，而长江中游和成渝城市群总体上仍处于磨合阶段；且进一步利用地理探测器识别主控因素发现，长江经济带三大城市群城镇化与生态环境耦合关系主控因素总体上由经济城镇化演变为人口城镇化，其中长三角、长江中游和成渝三大城市群分别受到人口集聚、建设投资与工业污染的主导影响。随后，Cai等（2021）基于农业视角，分析了新型城镇化与农业生态环境的耦合协调性。结果表明，中国新型城镇化与农业生态环境的耦合度处于拮抗阶段，协调度基本处于不平衡和勉强协调的边缘；影响因素分析表明，财政对农业的支持、农村经济发展、环境污染控制能力和政府能力显著提升了中国新型城镇化与农业生态环境之间的耦合和协调程度。Zou等（2022）、吕洁华等（2020）将研究对象聚焦省级层面，分别研究了陕西省和黑龙江省新型城镇化与生态环境协调关系。前者发现陕西省耦合协调度大致呈现"基本不协调—基本协调—中度协调—高度协调"的演变规律。后者发现黑龙江省耦合协调度由最初处于拮抗和磨合阶段逐渐提升至高水平耦合阶段，且进一步通过灰色关联分析得出新型城镇化指标中的人均GDP，生态环境指标中的建成区绿化覆盖率、森林覆盖率及工业二氧化硫排放量是影响耦合协调度的关键因素。此外，部分学者分析了城镇化与能源生态效率、碳排放和低碳发展的耦合协调度。结果表明中国不同地区城镇化与生态文明的协调性存在差异，大部分地区未达到协调状态，但协调发展水平随时间呈现上升趋势（Liu 等，2021；Jiang 等，2022；Li 等，2022）。

其次，城镇化对生态文明的实证研究。关于城镇化对生态文明的影响研究主要集中于城镇化对生态环境的影响，分析城镇化对碳排放、环境污染和生态环境的影响。Wang 等（2021）、Ali 等（2019）均使用动态面板自回归分布滞后模型研究了城镇化对碳排放的动态影响。前者发现，OECD 高收入国家的城镇化有助于人均碳排放、碳排放总量和碳排放强度的下降，且所有成员国都实现了城镇化和碳排放的脱钩；机制分析进一步得出城镇化主要通过经济增长、能源效率及能源消费结构等方面促进碳排放的减少。后者却发现，无论是从短期动态效应还是长期动态效应的结果来看，巴基斯坦城镇化进程均不利于碳排放下降。此外，考虑到生态环境具有空间溢出效应，随着城市之间关联度的提高，新型城镇化也可能对邻近地区生态环境产生溢出效应，使得各地区政府难以通过自身努力实现本地区生态环境的提高，再加上各地区政府仅考虑自身收益而进行经济与环境决策，容易导致污染排放陷入"公地悲剧"，影响整个区域的生态环境质量。为此，众多学者开始使用空间计量模型探讨各城市应如何减少环境污染、提升生态环境质量，以期为解决"公地悲剧"提供理论依据。李硕硕等（2022）以环鄱阳湖县域为研究对象，运用空间杜宾模型验证了新型城镇化有助于降低碳排放强度，且存在明显的空间溢出效应；王兆峰和汪倩（2022）、Zhang 和 Chen（2023）从行业层面分别实证发现新型城镇化与旅游业碳排放、工业碳排放存在非线性影响，前者存在显著的 N 型曲线，后者则呈现倒 N 型曲线。吕有金和高波（2021）、Cai 和 Zhang（2022）分别运用空间杜宾模型得出新型城镇化有利于本地区环境污染改善的同时还存在空间负向溢出效应，且两者进一步分析了多维度视角下城镇化对环境污染的直接影响和溢出作用，却发现人口城镇化的实证结果大相径庭，前者认为人口城镇化是加剧周边环境污染的原因，后者认为人口城镇化可通过人口聚集有利于污染物排放的集中管理和人口流动促进了知识和技术的溢出，从而抑制当地和周边地区的环境污染。谢锐等（2018）、何刚等（2020）均借助STIRPAT 模型和空间计量模型，得出一致的结论，即新型城镇化对城市生态环境质量存在空间正向溢出效应。Yao 等（2021）基于我国省级层面的数据研究了多维城镇化对生态效率的影响。研究发现，人口城镇化不仅有助于提升本地区的生态效率，还能促进邻近地区生态效率的提升，且这种提升作用的间接效应远大于直接效应；而社会城镇化对生态效率的影响与前者相反，即社会城镇化的直接效应和间接效应都显著为负。

如前所述，学术界对城镇化与生态文明研究现状进行了大量研究，为本篇详细论述不同约束条件下新型城镇化对水生态文明的影响提供启发。在城镇化与生态环境的耦合协调分析方面，发现地理位置、财政支持和环境规制的差别，会导致不同区域耦合协调度存在显著差别，为此本篇尝试从地理位置、财政支持和环境规制的角度，分析新型城镇化对水生态文明异质性影响。在城镇化对生态文明的实证研究，发现公共物品具有非排他性，易造成"公地悲剧"发生，导致外部不经济，而水资源作为典型的公共资源，因而本篇考虑新型城镇化对水生态文明空间溢出效应就显然有必要。此外，考虑到新型城镇化由五个子维度城镇化构成，不同城镇化之间对水生态文明影响不尽相同，进而本篇还将分别探析不同维度城镇化对水生态文明影响，以此提出具有针对性的政策。

13.3.3 文献述评

通过对新型城镇化与水生态文明的国内外相关文献进行梳理和归纳，可以发现学术界为深入理解水生态文明评价、水生态文明建设的治污效应、城镇化与生态文明的耦合协调性、城镇化对生态文明的影响提供了丰富深刻的见解，为本篇奠定了坚实的基础。但仍存在以下两点不足：一方面，考虑到新型城镇化发展是动态变化的过程，其内涵会随着社会发展而变化。鉴于数据成为继劳动力、资本和土地后的新生产要素，使得基于以数据要素为核心的数字城镇化成为助推新型城镇化建设的重要动力"引擎"，而当前鲜有文献考虑将数字城镇化纳入新型城镇化指标体系。另一方面，水生态文明相关文献主要停留在水生态文明的评价和借助水生态文明建设试点政策评估该政策治污的"净效应"，但对于水生态文明的影响因素鲜有研究。

  基于此，本篇以长江经济带为研究对象，考虑将基于以数据要素为核心的数字城镇化纳入新型城镇化指标体系；考察新型城镇化对水生态文明的影响机理，丰富了城镇化与生态文明关系的理论分析；关注新型城镇化对水生态文明影响，并根据地理位置、财政投入力度、环境规制强度、新型城镇化水平和不同分位点的水生态文明水平等进行异质性分析。此外，鉴于新型城镇化对水生态文明的影响并非简单的线性关系，而是呈现非线性关系，新型城镇化对水生态文明的影响可能取决于绿色技术创新水平的影响，以及新型城镇化对水生态文明的影响也可能产生外部性。为此，本篇还构建门槛回归模型和空间计量模型探讨新型城镇化对水生态文明的非线性效应和空间溢出效应。并且进一步基于城市面板数据，以江西省为样本，从人口城镇化、经济城镇化、数字城镇化和绿色城镇化四个维度，探究新型城镇化对水生态文明的影响；并利用多期 DID 模型检验新型城镇化试点政策作用于水生态文明的效果。本篇还借助状态协调度函数分析长江经济带新型城镇化与水生态文明的静态和动态协调度，并构建计量了模型实证研究协调度的驱动因素及异质性。

13.4 研究内容与方法

13.4.1 研究内容

  为了促进长江经济带新型城镇化与水生态文明协调发展，本篇在测度两者发展水平的基础上，运用空间分析和实证分析相结合的形式进行深入探究，以此提出两者相融发展的政策建议。首先，在梳理国内外文献的基础上，构建一个综合的理论框架深入剖析新型城镇化与水生态文明之间的关系，系统地探讨新型城镇化对水生态文明的影响机理。其次，以长江经济带地区为研究对象，在综合评估新型城镇化和科学测度水生态文明基础上，实证探讨新型城镇化对水生态文明的影响、新型城镇化与水生态文明的协调度及其驱动因素和异质性。最后，根据实证结果提出促进长江经济带新型城镇化与水生态文明相融的政策建议。主要内容如下：

第 13 章　绪论。本章介绍本篇的研究背景和研究意义，对新型城镇化与水生态文明相关文献进行综述和述评，并阐述了研究设计、创新点与不足之处。

第 14 章　长江经济带新型城镇化对水生态文明影响的理论分析。本章首先从新型城镇化的五个子维度分析了城镇化对水生态文明的影响机理，提出研究假设 1；其次分析了新型城镇化对水生态文明的影响可能受绿色技术创新水平影响存在非线性效应，提出研究假设 2；最后考虑水资源作为公共物品，具有非排他性和竞争性，新型城镇化对水生态文明可能存在空间溢出效应，提出研究假设 3。

第 15 章　长江经济带新型城镇化与水生态文明的测度分析。本章详细论述了指标筛选，由此构建了新型城镇化和水生态文明的指标体系，并运用熵值法进行测度。基于测度结果，借助自然断裂法、重心迁移模型和标准差椭圆等空间分析法探究新型城镇化与水生态文明的时空演变特征。

第 16 章　长江经济带新型城镇化对水生态文明影响的实证分析。本章通过构建计量模型，验证第 14 章的理论分析，检验新型城镇化对水生态文明的影响，同时检验结果的稳健性，并根据地理位置、财政投入力度、环境规制强度、新型城镇化水平和不同分位点的水生态文明水平等进行异质性分析。此外，通过门槛模型，以绿色技术创新水平作为门槛变量，实证分析新型城镇化对水生态文明影响的非线性效应；采用地理权重空间矩阵，根据相应的模型检验选择最合适的空间计量模型，实证分析新型城镇化对水生态文明的空间溢出效应。进一步基于江西省城市层面数据，实证探究新型城镇化对水生态文明的影响，并利用多期 DID 模型检验新型城镇化试点政策作用于水生态文明的效果。

第 17 章　长江经济带新型城镇化与水生态文明的耦合协调分析。本章基于状态协调度函数计算长江经济带新型城镇化与水生态文明的静态和动态协调度，探讨协调度的时空演变格局，并构建计量模型实证研究新型城镇化与水生态文明协调度的驱动因素，并分地区进行异质性分析。

第 18 章　研究结论与政策建议。总结研究结论并提出政策建议。

13.4.2　研究方法

本篇主要采用了理论分析和实证分析相结合、定性分析与定量分析相结合的研究方法。在定性的理论研究基础之上，通过阅读相关文献建立合理的实证模型，然后通过收集相关资料和数据，对其进行深入剖析，以确保本篇的研究结论和政策建议具有高度的科学性和可信度，增强本篇的说服力（见表13-1）。

表 13-1　研究方法

研究内容	研究方法
新型城镇化对水生态文明的影响机理	演绎推理、归纳推理和规范分析方法
新型城镇化与水生态文明的测度分析	熵值法、自然断裂法、重心迁移模型、标准差椭圆模型
新型城镇化对水生态文明影响的理论分析	双向固定效应模型
新型城镇化对水生态文明的非线性效应	门槛效应模型
新型城镇化对水生态文明的空间溢出效应	空间计量模型
新型城镇化与水生态文明的耦合协调分析	状态协调度函数
新型城镇化与水生态文明相融的政策建议	归纳总结和规范分析法

理论分析部分包括演绎推理、归纳推理和规范分析方法。第一，通过研读新型城镇化与水生态文明的相关文献，寻找研究的创新点。第二，归纳推理与规范分析国内外学者关于新型城镇化与水生态文明的研究成果，掌握新型城镇化与水生态文明的核心概念与特征。第三，基于文献梳理和归纳的基础上，理论探析新型城镇化对水生态文明的影响机理。

实证分析部分包括熵值法、空间分析与计量分析方法。第一，基于理论分析部分对新型城镇化、水生态文明的文献梳理与概念界定，构建新型城镇化和水生态文明指标体系。第二，利用熵值法对其发展水平进行测度，基于测度结果，借助 Arcgis 软件中的自然断裂法、重心迁移模型和标准差椭圆等空间分析法探究新型城镇化与水生态文明的时空演变特征。第三，通过构建计量模型，检验新型城镇化对水生态文明的影响，同时检验结果的稳健性，并根据地理位置、财政投入力度、环境规制强度、新型城镇化发展水平和不同分位点的水生态文明等进行异质性分析。第四，通过门槛模型和空间计量模型分析新型城镇化对水生态文明影响的非线性效应和空间溢出效应。第五，通过状态协调度函数探讨长江经济带新型城镇化与水生态文明的静态和动态协调度的时空演变格局。

13.5　研究思路

本篇研究的基本思路是：提出问题—理论分析—实证研究—对策建议。首先，通过梳理国内外相关文献分析新型城镇化对水生态文明的影响机理。其次，从人口城镇化、经济城镇化、空间城镇化、社会城镇化和数字城镇化五个维度构建新型城镇化指标体系和基于 PSR 模型构建水生态文明评价指标体系。再次，在利用熵值法测度新型城镇化与水生态文明的基础上，借助自然断裂法、重心迁移模型和标准差椭圆等空间分析法探讨新型城镇化与水生态文明时空演变特征；并运用面板模型实证研究长江经济带新型城镇化对水生态文明影响；然后借助门槛回归模型和空间计量模型探讨新型城镇化对水生态文明的非线性效应和空间溢出效应。并进一步采用状态协调度函数分析长江经济带新型城镇化与水生态文明的协调度，构建计量模型实证研究协调度的驱动因素及异质性。最后，提出促进新型城镇化与水生态文明建设相融的政策建议。

13.6　可能存在的创新点

13.6.1　研究内容方面

第一，如何在城镇化进程下推进水生态文明建设，改善水生态环境，对于长江经济带新型城镇化建设和生态文明建设至关重要。但目前学术界鲜有城镇化对水生态文明的影响研究。本篇丰富现有文献，系统探究新型城镇化对水生态文明的影响机理，在实证研究视角上，探讨新型城镇化对水生态文明的影响。第二，考虑到新型城镇化发展是动态变化的过程，其内涵会随着社会发展而变化。鉴于数据成为继劳动力、资本和土地后的新生产要素，使得基于数据要素为核心的数字城镇化成为助推新型城镇化建设的重要动力"引擎"。为此，本篇将考虑把数字经济赋能各行业而衍生的数字城镇化纳入新型城镇化指标体系，有助于丰富现有的新型城镇化相关研究。

13.6.2　学术观点方面

第一，新型城镇化对水生态文明的影响可能存在正反两方面的传导机制，致使现实中长江经济带新型城镇化对水生态文明的影响需要通过实证分析判断。第二，新型城镇化对水生态文明的影响可能受地理位置、财政投入力度、环境规制强度、新型城镇化水平和不同分位点的水生态文明水平等约束存在异质性。第三，新型城镇化对水生态文明的影响可能存在线性影响或非线性影响。第四，考虑到新型城镇化与水生态文明都具有显著的空间自相关性，那么新型城镇化对水生态文明的影响也可能外部性效应。

14 长江经济带新型城镇化对水生态文明影响的理论分析

14.1 新型城镇化对水生态文明的影响机理

新型城镇化对水生态文明的影响机理如图14-1所示。

14.1.1 人口城镇化

人口城镇化作为新型城镇化发展的主要动力，可通过人口聚集效应和改善劳动力错配效应推动水生态文明发展。一方面，人口聚集效应有助于促进区域内知识和技术交流，提升创新效率，促进水资源集约高效利用和水污染治理等领域的技术创新，提升用水效率和治污能力。另一方面，人口聚集效应有利于污水集中排放，便于污水处理设施集中高效使用，提升水资源重复利用量，缓解水资源供需矛盾（Cai 和 Zhang，2022）。另外，大量农村剩余劳动力转移至城市，形成劳动力市场的人口规模效应，有助于降低用人单位与劳动力之间信息不对称，增加用人单位与劳动力的匹配概率，从而改善劳动力错配，并在此过程中通过优化就业结构，增加劳动力数量和缓解人口老龄化，为水生态文明基础设施建设提供人力保障（吴青山等，2022）。

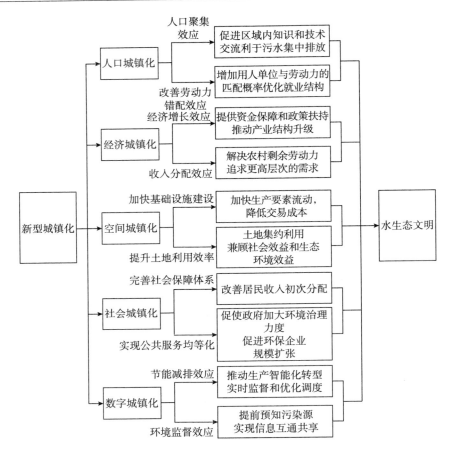

图 14-1　新型城镇化对水生态文明的影响机理

14.1.2　经济城镇化

经济城镇化作为新型城镇化发展的前提和驱动力，可通过经济增长效应和收入分配效应促进水生态文明发展。一般而言，城镇化的经济增长效应越大，越有助于为水生态文明基础设施建设和其配套的相关产业提供资金保障，为水生态文明建设奠定物质基础，且城镇化的经济增长效应还有助于推动产业结构升级，淘汰落后产能，关停取缔高耗能和高污染企业，为采用清洁技术生产的企业提供政策扶持，从源头上减少非期望产出（王华星和石大千，2019）。新型城镇化有助于农村剩余劳动力向水资源利用效率更高的第二产业和第三产业转移，提升非农收入，缩小城乡收入差距，从而提升人们的幸福指数（张晖和李明昕，2023）。根据马斯洛需求层次理论，当人们最基本的生理需求满足时，便开始追求更高层次的需求，对社会、经济、生态环境综合发展效益的提升需求越来越迫切，污染治理和生态修复将成为公众关注的重点，农村面源污染、水体富营养化、水环境污染和水生态失衡等水生态文明问题将得到改善和解决（张海朋等，2020）。

14.1.3 空间城镇化

空间城镇化作为新型城镇化发展的主要载体，可通过加快基础设施建设和提升土地利用效率助推水生态文明发展。一方面，基础设施的完善加快了生产要素流动，降低了交易成本，有助于各地区间发挥比较优势，促进产业集聚的形成，进而发挥产业集聚共用共享基础设施的正外部性以提升水资源的利用效率和水污染排放物的末端治理效率，降低水污染排放（汪成鹏和吴锦桃，2020）。另一方面，相较于传统城镇化进程中因产业布局不合理和建设用地盲目扩张造成土地退化、交通拥堵、水生态破坏等一系列"城市病"问题，新型城镇化进程下的土地集约利用不仅强调经济效益，还兼顾社会效益和水生态环境效益（韩海彬和吴伟波，2020）。

14.1.4 社会城镇化

社会城镇化作为新型城镇化发展的根本保障，可通过完善社会保障体系和实现公共服务均等化推动水生态文明发展。众所周知，社会城镇化注重居民生活条件和生活品质的提升，这必然会推动政府加大对医疗卫生、文化、教育和生态环境的投入力度，深化医疗卫生、文化、教育和生态环境等基础公共服务改革，并通过增加对基础公共服务的财政投入，减少居民用于公共服务的支出，从而改善居民收入初次分配，提高居民收入。此时，面对人民日益增长的美好生活需要和不平衡不充分的发展之间的矛盾时，居民对生态环境污染的治理需求越发强烈，这不仅促使政府加大环境治理力度，提升环境规制强度；还能有效促进环保企业规模扩张，提升污染治理水平，推动水生态文明建设实现"提质增效"。

14.1.5 数字城镇化

数字城镇化作为新型城镇化发展的新动能，可通过节能减排效应和环境监督效应推动水生态文明建设。

14.1.5.1 企业层面

企业作为环境污染防治的主体，可借助物联网、人工智能和云计算等数字技术改变传统生产模式，推动生产智能化转型，并根据生产状态进行实时监督和优化调度，实现生产过程的高效率推进，减少资源浪费和污染排放（王庆喜等，2022）。这种节能减排效应体现在高耗水型和重污染型企业时，表现为提高用水效率的同时降低非期望产出，避免水资源浪费和水污染现象的发生。

14.1.5.2 政府和公众层面

一方面，政府作为环境监督的主体，可借助云计算、大数据和遥感技术的应用对全区域的水环境数据进行实时监控，便于提前预知污染源，防止偷排漏排行为，提升水生态环境治理能力，维持水生态平衡；另一方面，公众作为环境保护的利益相关者，可依托互联网无边界特征实现信息互通共享，对水环境质量状况、浪费水资源行为实施监督和及时反馈，形成良好的社会环保监督氛围，促进政府和公众在水生态环境领域的协同治理（邓荣荣和张翱祥，2022）。

据此，本章提出研究假设 1：新型城镇化有助于促进水生态文明的发展。

14.2 新型城镇化对水生态文明影响的门槛效应

一个地区新型城镇化对水生态文明的影响与绿色技术创新水平有关，

已有研究表明，绿色技术创新可以通过技术创新、减少污染排放、提升资源利用效率、治理水环境等路径推动水生态文明发展（徐维祥等，2020）。在秉持绿色发展理念的新型城镇化进程下，绿色技术创新是减污增效的关键所在，企业通过加大绿色技术创新的研发力度，提升企业的资源使用效率，特别是对重化工、化石能源等高污染、高耗水企业，帮助其实现清洁生产，有效地实现期望产出增加和非期望产出下降，使企业获得更高收益。此外，绿色技术创新水平的提升对新型城镇化进程下产业结构优化具有导向作用，促使劳动密集型生产转向资本、技术密集型生产，并不断孵化出资源节约型和环境友好型企业，企业逐渐实现绿色转型。当绿色技术创新水平到达阈值时，虽然也能推动新型城镇化进程下水生态文明水平的提升，但此时企业的环境治理成本和技术研发成本过大，可能会抵消部分因绿色技术创新所获得的收益，影响到企业实现"创新补偿"效应，进而减缓新型城镇化对水生态文明的促进作用。

据此，本章提出研究假设2：新型城镇化对水生态文明的影响存在绿色技术创新水平的门槛效应（见图14-2）。

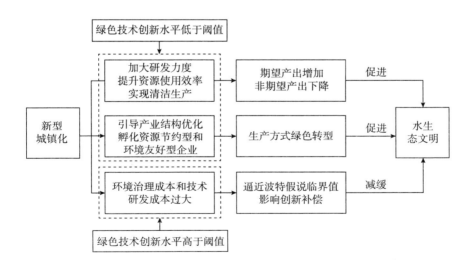

图14-2 新型城镇化对水生态文明影响的门槛效应

14.3 新型城镇化对水生态文明影响的
空间溢出效应

众多文献研究发现，新型城镇化对环境污染、碳排放强度和生态环境的影响存在空间溢出效应，即新型城镇化不仅作用于本地区的碳排放强度、环境污染和生态环境，还会通过人口流动和知识技术溢出效应等影响邻近地区的碳排放强度、环境污染和生态环境（李硕硕等，2022；吕有金和高波，2021；谢锐等，2018；何刚等，2020）。随着城镇化进程的推进，地区之间关联度的提高，实行按照行政区域划分环境治理责任的政策难以有效发挥，且各地区政府以本地区利益为主制定和实施的经济与环境政策，容易导致城镇化进程下的生态文明陷入"公地悲剧"。但不少现实案例证明若区域协同合作，可以实现由"以邻为壑"转变为"以邻为伴"，实现共赢。如 2021～2022 年由于黄河入鲁断面水质始终保持在 Ⅱ 类以上，化学需氧量、氨氮等关键污染物指数持续下降，山东省向河南省兑现生态补偿资金 1.26 亿元，并于 2024 年 1 月再次签订横向生态保护补偿协议；自 2020 年以来，江西省萍乡市所有国省考地表水监控断面水质优良率保持 100%，根据赣湘两省签订的《渌水流域横向生态保护补偿协议》，湖南省作为受益方，首轮"对赌"补偿资金陆续兑现。因此，这种空间溢出效应究竟是正向溢出还是负向溢出，至今学术界仍无定论。故有必要建立空间计量模型探讨新型城镇化对水生态文明的空间溢出效应。

据此，本章提出研究假设 3：新型城镇化对水生态文明的影响存在空间溢出效应（见图 14-3）。

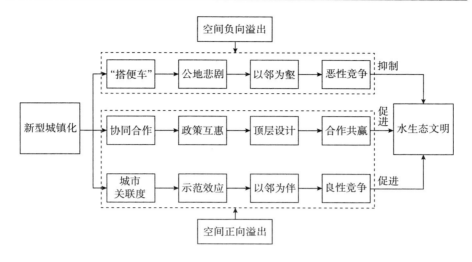

图 14-3 新型城镇化对水生态文明影响的空间溢出效应

14.4 本章小结

本章分析了新型城镇化对水生态文明的影响机理，并根据梳理出的理论基础提出了相应的研究假设。首先，从新型城镇化的五个子维度分别从人口聚集、改善劳动力错配、经济增长、收入分配、加快基础设施建设、提升土地利用效率、完善社会保障体系、实现公共服务均等化、节能减排和环境监督 10 个方面详细论述了城镇化如何影响水生态文明。其次，考虑一个地区新型城镇化对水生态文明的影响与绿色技术创新水平有关，结合波特假说，从理论上分析了新型城镇化对水生态文明可能存在以绿色技术创新为门槛变量的非线性效应。最后，从"搭便车"、区域间协调合作和城市关联度三个方面讨论新型城镇化对水生态文明的空间溢出效应究竟是正向溢出还是负向溢出。

15 长江经济带新型城镇化与水生态文明的测度分析

15.1 指标体系构建

15.1.1 新型城镇化指标体系构建

通过前文可知,新型城镇化是基于城镇化概念衍生而来的,是对传统城镇化的优化和完善。发达国家城镇化发展的经验告诉我们,若强调城镇化扩张的速度,而忽视城镇化质量的提升,则导致交通堵塞、环境恶化、贫富两极化等"城市病",这显然不利于经济可持续发展,由此新型城镇化应运而生,并于党的十八大报告上升至国家战略层面,侧重强调"以人为核心",重视城镇化内涵建设,形成城乡统筹、产业互动、绿色集约和生态宜居为特征的城镇化。相较于传统城镇化,新型城镇化的"新"主要表现在以下几个方面:第一,"新"在参与主体。由过去的政府主导转变为政企民多方参与,齐心协力共建新型城镇化,提升城市发展的主动性。第二,"新"在发展理念。由过去注重"以物为本"转变强调"以人为核心",由过去注重经济效益最大化转变为"创新、协调、绿色、开放、共享",从而全面惠及经济、社会、文化和环境发展（封亦代，2023）。第三，"新"在发展模式。由过去放任高消耗、高排放、高污染的企业生产模式转变为环境友好、资源节约型企业发展，强调节能减排增效，缓解生态环境压力，促进人与自然和谐共处。第四，"新"在城乡联系紧密。由过去城乡隔阂转变为城乡一体化，促进生产要素自由流动和资源合理配置。第五，"新"在生活富裕。由过去轻社会服务转变为实现基本公共服务均等化，改善居民收入初次分配，提高居民生活质量，增进百姓福祉。据此，本章在借鉴已有新型城镇化指标体系和参考《国家新型城镇化规划（2014-2020年）》的基础上，结合长江经济带城镇化发展现状，从人口城镇化、经济城镇化、空间城镇化、社会城镇化和数字城镇化5个维度选取25个指标构建长江经济带新型城镇化指标体系，具体指标如表15-1所示。

表 15-1　长江经济带新型城镇化指标体系

目标层	准则层	指标层	单位	指标属性
新型城镇化	人口城镇化	城镇化率	%	正向
		城市人口密度	人/平方千米	正向
		每十万人高等学校平均在校数	人	正向
		非农业就业人口比重	%	正向
		城镇登记失业率	%	负向
	经济城镇化	人均GDP	元	正向
		城镇居民人均可支配收入	元	正向
		非农业产值占比	%	正向
		人均实际利用外商投资额	元	正向
		全社会固定资产投资额	亿元	正向
	空间城镇化	人均建成区面积	平方米	正向
		建成区面积占城区面积比重	%	正向
		人均公园绿地面积	平方米	正向
		人均拥有道路面积	平方米	正向
		每万人拥有公交汽电车辆	标台	正向

续表

目标层	准则层	指标层	单位	指标属性
新型城镇化	社会城镇化	每千人卫生技术人员数	人	正向
		每万人医疗卫生机构床位数	张	正向
		人均拥有公共图书馆藏量	册	正向
		人均教育经费支出	元	正向
		燃气普及率	%	正向
	数字城镇化	每百人互联网用户数	个	正向
		计算机服务和软件从业人员占比	%	正向
		人均电信业务总量	万元	正向
		每百人移动电话用户数	户	正向
		中国数字普惠金融指数	—	正向

注：表中所涉及的原始数据来自《中国统计年鉴》、《中国人口和就业统计年鉴》、《中国环境统计年鉴》、《中国水资源公报》、各省市统计年鉴和各省市水资源公报。其中，2018年、2019年和2020年的全社会固定资产投资通过增速计算得出，部分缺失值用均值法填补。下表同。

首先，人口城镇化是新型城镇化的主要驱动力，也是新型城镇化的核心要义。农村人口向城市聚集是城镇化进程的最直接标志，直接反映了城镇化发展的规模。这种聚集效应不仅体现在人口规模的增长上，还体现在城市人口密度、非农就业和城市人口质量的增长上。同时，为了保持人口城镇化质量和人口城镇化速度的协调发展，还应特别关注作为农民市民化基础的非农就业的稳定。因此，本章从城市人口规模、人口素质、非农业就业人口比重和非农就业稳定性4个方面衡量人口城镇化。考虑到中国特殊的户籍制度和缺乏对户籍人口城镇化率的统计，本章使用常住人口城镇化比率和城市人口密度来衡量城市人口规模。关于人口素质测度，人口素质是衡量人口质量的主要指标，包括平均受教育年限和每十万人高等学校平均在校数，鉴于平均受教育年限是根据人口抽样调查计算的，结果可能有偏差，本章用每十万人高等学校平均在校数衡量人口素质。此外考虑到新型城镇化的发展是以非农业就业为基础的，本篇用非农业就业人口比重来衡量非农业就业人口比重；并借鉴目前主流的方法间接衡量就业稳定性，即用城镇登记失业率表示。

其次，经济城镇化是新型城镇化建设的重要支撑，与经济增长有显著的互动影响，即新型城镇化是经济增长的新动力，经济增长是新型城镇化的基础。随着城镇化发展，生产要素集聚到城镇，促进了规模经济增长和提升了城镇居民收入。此外，经济开放使得国家之间分享其知识成果，并在更大程度上助推技术外溢。投资强度对推进新型城镇化建设具有积极作用，可以提升群众生活质量和舒适度。因此，本章从经济增长、居民收入水平、经济开放和固定资产投资额 4 个方面衡量经济城镇化。经济城镇化是从经济增长的角度来评估的，而人均 GDP 是衡量一国经济增长最直观的指标，且该指标不受人口规模的影响，是一个相对指标，本篇将人均 GDP 作为衡量经济增长的指标。关于居民收入水平，本章用城镇居民人均可支配收入来衡量。同时，根据 Peddy-Clark 定理，"理性"的劳动力总是倾向于向劳动报酬更高的二三产业转移，本章用产业结构合理化来揭示居民收入水平提升的原因，因此仅用制造业产值占地区生产总值的比例或服务业产值占地区 GDP 的比例很难完全描述产业结构的变化。本章用非农业产业产值占地区生产总值的比例来衡量产业结构合理化。经济开放可以用进出口总额占地区生产总值的比例和人均实际利用外资的比例衡量，但考虑到数据口径的一致性和数据的可用性，本章使用人均实际利用外商投资额。此外，本篇使用全社会固定资产投资来衡量城市投资强度。

再次，空间城镇化是新型城镇化的主要载体。强调在可持续发展的理念下，深度挖掘现有建设用地的潜力。一方面，促进城市存量空间的再利用和推动城市建设用地集约开发，提高土地生态效益，为实现新型宜居生态城镇化提供必要保障。另一方面，加快生产要素自由流动，推动城乡一体化。因此，本章从土地利用强度、土地生态效益和基础设施 3 个方面衡量空间城镇化。衡量土地利用强度的指标包括人均建成区面积、建成区面积占城区面积比重、容积率和建筑密度，但考虑到后两者仅限于建筑用地的土地利用强度，不包括区域交通设施、公共设施和农林用地，它们不能完全代表以新型城镇化为背景，因此本章使用人均建成区面积和建成区面积占城区面积比重衡量土地利用强度。衡量土地生态效益的指标主要包括人均绿色公园面积、建成区绿色覆盖率和森林覆盖率。考虑到人均绿色公园面积是一个相对指标，不考虑人口规模的影响，本章使用人均绿色公园区域来衡量土地生态效益。本章用人均拥有道路面积和每万人拥有公交汽电车辆衡量基础设施。

最后，社会城镇化是新型城镇化以人为本的重要体现。它能够加快实现基本公共服务均等化，促进城乡均衡发展，创造和谐的社会环境。社会城镇化有助于加快农民市民化的形成，让农民在医疗、文化、交通、基础设施等方面享受与城市居民同等的待遇，让他们充分融入城市社会。因此，本章从基本公共服务的医疗、文化和生活 3 个方面衡量社会城镇化。衡量基本公共服务的指标有很多，鉴于数据的可得性以及指标的有用性和普遍性，本章使用每千人卫生技术人员数、每万人医疗卫生机构床位数、人均拥有公共图书馆藏量、人均教育经费支出和燃气普及率 5 个指标衡量。

此外，考虑到新型城镇化发展是动态变化的过程，其内涵会随着社会发展而变化。尤其在数据成为继劳动力、资本、土地和技术后的新生产要素，以数据要素为核心的数字经济极大地提升新型城镇化进程中的资源配置效率，成为助推新型城镇化发展的新动力源（王常军，2021）。鉴于此，本章将以数据要素为核心的数字城镇化纳入新型城镇化指标体系中，丰富现有新型城镇化相关文献。衡量数字城镇化的指标借鉴赵涛等（2020）的研究成果。

15.1.2 水生态文明指标体系构建

水生态文明是生态文明重要的组成部分，指人类遵循人水和谐理念，以实现水资源可持续利用，支撑经济社会和谐发展，保障生态系统良性循环为主体的人水和谐文化伦理形态。一方面，水资源保护和水生态治理是水生态文明的核心要义，在保证经济社会可持续发展的同时减少污染物的产生；另一方面，从水资源的管理、配置、开发利用、节约和保护等方面，形成一套完整、可用性强的保障系统，促进水生态系统的健康发展。考虑到水生态文明上述内涵，本章借鉴已有水生态文明评价文献，基于 PSR 模型，从压力、状态和响应 3 个维度选取 20 个指标测度长江经济带水生态文明水平，具体指标如表 15-2 所示。

表 15-2   长江经济带水生态文明指标体系

目标层	准则层	指标层	单位	指标属性
水生态文明	压力	万元 GDP 化学需氧量排放量	千克	负向
		万元 GDP 氨氮排放量	千克	负向
		地下水开采系数	—	负向
		蔚蓝水质指数	—	负向
		化肥施用强度	千克/公顷	负向
		万元 GDP 用水量	立方米	负向
		万元工业增加值用水量	立方米	负向
	状态	地表水占水资源比重	%	正向
		地下水占水资源比重	%	正向
		湿地总面积占辖区面积比重	%	正向
		水资源开发利用率	%	负向
		城市用水普及率	%	正向
		人均水资源量	立方米	正向
	响应	城市污水处理率	%	正向
		建成区排水管道密度	千米/平方千米	正向
		水土流失治理率	%	正向
		环境污染治理投资占 GDP 比重	%	正向
		建成区绿化覆盖率	%	正向
		森林覆盖率	%	正向
		节水灌溉面积占比	%	正向

具体而言，压力一般用来衡量人类社会活动、工业化进程和过度施肥对水环境造成的破坏，以及在面对最严格的水资源管理制度下对水资源的经济效益和利用效率的重视。前者用万元 GDP 化学需氧量排放量、万元 GDP 氨氮排放量、地下水开采系数、蔚蓝水质指数和化肥施用强度等指标

表示，后者用万 GDP 用水量和万元工业增加值用水量指标表示。状态是指受压力之后的水资源自然禀赋和水资源供给能力，分别用地表水占水资源总量比重、地下水占水资源总量比重、湿地面积占辖区面积比重、水资源开发利用率、城市用水普及率、人均水资源量表示。响应通常指人类为提升水资源的重复利用量和降低水生态承受的压力而做出的贡献，旨在提升城市污水处理能力、防洪排涝能力、保土储水能力及增强水资源节约意识，分别用污水处理率、建成区排水管道密度、水土治理流失率、环境治理占 GDP 比重，建成区绿化覆盖率、森林覆盖率和节水灌溉面积占比表示。

15.1.3 测度方法

为了避免主观赋权法产生的影响，本章采用客观赋权法中的熵值法计算各指标权重，该方法是建立在一定的数理关系之上，能较好地反映数据之间的差异，在一定程度上避免了主观因素和人为因素造成的影响。具体方法如下：

第一，对原始数据进行标准化。

正向指标：

$$A_{ij} = \frac{X_{ij} - minX_{ij}}{maxX_{ij} - minX_{ij}} + 0.00001 \qquad (15-1)$$

逆向指标：

$$A_{ij} = \frac{maxX_{ij} - X_{ij}}{maxX_{ij} - minX_{ij}} + 0.00001 \qquad (15-2)$$

其中，X_{ij} 表示指标实际值，$max\ X_{ij}$ 表示指标最大值，$min\ X_{ij}$ 表示指标最小值，A_{ij} 表示指标标准化后的数据，且 $A_{ij} \in [0.00001, 1.00001]$。

第二，计算第 i 年份的第 j 项指标 P_{ij} 的比重。

$$P_{ij} = \frac{A_{ij}}{\sum\limits_{i=1}^{i=m} A_{ij}} \qquad (15-3)$$

第三，计算指标的熵值 e_j。

$$e_j = -\frac{1}{\ln m} \sum_{i=1}^{i=n} P_{ij} \ln P_{ij} \tag{15-4}$$

第四，计算各项指标的权重 w_j。

$$w_j = \frac{1 - e_j}{\sum_{j=1}^{m} (1 - e_j)} \tag{15-5}$$

第五，新型城镇化指标测度。

根据式（15-5）得到各指标权重，与其标准化处理后的数据相乘，即可得出不同年份的长江经济带新型城镇化值 NUR_t 和水生态文明值 WEC_t，其计算公式为：

$$NUR_t = \sum_{i=1}^{i=n} w_j \times A_{ij} \tag{15-6}$$

$$WEC_t = \sum_{i=1}^{i=n} w_j \times A_{ij} \tag{15-7}$$

式（15-6）和式（15-7）中 NUR_t 和 WEC_t 值越大，表明该地区新型城镇化和水生态文明水平越高。

15.2 新型城镇化的时空演变

15.2.1 时空差异演变

运用熵值法计算长江经济带各地区新型城镇化发展水平，借助 Arcgis 软件中的自然断裂法将新型城镇化发展水平划分为四个区域，从低到高分别为低水平区［0.072，0.248］、中等水平区［0.248，0.423］、较高水平区［0.423，0.599］和高水平区［0.599，0.775］，并绘制了 2011 年、2014 年、2017 年和 2020 年长江经济带各地区新型城镇化发展水平空间格局分布图，具体如图 15-1 所示。

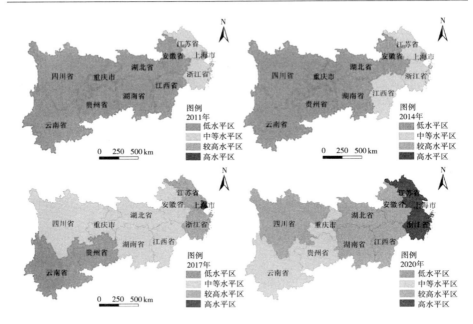

图 15-1　2011~2020 年长江经济带新型城镇化时空差异演变

注：该图基于国家测绘地理信息局标准地图服务网站下载的审图号为 GS（2019）1822 号的标准地图制作，底图无修改。

从整体来看，由图 15-1 可知，长江经济带新型城镇化发展水平显著提升。空间分布格局由 2011 年和 2014 年的低水平区域集中连片逐渐演变为 2017 年和 2020 年的较高水平和高水平区域集中聚集。前者出现的原因可能是 2011~2014 年城镇化建设处于注重城镇化速度的探索阶段，在进行粗放型城镇化的同时，盲目扩大城市规模，忽视城镇化内涵建设，未能提高城镇化质量；后者变化的原因可能在于《国家新型城镇化规划（2014~2020年）》政策的出台，各地区开始重视新型城镇化的建设，并为之提出许多政策响应，使得新型城镇化建设逐渐趋于成熟，政策的边际效应逐渐凸显，各地区更注重城镇化内涵建设，从而使得城市基础设施、公共服务体系逐渐趋于完善，城市空间利用率和生态环境也得到较好的提升与改善。

从空间来看，由图 15-1 可知，2011 年长江经济带新型城镇化发展水平共涉及 3 个阶段，其中长江上游和长江中游均处于低水平区域，长江下游处于较高水平和高水平区域，这是因为长江下游作为中国最发达的经济地区之一，依靠要素集聚效应、人力资本效应、外商投资效应、经济规模效应等加速了新型城镇化的建设。2014 年长江经济带新型城镇化发展水平仍涉及 3 个阶段，新型城镇化发展水平几乎未得到显著增长，仅有江西由低水平区上升至中等水平。2017 年长江经济带新型城镇化发展水平共涉及 4 个阶段，空间分布格局初见雏形。整个长江下游的新型城镇化发展水平都得到提升，安徽省由低水平区跃迁至中等水平区，江苏省和浙江省由中等水平区跃升至较高水平区，上海市由较高水平区提升至高水平区；整个长江中游均为中等水平区，湖南省和湖北省都由低水平区上至中等水平区，而江西省保持不变。长江上游出现"两极化"，四川省和重庆市均由低水平区提升至中等水平区，而云南省和贵州省保持不变。表明在该时期内长江经济带各省份积极抓住新型城镇化建设的红利，形成了协调发展的集聚效应，尤其是长江中游受下游地区辐射效应的作用明显。而长江中游与长江上游产生差异的原因可能在于长江中游作为中西部新型城镇化的先行区和促进中部地区崛起战略的重点区域，加之长江中游受长江下游的经济辐射作用，经济规模要高于长江上游，因此对新型城镇化建设的投资力度较大。2020 年长江经济带新型城镇化发展水平共涉及 3 个阶段，空间集聚效应明显，空间分布格局逐渐形成。长江下游的安徽省由中等水平区跃迁至较高水平区，江苏省和浙江省由较高水平区跃升至高水平区，而上海市不变。整个长江中游的新型城镇化发展水平都发生质的变化，由中等水平区上升至较高水平区。长江上游"两极化"得到改善，四川省由中等水平区提升至较高水平区，云南省和贵州省由最初的低水平区改善至中等水平区，而重庆市保持不变。

15.2.2　时空迁移演变

采用重心迁移模型和标准差椭圆方法进一步探讨长江经济带各地区新型城镇化的时空迁移演变特征，以此反映各地区新型城镇化重心变化及空间方向演变，结果如图 15-2 和表 15-3 所示。从重心迁移轨迹来看，2011~2020 年长江经济带新型城镇化的重心轨迹在 115°03′E 至 113°34′E，30°13′N 至 29°53′移动，逐年向西南方向移动，其重心均落于湖北的东南部，说明长江经济带各地区新型城镇化在空间上相对稳定，呈现以重心为界，东强西弱的空间分布特征。从标准差椭圆参数来看，椭圆面积由 2011 年的 798358.399 平方千米扩张至 2020 年的 845963.267 平方千米，表明椭圆外部地区的新型城镇化对提升长江经济带整体新型城镇化作用较强，呈现由聚集到扩散的演变趋势。椭圆的长短轴都分别增加 25.725 平方千米和 8.520 平方千米，表明新型城镇化在东北—西南方向和东南—西北方向都呈现扩张态势；椭圆的方位角由 2011 年的 73.044°逆缩至 2020 年的 72.250°，表明长江经济带东北部新型城镇化提升的速度优于西南部。

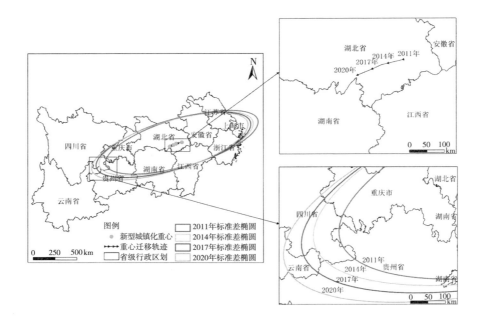

图 15-2　2011~2020 年长江经济带新型城镇化时空迁移演变

注：该图基于国家测绘地理信息局标准地图服务网站下载的审图号为 GS（2019）1822 号的标准地图制作，底图无修改。

表 15-3　2011~2020 年长江经济带新型城镇化的标准差椭圆参数

年份	重心坐标	距离 （千米）	面积 （平方千米）	长半轴 （千米）	短半轴 （千米）	方位角 （°）
2011	115°03′E30°13′N	—	798358.399	906.788	280.308	73.044
2014	114°22′E30°08′N	76.128	820247.703	914.027	285.711	73.366
2017	114°01′E30°02′N	46.738	832524.515	919.402	288.292	72.929
2020	113°34′E29°53′N	52.704	845963.267	932.513	288.828	72.250

15.3　水生态文明的时空演变

15.3.1　时空差异演变

运用熵值法计算长江经济带各地区水生态文明发展水平，借助 Arcgis 软件中的自然断裂法将水生态文明发展水平划分为四个区域，从低到高分别为低水平区［0.219，0.312］、中等水平区［0.312，0.405］、较高水平区［0.405，0.498］和高水平区［0.498，0.592］，并绘制了 2011 年、2014年、2017 年和 2020 年长江经济带各地区水生态文明发展水平空间格局分布图，具体如图 15-3 所示。

从整体来看，由图 15-3 可知，长江经济带水生态文明发展水平明显提升。随着时间的推移，低水平区的占比逐年减少，中等水平和较高水平区较为聚集，空间分布格局逐渐凸显，呈现"下游—上游—中游"依次递减的态势。与新型城镇化发展水平变化趋势一致，2014~2020 年，水生态文明发展水平逐步提升。一方面，2014 年之前处于建设水生态文明城市的试点阶段，各地区缺乏水生态文明建设的指导思想，水生态文明思想宣传力度不充分，仍坚持经济效益为主，未能引导公民养成良好的环境保护意识；另一方面，2014 年之后随着水生态文明试点城市的开展，各地区逐渐重视

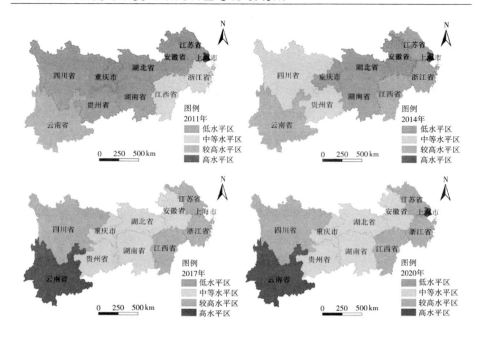

图 15-3 2011~2020 年长江经济带水生态文明时空差异演变

注：该图基于国家测绘地理信息局标准地图服务网站下载的审图号为 GS（2019）1822 号的标准地图制作，底图无修改。

水生态文明建设，开始落实最严格水资源管理制度，规范水资源的利用和开发，并借助新媒体载体宣传水生态文明思想，构建节水型社会，培养公民的节水意识。此外，凭借着 2015 年实施"4+1"工程和 2016 年形成的健全污水收费制度，长江经济带各地区污水处理能力和污水处理率都得到明显改善以及随后相继实施《环境保护税法》《生态环境损害赔偿制度改革方案》和新修订的《水污染防治法》等环保政策法规，使得水生态文明发展水平始终保持稳定增长，助力长江经济带生态文明先行示范带的建设。

从空间来看，由图 15-3 可得，2011 年长江经济带水生态文明发展水平以低水平区域为主，其中 7 个省份处于低水平区，仅云南省和上海市为较高水平和高水平区。前者是因为上海市作为长江经济带的"领头羊"，依靠区位优势产生人口虹吸效应，聚集高端人才，加速了科研成果的转化，有助于水生态文明的建设；后者是因为云南省人口密度低，重化工及污染企业较少，水资源自然禀赋丰富，具备良好的生态环境。2014年长江经济带水生态文明空间分布格局开始显现，各地区水生态文明分级明显。长江上游增长显著，上海市保持高水平区域，浙江省由中等水平区跃迁至较高水平区，江苏由低水平区上升至较高水平区，而安徽省仍处于低水平区。而长江中游仅有江西从中等水平区提升至较高水平区，湖南省和湖北省仍处于低水平区，一方面在于长江下游凭借着雄厚的经济基础优势，基础设施投资力度大，为环境保护和污水治理奠定良好的基础，另一方面其为了顺应国家发展战略的要求，在积极推进高科技新兴产业的同时将其重化工企业转移至内地长江中游，不断优化产业布局，减少三废排放量；而长江中游作为承接东西部地区的纽带，凭借着土地资源和劳动力人口丰富的特点，承担着从长江下游地区转移的重化工企业和劳动密集型企业，而这些企业生产的大多数是高耗水型和污染型产品，使其在缓解水资源供需、改善水环境质量和处理废污水方面内生动力不足，制约了水生态文明发展。长江上游四川省和贵州省水生态文明发展水平得到提升，均由低水平区跃升至中等水平区，云南省和重庆市仍保持最初的状态不变。较之于2014年，2017年和2020年长江经济带水生态文明发展水平显著提升，所有处于低水平区域都上升至中等水平区。长江中游的湖南省和湖北省纷纷提升至中等水平区，江西省保持不变，产生这种变化的原因可能是近几年作为该区域作为产业转移的集聚地，转移的企业多为劳动密集型企业、重化工企业和低质量的外资企业，导致工业用水量、居民用水量激增，废水中污染物排放量增加，因此为了解决上述阻碍水生态文明建设的负面影响，其加快完善基础设施的建设，尤其增加排水管道、污水处理设施、非常规水收集器，节水器具等提升处理污水率和水资源利用效率的设施。同时，长江上游几乎整个地区的水生态文明均得到提升，云南省、四川省和重庆市都向上提升一个水平，分别处于高水平、较高水平和中等水平区，主要是因为该地区城镇化进程较为缓慢，使得水资源开发利用率、地下水开采系数、污废水排放量增加和水资源利用效率降低等负面效应均处于生态环境承载范围之内，短时间内可通过生态自我修复功能缓解水资源压力，以及近几年人口不断向长三角地区集聚，极大地缓解了用水压力。

15.3.2 时空迁移演变

由图15-4和表15-4可知，从重心迁移轨迹来看，2011～2020年长江经济带水生态文明的重心轨迹在112°36′E至112°19′E，29°29′N至29°32′N移动，呈现先东北方向移动，随后西南方向移动，其重心基本落于湖南省的东北部，说明长江经济带各地区水生态文明在空间上相对稳定，大致呈现以平均重心为界，东强西弱的空间分布特征。从标准差椭圆参数来看，椭圆面积由2011年的923003.055平方千米缩小至2020年的868135.000平方千米，表明椭圆内部地区的水生态文明对提升长江经济带整体水生态文明作用较强，聚集趋势也在进一步增强。椭圆的长短轴分别缩短78.182千米和增加5.625千米，表明水生态文明在东北—西南方向收缩趋势明显，而在东南—西北方向呈现扩张态势；椭圆的方位角由2011年的71.403°扩大至2020年的72.066°，说明长江经济带水生态文明呈现出顺时针不断偏移的趋势，说明长江经济带西南部水生态文明提升的速度优于东北部。

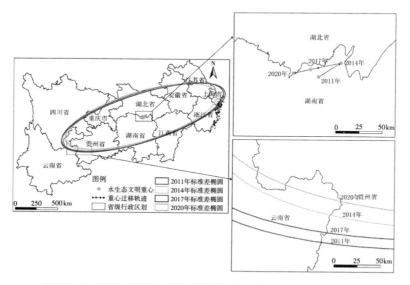

图15-4 2011～2020年长江经济带水生态文明时空迁移演变

注：该图基于国家测绘地理信息局标准地图服务网站下载的审图号为GS（2019）1822号的标准地图制作，底图无修改。

表 15-4 2011~2020 年长江经济带水生态文明及标准差椭圆参数

年份	重心坐标	距离 （千米）	面积 （平方千米）	长半轴 （千米）	短半轴 （千米）	方位角 （°）
2011	112°36′E 29°29′N	—	923003.055	1010.929	290.696	71.403
2014	112°51′E 29°36′N	30.653	906851.091	985.063	293.104	71.570
2017	112°31′E 29°34′N	37.221	921172.588	998.084	293.850	71.481
2020	112°19′E 29°32′N	22.529	868135.000	932.747	296.321	72.066

15.4 本章小结

基于长江经济带 2011~2020 年 11 个省域面板数据，构建了新型城镇化与水生态文明指标体系，并在利用熵值法测度长江经济带各地区新型城镇化发展水平和水生态文明发展水平的基础上，运用自然断裂法、重心迁移模型和标准差椭圆等空间分析法探讨两者的时空演变。研究发现：

第一，整体而言，新型城镇化发展水平显著提升。空间分布格局由 2011 年和 2014 年低水平区域集中连片逐渐演变为 2017 年和 2020 年的较高水平和高水平区域集中聚集，分级逐渐凸显，整体呈现"下游—中游—上游"依次递减的态势。水生态文明发展水平明显提升。空间分布格局由 2011 年低水平区域集中连片逐渐演变到 2017 年和 2020 年的中等水平和较高水平区集中聚集，分级逐渐凸显，整体呈现"下游—上游—中游"依次递减的态势。

第二，在空间层面，各地区新型城镇化发展水平显著提升。长江上游和长江中游由 2011 年低水平区为主演化成 2020 年中等水平和较高水平区占多数，其中四川省由低水平区跨越两个层级上升至较高水平区，云南省、重庆市和贵州省由低水平区均提升至中等水平区，而长江中游整个地区均由低水平区跃迁至较高水平区。长江下游地区提升明显，其中南北两翼变化最为显著，江苏省和浙江省由 2011 年中等水平区提升至 2020 年高水平区，安徽省由低水平区上升至较高水平区。新型城镇化扩散态势明显，空间分布上相对稳定，呈现以湖北省的东南部为界，东强西弱的空间分布特征。其中，椭圆面积表明椭圆外部地区的新型城镇化对提升长江经济带整体新型城镇化作用较强，呈现由聚集到扩散的演变趋势；长短轴表明新型城镇化在东北—西南方向和东南—西北方向都呈现扩张态势；方位角表明长江经济带东北部新型城镇化提升的速度优于西南部。

第三，在空间层面，各地区水生态文明发展水平显著提升。长江上游和长江中游由 2011 年以低水平区为主演变成 2020 年中等水平区占多数，其中云南省由较高水平区上升至高水平区，四川省和江西省分别由低水平和中等水平区提升至较高水平区，重庆市、贵州省、湖南省和湖北省均由低水平区跃迁至中等水平区。长江下游南北两翼变化明显，江苏省和浙江省分别由 2011 年的低水平和中等水平区跨越至 2020 年的较高水平区，而安徽省仅由低水平区提升至中等水平区，上海市保持不变，仍为高水平区。水生态文明聚集态势增强，空间分布上相对稳定，呈现以湖南省的东北部为界，东强西弱的空间分布特征。其中，椭圆面积表明椭圆内部地区的水生态文明对提升长江经济带整体水生态文明作用较强，聚集趋势也在进一步增强；长短轴表明水生态文明在东北—西南方向收缩趋势明显，在东南—西北方向呈现扩张态势；方位角表明长江经济带西南部水生态文明提升的速度优于东北部。

16 长江经济带新型城镇化对水生态文明影响的实证分析

16.1 模型构建、变量说明和数据来源

16.1.1 模型设定

IPAT 模型是由 Ehrlish 和 Holdren（1994）提出的，并被学术界广泛认可的分析环境影响的量化等式，其一般表达式为：

$$I = PAT \tag{16-1}$$

其中，I 表示环境影响，P 表示人口规模，A 表示人均财富，T 表示技术水平。但由于该模型仅通过改变一个变量并控制其他变量不变来探讨决定性因素，导致对被解释变量影响是等比例变化，因此该模型具有一定的局限性。为了弥补该模型的缺陷，Dietz 和 Rosa（1994）在 IPAT 模型的基础上，提出了 STIRPAT 模型。其面板数据形式的具体公式为：

$$I_{it} = \alpha P_{it}^b A_{it}^c T_{it}^d e \tag{16-2}$$

式（16-2）两边同时取对数变形后：

$$\ln I_{it} = \alpha + b \ln P_{it} + c \ln A_{it} + d \ln T_{it} + e_{it} \tag{16-3}$$

较之于 IPAT 模型，该模型的亮点在于既允许将各系数作为参数进行估计，又允许对各变量进行必要的分解与改进（Shao 等，2011）。具体到本章而言，为了验证前文的研究假设，I 表示水生态文明；P 表示人口规模，考虑到中国特殊的户籍制度，导致城镇化率远低于现行的名义城镇化率，以及仅采用人口数量的绝对规模不具备科学性（邵帅等，2016），因此本章作助式（16-4）反映新型城镇化（NUR）与人口规模（P）之间的关系（谢锐等，2018）；人均财富本章用各省份的国内生产总值，即经济发展水平（Gdp）表示；技术水平用污染治理力度（Env）表示，该变量是减污降排以及研发投入的外在表现。

$$P_{it} = gNUR_{it}^{f} \qquad (16\text{-}4)$$

其中，NUR 表示新型城镇化，g、f 表示待估参数。

将式（16-4）代入式（16-3），并整理可得基准回归模型：

$$\ln WEC_{it} = \alpha_0 + \alpha_1 \ln NUR_{it} + \alpha_2 X_{it} + \mu_i + \lambda_t + \varepsilon_{it} \qquad (16\text{-}5)$$

其中，下标 i、t 分别表示第 i 省份、第 t 年，WEC 表示水生态文明，NUR 表示新型城镇化，回归系数 α_1 反映了新型城镇化对水生态文明的影响，若系数为正，则研究假设 1 成立。X_{it} 表示一系列控制变量，分别为人力资本（Edu）、外商直接投资（Fdi）、对外开放（Open）、产业结构升级（Ind）、污染治理力度（Env）和经济发展水平（Gdp），μ_i 表示省份固定效应，λ_t 表示时间固定效应，ε_{it} 表示随机扰动项。此外，为防止控制变量数量级差异和异方差问题导致估计结果产生偏差，本章的所有控制变量均以对数形式纳入回归模型中。

为了进一步检验新型城镇化影响水生态文明是否存在绿色技术创新水平的门槛效应，本章借鉴 Hansen 的方法设定如下的面板门槛模型：

$$\ln WEC_{it} = \beta_0 + \beta_1 \ln NUR_{it} \times I(\ln Green_{it} \leq \theta) + \beta_2 \ln NUR_{it} \times$$
$$I(\ln Green_{it} > \theta) + \beta_3 X_{it} + \lambda_t + \varepsilon_{it} \qquad (16\text{-}6)$$

其中，ln Green 表示门槛变量；I(·) 表示取值 0 或 1 的指示函数，当满足括号内的条件为 1，否则为 0；θ 为门槛值，将研究样本划分两个区间，若此时 β_1、β_2 系数不同且显著，则研究假设 2 成立。上述门槛模型可根据门槛效应的检验结果扩展至多门槛模型。

最后，鉴于长江经济带各省域间新型城镇化的发展并非相互独立，可能存在着空间相关性，考虑到不同空间计量模型的空间传导机制存在差异，本章设定空间自回归模型（SAR）、空间误差模型（SEM）和空间杜宾模型（SDM）检验新型城镇化对水生态文明的空间溢出效应。具体模型如下：

$$\ln WEC_{it} = \rho W \ln WEC_{it} + \gamma_1 \ln NUR_{it} + \gamma_2 X_{it} + \mu_i + \lambda_t + \varepsilon_{it} \qquad (16-7)$$

$$\ln WEC_{it} = \gamma_1 \ln NUR_{it} + \gamma_2 X_{it} + \mu_i + \lambda_t + \varepsilon_{it}, \quad \varepsilon_{it} = \delta W \varepsilon_{it} + \omega_{it} \qquad (16-8)$$

$$\ln WEC_{it} = \rho W \ln WEC_{it} + \gamma_1 \ln NUR_{it} + \psi_1 W \ln NUR_{it} + \gamma_2 X_{it} + \psi_2 W X_{it} + \mu_i + \lambda_t + \varepsilon_{it}$$

$$(16-9)$$

其中，ρ、δ、ψ_1 和 ψ_n 表示空间自相关系数，W 表示空间权重矩阵。本章构建了地理距离权重矩阵（W_1），具体计算公式如下：

$$W_{1it} = \begin{cases} 1/d_{ij}, & i \neq j \\ 0, & i = j \end{cases} \qquad (16-10)$$

其中，d_{ij} 表示 i 省省会城市与 j 省省会城市之间的直线距离，通过谷歌地球获得省会的经度和纬度后，用 Arcgis 软件计算得出。

16.1.2 变量说明

16.1.2.1 控制变量

人力资本（Edu）：选取平均受教育年限衡量，具体计算公式为（未上过学×0+小学×6+初中×9+高中×12+大专以上×16）/6 岁以上人口数。良好的受教育程度有助于增强公众环境保护意识，倒逼地区环境治理技术创新和监督政府环境规制实施。

外商直接投资（Fdi）：选取外商直接投资与国内生产总值的比重衡量。一些发达国家为了规避本国的环境规制，将一些低附加值和高污染、高排放的企业转移至东道国，从而造成东道国环境污染；当过度依赖外商投资，可能会形成技术依赖，不利于技术进步和自主创新，进而影响新型城镇化与水生态文明进程的推进。

对外开放（Open）：选取进出口总额与国内生产总值的比重衡量。一国的对外开放程度有助于扩大城镇化市场需求规模，学习发达国家先进的城镇化建设经验，规避"城市病"的出现；对外开放还能凭借资源禀赋丰富、要素价格低和市场潜力大的优势从事高耗水型的低附加值劳动性密集产品的低端加工贸易，不利于经济可持续发展。

产业结构升级（Ind）：选取第三产业增加值与国内生产总值的比重衡量。产业结构与生态环境质量紧密相连，产业结构升级作为解决城镇化进程中水生态恶化和治理水环境污染的主要路径之一，能够减少资源消耗和环境污染，有助于改善生态环境。

污染治理力度（Env）：选取工业污染治理完成投资与第二产业增加值的比重衡量。工业作为资源消耗和环境污染的主体，其产生的"三废"严重影响着生态环境质量，制约着水生态文明的发展。

经济发展水平（Gdp）：选取地区国内生产总值衡量。根据环境库兹涅茨曲线，一国经济发展水平与生态环境存在 EKC 曲线，一国经济发展水平会影响水生态环境，作用于水生态文明。

16.1.2.2　门槛变量

参考董直庆和王辉（2019）的做法，根据世界知识产权组织公布的绿色专利清单中列示的绿色专利国际专利分类编码，通过设置专利类型、IPC分类编码、发明单位及个人地址，从国家知识产权局中国专利公布公告网分别获取不同城市层面的专利数据与上述绿色清单所界定绿色专利的 IPC 代码进行匹配，将其中的绿色发明申请量（Ginv）和绿色专利申请量（Gpat）加总至城市层面，并汇总至省级层面，以衡量绿色技术创新水平。

16.1.3　数据来源

上述指标除数字普惠金融指数、绿色发明申请数和绿色专利申请量外，其余指标的原始数据来自《中国统计年鉴》、《中国人口和就业统计年鉴》、《中国环境统计年鉴》、《中国水资源公报》、长江经济带各省统计年鉴和各省水资源公报；蔚蓝水质指数来源"蔚蓝地图"。个别缺失值用插值法进行填补。数字普惠金融指数来源于北京大学互联网金融研究中心公布的《中国数字普惠金融指标体系与指数编制》，绿色发明申请数和绿色专利申请量来源于国家知识产权专利数据库。值得注意的是，由于新型城镇化与水生态文明是通过熵值法计算得出，两者的值均处于［0，1］，取对数后该值呈现正偏态分布，为此分别在新型城镇化和水生态文明的值上加 1 并取对数，即用 ln（NUR+1）、ln（WEC+1）分别衡量新型城镇化与水生态文明。以上变量的描述性统计结果如表 16-1 所示。

表 16-1　描述性统计

变量类型	变量名称	样本量	平均值	标准差	最小值	最大值
被解释变量	水生态文明（lnWEC）	110	0.328	0.065	0.198	0.465
解释变量	新型城镇化（lnNUR）	110	0.275	0.108	0.070	0.574
控制变量	人力资本（lr.Edu）	110	2.187	0.088	2.006	2.436
	外商直接投资（lnFdi）	110	0.548	0.843	−1.775	1.504
	对外开放（lnOpen）	110	−1.692	0.938	−3.611	0.387
	产业结构升级（lnInd）	110	3.878	0.149	3.523	4.292
	污染治理力度（lnEnv）	110	−1.916	0.646	−3.863	−0.483
	经济发展水平（lnGdp）	110	10.168	0.584	8.633	11.541
门槛变量	绿色发明申请数（lnGinv）	110	7.969	1.166	5.165	10.281
	绿色专利申请数（lnGpat）	110	8.648	1.105	5.922	11.100

16.2　实证结果与分析

16.2.1　基准回归

表 16-2 报告了新型城镇化对水生态文明影响的基准回归结果。表 16-2 中列（1）为不考虑控制变量和未控制省份、时间固定效应的估计结果，结

果显示新型城镇化对水生态文明影响的估计系数为 0.360，且在 1% 的水平下显著，这初步说明长江经济带新型城镇化有助于水生态文明水平提升。列（2）为同时控制省份和时间固定效应，结果仍显著为正。列（3）至列（9）在列（2）基础上逐渐加入控制变量，结果发现新型城镇化对水生态文明影响的估计系数一直为正数，系数由 0.360 上升至 0.832，且在 1% 的水平下显著，表明长江经济带新型城镇化对水生态文明水平的提升具有促进作用，研究假设 1 成立。

表 16-2　基准回归

变量	（1）	（2）	（3）	（4）	（5）	（6）	（7）	（8）
lnNUR	0.360*** [7.722]	0.538** [2.592]	0.640*** [3.538]	0.748*** [3.608]	0.730*** [4.098]	0.794*** [3.910]	0.755*** [3.875]	0.830*** [5.026]
lnEdu	—	—	0.389** [2.921]	0.318** [2.899]	0.304** [2.577]	0.332** [2.642]	0.336** [2.698]	0.340** [2.918]
lnFdi	—	—	—	-0.014** [-2.278]	-0.015** [-2.745]	-0.021*** [-4.856]	-0.021*** [-5.671]	-0.023*** [-6.895]
lnOpen	—	—	—	—	0.013 [0.947]	0.003 [0.396]	0.001 [0.108]	-0.002 [-0.323]
lnInd	—	—	—	—	—	0.156*** [4.520]	0.176*** [4.501]	0.140*** [4.623]
lnEnv	—	—	—	—	—	—	-0.004* [-2.099]	-0.006* [-2.024]
lnGdp	—	—	—	—	—	—	—	-0.086* [-1.948]
省份固定效应	NO	YES	YES	YES	YES	YES	YES	YES
时间固定效应	NO	YES	YES	YES	YES	YES	YES	YES
N	110	110	110	110	110	110	110	110
R²	0.356	0.773	0.812	0.838	0.842	0.869	0.873	0.883

注：*、**、***分别表示在 10%、5% 和 1% 的水平下显著，[ ] 内为 t 值。下同。

从控制变量来看，人力资本显著促进了水生态文明水平提升，表明一地区受教育程度越高，该地区公众环保意识越强。一方面加大了企业偷排漏排行为的约束，监督政府加大水污染治理力度，有利于从源头和末端进行水污染防治；另一方面有助于宣传水生态文明理念，助推公众节水、用水、爱水，营造良好的人水和谐氛围，切实推进水生态文明建设。外商直接投资显著抑制了水生态文明水平提升。一方面部分跨国公司为了规避母国的环境规制，将一些污染型和耗水型的重化工产业转移至长江经济带发展；另一方面长江经济带在引入外资后陷入了技术路径依赖，形成"造不如买，买不如租"的思维，不利于自主创新，提高水生态文明水平。产业结构升级对水生态文明产生了显著的促进作用，工业作为长江经济带"三废"的主要源泉，产业结构升级降低了工业比重，从而减少了工业污染源产生的废水排放量，同时长江经济带产业结构高级化过程中淘汰了落后产能，关停取缔了一批高耗能、高污染和高耗水型企业，并推动传统劳动密集型企业向资本密集型、技术密集型产业转型发展，提高了水资源绿色利用效率，促进水生态文明水平提升。污染治理力度和经济发展水平对水生态文明的影响均显著为负，前者说明基于工业污染治理投资衡量的污染治理力度对水生态文明的影响尚未跨过"波特拐点"，即污染治理力度对水生态文明的影响还处于"遵循成本"的负效应；后者说明长江经济带还处于环境库兹涅茨曲线拐点左边，非集约型的经济发展模式导致水资源需求和水生态环境压力增加，短期内不利于水生态文明发展。对外开放和技术创新对水生态文明的影响均未通过显著性检验。

16.2.2 工具变量回归

基准回归结果显示，长江经济带新型城镇化有助于促进水生态文明发展，两者存在显著的正相关关系。然而，上述研究中忽略了一个最关键的问题，即模型可能存在内生性，这可能会造成上述基准回归结果是不准确的。为此，本章从关注的主题出发，一方面新型城镇化的快速发展促进了水生态文明水平的迅速提升，同时水生态文明的提升也成为推动新型城镇化发展的重要动力，由此新型城镇化与水生态文明可能存在双向因果关系；另一方面尽管本章考虑了影响水生态文明的各种影响因素，但仍可能存在遗漏变量的问题。针对这一问题，本章试图通过面板工具变量法缓解内生性问题，以保证基准回归结果的稳定性。

参考孙学涛等（2022）、Lewbel（1997）的方法，采用新型城镇化滞后一期、新型城镇化与其样本均值差值的三次方作为新型城镇化的工具变量。其中，滞后一期的新型城镇化与当期新型城镇化存在高度相关，该工具变量满足相关性要求，且当期水生态文明无法对滞后一期的新型城镇化产生影响，故该工具变量也基本满足排他性要求。

表16-3显示了工具变量的回归结果。表16-3中列（1）和列（2）结果表示，无论工具变量是新型城镇化滞后一期还是新型城镇化当期值与其平均值差值的三次方，LM统计量分别为11.967和16.200，均拒绝原假设，说明工具变量不存在识别不足。Wald F统计量分别为22.605和29.956，均大于Stock-Yogo检验10%水平上的临界值，均拒绝原假设，说明不存在弱识别。因此，本章选择的工具变量是有效的。在考虑新型城镇化与水生态文明之间可能存在的内生性问题后，列（1）和列（2）显示新型城镇化的估计系数仍显著为正，表明长江经济带新型城镇化确实能显著促进水生态文明的发展。

表16-3　工具变量估计结果

变量	(1)	(2)	(3)	(4)	(5)
lnNUR	0.608 ** (2.224)	0.916 *** (4.373)	0.893 *** [4.753]	0.795 *** [4.894]	0.495 * [2.175]
L. lnNUR	—	—	−0.152 [−0.794]	—	—
IV	—	—	—	2.111 [0.536]	—
L. lnWEC	—	—	—	—	0.569 ** [3.103]

续表

变量	（1）	（2）	（3）	（4）	（5）
控制变量	YES	YES	YES	YES	YES
Kleibergen–Paap rk LM statistic	10.558*** 0.001	16.294*** 0.000	—	—	—
Kleibergen–Paap rk Wald F statistic	18.849 {16.380}	24.841 {16.380}	—	—	—
AR（1）	—	—	—	—	0.026
AR（2）	—	—	—	—	0.777
Sargan	—	—	—	—	0.116
省份固定效应	YES	YES	YES	YES	YES
时间固定效应	YES	YES	YES	YES	YES
N	99	110	99	110	88
R^2	0.836	0.883	0.842	0.883	—

注：（）内数值为 Z 值，下同；{} 内数值为 Stock-Yogo 弱识别检验在 10% 水平上的临界值。

虽然过度识别检验已经表明了工具变量的排他性，但考虑到新型城镇化滞后一期或新型城镇化当期值与其平均值差值的三次方仍可能受前期新型城镇化的影响，具有不完全外生性的可能。为此，本章借鉴唐要家等（2022）的做法，将上述工具变量和新型城镇化同时纳入回归方程，若新型城镇化的估计系数显著而工具变量的估计系数不显著，则说明该工具变量具有完全外生性。估计结果如表 16 - 3 中列（3）和列（4），工具变量 L. lnNUR 和 IV 的系数均不显著，证明了工具变量的外生性。此外，本章还尝试使用系统 GMM 处理内生性问题，以提高估计结果的可靠性。由表 16 - 3 中列（5）结果可知，AR（1）小于 0.05、AR（2）大于 0.1，Sargan 检验的 p 值大于 0.1，说明使用系统 GMM 估计是有效的，且新型城镇化的估计系数仍显著为正，进一步证实了新型城镇化对水生态文明的促进作用。

16.2.3 稳健性检验

上述实证结果表明，长江经济带新型城镇化能够显著促进水生态文明发展。为了检验这一结论是否可靠，本章从以下四方面进行稳健性检验。

16.2.3.1　极值处理

为避免极端值对结果产生干扰，本章对被解释变量和核心解释变量分别进行双边缩尾 5% 和双边截尾 5% 的方式对极端值进行剔除处理，结果如表 16-4 中列（1）和列（2）所示。

16.2.3.2　重新测度解释变量

一是运用主成分分析法重新测度新型城镇化，考虑主成分分析法计算出来的新型城镇化其值出现负数，先运用 0-1 标准化法进行处理，再使用 ln（NUR_{0-1}+1）的计算公式；二是剔除数字城镇化后重新运用熵值法计算新型城镇化。结果分别如表 16-4 中列（3）和列（4）所示。

16.2.3.3　剔除特殊样本

上海市和重庆市作为直辖市，在新型城镇化和水生态文明建设方面具有优势，在回归时从样本中剔除这两个直辖市，结果如表 16-4 中列（5）所示。

16.2.3.4　变换模型

在基于熵值法测度新型城镇化与水生态文明后，被解释变量和解释变量的取值范围始终处于 [0, 1]，具有截断数据属性，为此本章使用面板 Tobit 模型重新估计，结果如表 16-4 中列（6）所示。

由表 16-4 中列（1）至列（6）可知，解释变量新型城镇化的估计系数显著为正，说明长江经济带新型城镇化显著促进了水生态文明水平提升，与表 16-2 的基准回归结果一致，由此表明本章上述实证结果是稳健的。

表 16-4　稳健性检验结果

变量	极值处理		重新测度核心解释变量		剔除特殊样本	Tobit 模型
	（1）	（2）	（3）	（4）	（5）	（6）
lnNUR 或 NUR	0.426*** ［3.498］	0.752*** ［5.123］	0.331** ［2.559］	0.669*** ［5.617］	0.873*** ［7.471］	0.610*** （4.495）
控制变量	YES	YES	YES	YES	YES	YES

续表

变量	极值处理		重新测度核心解释变量		剔除特殊样本	Tobit 模型
	（1）	（2）	（3）	（4）	（5）	（6）
省份固定效应	YES	YES	YES	YES	YES	YES
时间固定效应	YES	YES	YES	YES	YES	YES
N	110	94	110	110	90	110
R^2	0.874	0.878	0.842	0.885	0.893	—

16.2.4 不同维度城镇化的效应分析

为了提出具有针对性的政策建议，本章进一步探讨新型城镇化对水生态文明的影响，将构成新型城镇化的人口城镇化（PUR）、经济城镇化（EUR）、空间城镇化（LUR）、社会城镇化（SUR）和数字城镇化（DUR）五个子维度分别探究其对水生态文明的影响效应。同基准回归一致，此处仍然选择双向固定效应模型来分析。具体回归结果见表16-5所示。

表 16-5　不同维度城镇化的效应分析

变量	lnPUR	lnEUR	lnLUR	lnSUR	lnDUR
lnNUR	0.275 *** [5.816]	0.429 ** [2.739]	0.221 *** [3.736]	0.141 [0.980]	0.076 [0.615]
控制变量	YES	YES	YES	YES	YES
省份固定效应	YES	YES	YES	YES	YES
时间固定效应	YES	YES	YES	YES	YES
N	110	110	110	110	110
R^2	0.888	0.841	0.852	0.828	0.826

由表16-5可知，人口、经济和空间城镇化能够显著促进水生态文明，而社会和数字城镇化对水生态文明的促进作用不显著；进一步从表16-5的核心变量的回归系数可知，经济城镇化＞人口城镇化＞空间城镇化。表明由经济城镇化产生的经济增长效应和收入分配效应优于人口城镇化产生的人

口聚集效应、改善劳动力错配效应以及空间城镇化带来的基础设施建设加快、土地利用效率提升。一方面，经济城镇化体量的增大有助于通过经济增长效应和收入分配效应帮助长江经济带成为吸纳高端人才、高新企业、研发资本等创新要素的聚集地，进而全面提升长江经济带在用水效率、减污降排等方面的创新能力和科研成果转化率，为水生态文明建设提供创新保障。另一方面，经济城镇化为空间城镇化所需的基础设施建设与土地集约利用提供资金保障。

社会城镇化和数字城镇化对水生态文明的促进作用不显著，说明对长江经济带整体而言，社会城镇化所完善的社会保障体系、公共服务均等化以及数字城镇化产生的节能减排效应和环境监督效应未凸显。

16.2.5 异质性分析

由于长江经济带不同地区的地理位置、财政投入规模、环境规制强度、新型城镇化水平和水生态文明水平存在差异，由此，本章进一步分析长江经济带新型城镇化对水生态文明的异质性影响。

16.2.5.1 地理位置异质性

长江经济带水生态文明呈现"东强，中西弱"的空间分布格局。同时，长江经济带新型城镇化水平增长较快，但省域间发展差异较大，在空间分布上呈现非均衡态势，长江经济带各地区新型城镇化水平呈现出明显的阶梯型分布，表现为长江经济带下游地区>长江经济带中游地区>长江经济带上游地区，在新型城镇化发展速度方面表现为长江经济带中游地区>长江经济带上游地区>长江经济带下游地区，这些区域差异可能导致新型城镇化对水生态文明的影响存在异质性。因此，本章将长江经济带分为长江经济带中上游地区和长江经济带下游地区进行回归，具体回归结果如表16-6中列（1）和列（2）所示。结果显示，长江经济带新型城镇化对中上游地区的水生态文明存在显著的促进作用，对下游地区的水生态文明存在不显著的负面影响。原因可能在于长江经济带下游地区新型城镇化发展较快，水生态文明建设情况较好，下游地区新型城镇化对水生态文明的作用存在边际效应递减，而长江经济带中上游地区的水生态文明具有更大的上升空间，使得该地区新型城镇化对水生态文明的推动作用更强，更能借助新型城镇化的"后发优势"促进水生态文明发展。

16.2.5.2 财政投入规模异质性

财政投入是推动水生态文明建设的关键因素。一方面政府在环保领域的财政投入影响了水污染治理；另一方面，政府在公共服务和农林水事务的财政投入影响了污水处理能力、防洪排涝能力和保土储水能力。本章用财政收入占地区 GDP 的比重衡量财政投入规模，并根据其中位数进行划分，若财政收入占地区 GDP 的比重大于相应年份的中位数水平，则为高水平财政投入地区，否则为低水平财政投入地区，具体回归结果如表 16-6 中列（3）和列（4）所示。结果显示，新型城镇化对水生态文明仅在高水平财政投入地区发挥了促进作用，对低水平财政投入地区则无显著影响。原因可能在于高水平财政投入地区财政收入充沛，使得其在环保治理、教育、科技、公共服务和农林水事务等方面的财政投入强度优于低水平财政投入地区，进而有助于提升该类地区水污染治理效率和水资源利用效率，增强污水处理能力、防洪排涝能力和保土储水能力。此外，高水平财政投入地区可通过完善基础设施建设，加快生产要素跨区域自由流动，实现要素合理配置和资源有效整合，从而推动新型城镇化进程下的水生态文明发展。

16.2.5.3 环境规制异质性

环境规制作为政府引导企业进行污染治理的一种倒逼机制，一方面，可以逼迫企业进行绿色技术创新和应用清洁生产技术，以实现源头防治和末端治理兼并的方式达到提升水生态文明的目的；另一方面，可以通过环境相关法律法规的颁布以及严格执行来监督和制止企业偷排漏排行为，由于各地区环境规制强度有所不同，可能导致新型城镇化对水生态文明的影响受地区环境规制水平高低而存在异质性。因此，本章借鉴原毅军和刘柳（2013）的做法用环境污染治理投资/地区 GDP 衡量投资型环境规制，并参考王昀和孙晓华（2017）选取的综合污染指数指标，选择工业废水、废气和固体废物三种污染物的加权值衡量命令型环境规制。鉴于"三废"为逆向指标，在使用熵值法计算前，先将其转化为正向指标后加权求和得到综合污染排放指数，该值越大表示该地区命令型环境规制水平越高。依据投资型和命令型环境规制的各自中位数分别划分低水平和高水平环境规制地区，具体回归结果如表16-6中列（5）至列（8）所示。结果显示，无论是投资型环境规制还是命令型环境规制，仅在高水平环境规制地区新型城镇化对水生态文明产生了显著的正向影响，低水平环境规制地区新型城镇化对水生态文明则无显著影响。原因是根据波特假说，严格、适当的环境规制有助于倒逼企业技术创新，推动企业绿色转型发展，推动水生态文明发展。企业作为污染防治的主体，高水平的环境规制能够显著激励企业创新和促进产业结构升级，减少非期望产出，降低用水强度，提升水资源重复用水效率，促进水生态文明发展。

16.2.5.4 新型城镇化水平异质性

本章根据中位数将样本划分为低水平和高水平新型城镇化地区，具体回归结果如表16-6中列（9）和列（10）所示。结果显示，相较于高水平新型城镇化地区，长江经济带低水平新型城镇化地区对水生态文明的提升效应更为明显。原因可能是低水平新型城镇化地区在发展早期就可以注重和推进人水和谐共生，其发展空间更大。

16.2.5.5 不同分位点的水生态文明水平异质性

为了进一步探究不同水生态文明水平下的新型城镇化边际效应的动态演变，构建了面板分位数模型如下：

$$\text{Quant}_\tau(\ln\text{WEC}_{it}) = \varphi_0 + \varphi_1\ln\text{NUR}_{it} + \varphi_2 X_{it} + \mu_i + \lambda_t + \varepsilon_{it} \qquad (16-11)$$

其中，$\text{Quant}_\tau(\ln\text{WEC}_{it})$ 表示分位点 τ 对应的分位数，此处选取10%、30%、50%、70%和90%五个分位点，φ_1 表示 τ 分位点下新型城镇化对水生态文明的边际影响，其他变量的说明同式（16-5）一致。表16-7报告了新型城镇化对水生态文明的面板分位数回归结果。结果显示，不同分位点下新型城镇化均有助于促进水生态文明的发展，这意味着新型城镇化发展能够显著提升水生态文明，也佐证了研究结果的稳健性。进一步由表16-7中列（1）至列（5）发现，随着分位点的增加，新型城镇化的回归系数逐渐

表16-6 新型城镇化影响水生态文明的异质性分析结果

变量	地理位置		财政投入规模		投资型环境规制		命令型环境规制		新型城镇化发展水平	
	中上游地区	下游地区	低水平	高水平	低水平	高水平	低水平	高水平	低水平	高水平
	(1)	(2)	(3)	(4)	(5)	(6)	(7)	(8)	(9)	(10)
lnNUR	0.889*** [9.109]	-0.017 [-0.057]	0.245 [0.719]	0.809* [2.142]	0.338 [0.936]	0.803*** [3.497]	-0.082 [-0.300]	0.894** [3.011]	0.927*** [3.819]	0.536*** [3.913]
控制变量	YES	YES	YES	YES	YES	YES	YES	YES	YES	YES
省份固定效应	YES	YES	YES	YES	YES	YES	YES	YES	YES	YES
时间固定效应	YES	YES	YES	YES	YES	YES	YES	YES	YES	YES
N	70	40	60	50	61	49	60	50	60	50
R^2	0.911	0.944	0.930	0.802	0.932	0.878	0.955	0.843	0.936	0.844

递减，5 个分位点下新型城镇化的回归系数分别为 0.933、0.883、0.831、0.780 和 0.731。这一结果表明，新型城镇化对水生态文明的影响存在边际效应递减的非线性变化趋势，即随着水生态文明的提高，新型城镇化对其的促进效应逐渐变小。当处于水生态文明的 10% 分位点时，新型城镇化对水生态文明的促进作用最强，原因可能是当时各地区水生态文明建设正处于探索阶段，充满发展活力，新型城镇化发展能产生更大的水生态文明提升效应。但随着水生态文明的不断发展，新型城镇化的边际效应递减，当到达水生态文明 90% 分位点时，新型城镇化的边际影响效应降至 0.731，这可能是在水生态文明试点城市的政策效应下，各地区通过落实最严格水资源管理制度，规范水资源的利用和开发及借助新媒体载体宣传水生态文明思想，构建节水型社会，培养公民的节水意识，引导公民养成良好的环境保护意识，使得该地区的水生态文明建设日渐完善，从而造成新型城镇化促进水生态文明提升的空间被压缩，边际效应递减。

表 16-7　新型城镇化对不同分位数的水生态文明异质性分析结果

变量	$\tau = 10\%$ （1）	$\tau = 30\%$ （2）	$\tau = 50\%$ （3）	$\tau = 70\%$ （4）	$\tau = 90\%$ （5）
lnNUR	0.933*** （4.006）	0.883*** （5.474）	0.831*** （6.268）	0.780*** （4.525）	0.731*** （2.962）
控制变量	YES	YES	YES	YES	YES
省份固定效应	YES	YES	YES	YES	YES
时间固定效应	YES	YES	YES	YES	YES
N	110	110	110	110	110

16.3　门槛效应

根据前文理论分析部分，绿色技术创新可能对新型城镇化与水生态文明的关系存在非线性调节作用，因此本章运用面板门槛效应模型对其进行检验，以验证研究假设 2 是否成立。在进行门槛回归前首先需确定绿色技术创新是否存在门槛效应，并确定是否存在多个门槛值。本章借助 Bootstrap 自抽样法，反复抽样 300 次后，门槛效应检验结果如表 16-8 所示。结果显示，绿色发明数量和绿色专利申请数均显著通过了单一门槛检验，未通过双重门槛检验，门槛值分别为 5.844 和 6.750。

表 16-8 门槛效应检验

门槛变量	门槛数	门槛值	F 值	P 值	临界值			BS 次数
					10%	5%	1%	
lnGinv	单一门槛	5.844	13.860	0.067	12.795	14.544	19.517	300
	双重门槛	6.613	1.630	0.987	12.108	14.438	19.540	300
lnGpat	单一门槛	6.750	12.830	0.063	11.393	13.533	15.356	300
	双重门槛	8.939	6.750	0.380	11.800	15.001	20.312	300

由表 16-9 可知，当门槛变量绿色发明申请量和绿色专利申请量分别低于 5.844 和 6.750 门槛值时，新型城镇化的估计系数分别为 0.823 和 0.729，但当门槛变量超过门槛值时，新型城镇化的估计系数明显下降，分别为 0.690 和 0.594，通过了显著性检验。说明当绿色技术创新水平跨过门槛值时，长江经济带新型城镇化对水生态文明的促进作用显著降低，新型城镇化对水生态文明的影响存在绿色技术创新水平的门槛效应，证实了研究假设 2。以上结果表明，绿色技术创新水平处于不同的门槛区间，新型城镇化对水生态文明的促进效应有显著差异性。

表 16-9 门槛效应回归结果

门槛变量	lnginv	lngpat
lnNUR×I（lnGreen≤θ）	0.823 *** [5.270]	0.729 *** [4.282]

门槛变量	lnginv	lngpat
lnNUR×I（lnGreen>θ）	0.690*** [3.712]	0.594** [2.734]
控制变量	YES	YES
省份固定效应	YES	YES
时间固定效应	YES	YES
N	110	110
R^2	0.894	0.896

16.4 空间溢出效应

前文已证实了新型城镇化有助于促进水生态文明的发展，但未考虑将空间因素纳入计量模型中。根据前文理论分析，本部分将运用空间计量模型检验新型城镇化能否通过空间外溢效应作用于周边地区的水生态文明发展，以验证研究假设3是否成立。

16.4.1 空间相关性检验

探究新型城镇化对水生态文明影响的空间效应，首先要对新型城镇化是否存在空间相关性进行检验，本章采用莫兰指数计算了地理权重矩阵下新型城镇化各年份的空间效应，结果如表16-10所示。结果显示，新型城镇化的莫兰指数均通过1%的显著性水平检验，且显著为正，说明长江经济带各地区新型城镇化发展具有空间集聚效应，呈现正相关的空间依赖性。

表 16-10 莫兰指数

年份	2011	2012	2013	2014	2015	2016	2017	2018	2019	2020
W1	0.147*** (3.100)	0.169*** (3.270)	0.156*** (3.170)	0.174*** (3.342)	0.204*** (3.600)	0.202*** (3.573)	0.209*** (3.610)	0.203*** (3.544)	0.203*** (3.607)	0.201*** (3.705)
W2	0.163*** (3.208)	0.186*** (3.362)	0.176*** (3.319)	0.195*** (3.486)	0.225*** (3.737)	0.226*** (3.734)	0.232*** (3.745)	0.227*** (3.702)	0.230*** (3.805)	0.223*** (3.869)

注：*、**和***分别表示在10%、5%和1%的水平下显著，（ ）内为Z值。

16.4.2 空间计量模型的选择

本章首先对基于最小二乘法估计结果得到的残差进行 LM 检验，具体结果如表 16-11 所示。结果显示，Robust-LM-error 和 Robust-LM-lag 统计值均显著，说明应选择空间杜宾模型（SDM）。同时，通过 LR 和 Wald 检验空间杜宾模型是否会退化为空间自回归（SAR）或空间误差模型（SEM）。表 16-11 结果可知，无论是 LR 检验还是 Wald 检验均拒绝原假设，说明选择空间杜宾模型是合适的。进一步考虑上述计量模型均采用双向固定效应，因此，此处也采用双向固定效应的空间杜宾模型来验证研究假设 3。

表 16-11 LM、LR 和 Wald 检验

Test	W1		W2	
	χ^2 值	P 值	χ^2 值	P 值
LM-error	0.134	0.714	1.035	0.309
LM-lag	40.414	0.000	53.828	0.000
Robust-LM-error	5.077	0.024	6.271	0.012
Robust-LM-lag	45.357	0.000	59.064	0.000
LR（SDM 退化为 SAR）	25.250	0.000	24.820	0.000
LR（SDM 退化为 SEM）	19.670	0.006	19.060	0.008
Wald（SDM 退化为 SAR）	30.460	0.000	29.520	0.000
Wald（SDM 退化为 SEM）	22.020	0.003	21.050	0.004

16.4.3 结果分析

表 16-12 为新型城镇化对水生态文明空间溢出效应的检验结果，由空间自回归系数 ρ 可知，水生态文明存在空间负向溢出效应，即本地区水生态文明的提升不利于周边地区水生态文明的发展，具有"虹吸效应"。进一步地，若直接运用新型城镇化的空间交互项系数解读其空间溢出效应，易造成结果出现误差。为此，本章采用偏微分法就新型城镇化对水生态文明的影响进行分解。由表 16-12 结果可知，在地理权重矩阵下新型城镇化的直

接效应与间接效应均显著为正,表明新型城镇化不仅促进了本地区的水生态文明发展,而且通过空间外溢效应作用于周边地区的水生态文明提升。综上所述,研究假设 3 成立。此外,为了保证该实证结果具有稳健性,本章借鉴 Wang 等(2022)计算地理权重矩阵的方法,重新计算了长江经济带各省会城市所构成的空间权重矩阵(W2),稳健性检验结果如表 16-12 所示。结果显示,更换空间权重后,研究假设 3 仍然成立。

表 16-12　空间溢出效应的检验结果

变量	W1	W2
ρ	−0.804*** (−3.174)	−0.825*** (−3.358)
直接效应	0.952*** (8.365)	0.971*** (8.505)
间接效应	0.865** (2.110)	0.680* (1.746)
总效应	1.816*** (3.874)	1.651*** (3.643)
控制变量	YES	YES
省份固定效应	YES	YES
时间固定效应	YES	YES
Log-likelihood	370.265	370.338
N	110	110
R²	0.255	0.282

注:*、**和***分别表示在 10%、5%和 1%的水平下显著,( )内为 Z 值。

16.5　基于江西城市层面样本的实证检验

党的二十大报告赋予新型城镇化更高的要求,即加快发展方式绿色转型，推动形成绿色低碳的生产方式和生活方式。由此可见，绿色环保和集约发展显然已成为新型城镇化的重要特征和必然要求。那么，秉持绿色发展理念的新型城镇化能否成为推动水生态文明建设的内生动力，实现水资源可持续利用呢？前文基于长江经济带的省域面板数据实证检验，本节则基于 2011~2020 年江西省 11 个地级市面板数据，从人口城镇化、经济城镇化、数字城镇化和绿色城镇化四个维度，探究新型城镇化对水生态文明的影响；进一步运用多期 DID 模型检验新型城镇化试点政策作用于水生态文明的效果，为促进新型城镇化与水生态文明建设相融，实现水资源可持续利用提供政策借鉴。

16.5.1 模型构建、变量测度和数据说明

16.5.1.1 模型构建

当前鲜有文献研究水生态文明的影响因素，本章借鉴学术界关于城镇化对水资源利用效率和水资源利用量的影响研究，以水生态文明为被解释变量（WEC），新型城镇化（NUR）为解释变量，分别包括人口城镇化（PUR）、经济城镇化（EUR）、数字城镇化（DUR）和绿色城镇化（GUR），同时纳入人力资本（HUM）、对外开放（OPE）和金融支持（FIN）等控制变量，构建如下面板数据模型：

$$\ln WEC_{it} = \alpha_0 + \alpha_1 \ln NUR_{it} + \alpha_2 \ln HUM_{it} + \alpha_3 \ln OPE_{it} + \alpha_4 \ln FIN_{it} + \mu_i + \lambda_t + \varepsilon_{it}$$

$$(16-12)$$

其中，下标 i、t 分别表示第 i 城市（江西省 11 个地级市）、第 t 年（2011~2020 年）。

16.5.1.2 变量测度

（1）被解释变量水生态文明（WEC）。

考虑水生态文明内涵，借鉴已有水生态文明评价文献，基于 PSR 模型，从压力、状态和响应三个方面构建水生态文明评价指标体系。具体而言，压力一般用来衡量人类经济活动、工业化进程和过度施肥对水环境质量造成的破坏和在面对最严格的水资源管理制度下水资源的经济效益与利用效

率。前者用万元 GDP 化学需氧量排放量、万元 GDP 氨氮排放量和化肥施用强度表示［化肥施用强度采用农用化肥施用量（折纯量）/有效灌溉面积测度］；后者用万元 GDP 用水量、万元工业增加值用水量、水资源开发利用率、农田灌溉亩均用水量和农田灌溉有效系数表示。状态是指受压力之后的水资源自然禀赋和水资源供给能力，前者可用地表水/水资源总量、地下水/水资源总量衡量；后者采用地下水开采系数、城市用水普及率和人均水资源量表示。响应通常指人类为提升水资源的重复利用量和降低水生态承受的压力而做出的贡献，旨在提升城市污水处理能力、储水能力及维护水生态平衡，分别用污水处理率、废水治理设施处理能力、建成区排水管道密度、人均公园绿地面积、建成区绿化覆盖率和生态环境用水量占比表示。考虑到指标体系中存在正、逆向指标。因此，在使用主成分分析法测度水生态文明得分时，对逆向指标采用"1/逆向指标"进行归一化处理，其值越大说明水生态文明水平越高。

（2）解释变量新型城镇化（NUR）。

①人口城镇化（PUR）。新型城镇化是"以人为核心"的城镇化。目前学术界衡量人口城镇化的指标有城镇化率、户籍人口城镇化率、非农业人口比重、每万人普通高等学校在校生人数。考虑到我国特殊的户籍制度致使当前城镇化率远低于现行的名义城镇化水平，同时江西省各地级市缺乏户籍人口城镇化率的统计，故本章不用前两者测度人口城镇化。《中国统计年鉴》自 2009 年后不再公布各省域非农业人口数，致使部分学者用第二产业、第三产业就业人口总数/就业人口总数衡量非农业人口比重，但该指标忽略了人口流动的影响，第二产业、第三产业就业人口中的农村转移人口可能并未真正实现人口市民化，与新型城镇化的核心要义相违背。因此，本章采用每万人普通高等学校在校生人数衡量人口城镇化，鉴于该指标数据缺失较为严重，使用普通本专科以上人数/全市常住人口作为每万人普通高等学校在校生人数的代理变量。②经济城镇化（EUR）。经济城镇化作为新型城镇化建设的重要支撑，本章采用地区 GDP 增长率衡量经济城镇化。③数字城镇化（DUR）。以大数据、云计算、物联网、虚拟现实等为代表的

数字技术赋能新型城镇化建设，有助于加快实现城镇数字化、智能化和信息化，提升城镇化质量。本章采用地区数字经济发展状况衡量数字城镇化，其数字经济测度借鉴赵涛等方法，利用主成分分析法计算得出。④绿色城镇化（GUR）。绿色发展作为"双碳"目标下新型城镇化建设的组成部分显得尤为重要。本章采用绿色技术创新衡量绿色城镇化，其绿色技术创新的测度借鉴许林等做法，用当年绿色发明申请数表示。

（3）控制变量。

①人力资本（HUM）。人力资本的提升有助于增强公众环保意识、促进地区环境治理技术创新和监督政府环境规制执行，且有益于水生态文明思想宣传和接受。文章采用地方财政教育支出/地方财政一般预算支出测度。②对外开放（OPE）。鉴于江西省可能会依托水资源丰富、劳动力要素价格低和出口市场潜力大等优势从事高耗水型的低附加值劳动密集型产品的加工贸易，导致水资源消耗大，不利于改善水生态文明。采用进出口总额/国内生产总值表示。③金融支持（FIN）。金融支持能够拓宽治理水环境污染和加强水生态文明建设的融资渠道，以多样化的金融服务吸引资本流入，提高融资效率，为治理水环境污染，促进水生态文明建设提供有力支撑。采用年末金融机构各项贷款余额/地区生产总值衡量。

16.5.1.3　数据说明

上述指标除数字普惠金融指数和当年绿色发明申请数外，其余指标原始数据来源《中国城市统计年鉴》《中国城市建设统计年鉴》《江西省水资源公报》和江西各地级市统计年鉴等，部分缺失值用临近值进行填补。数字普惠金融指数来源于北京大学互联网金融研究中心公布的《中国数字普惠金融指标体系与指数编制》，绿色发明申请数来源于国家知识产权专利数据库，并根据世界知识产权组织（WIPO）提供的绿色发明申请清单和国际分类编码，将其中的绿色发明申请量加总至城市层面。值得注意的是，由于水生态文明和数字经济均是运用主成分分析法计算得出，其值存在负值，因此运用 0-1 标准化法进行处理。此外，水生态文明、人口城镇化和数字城镇化的计算公式分别为 ln（WEC+1）、ln（PUR+1）和 ln（DUR+1）。以上变量的描述性统计结果如表 16-13 所示。

表 16-13　变量描述性统计

变量	均值	最小值	中值	最大值
lnWEC	0.235	0.000	0.236	0.693
lnPUR	0.889	0.271	0.696	2.517
lnEUR	2.168	0.577	2.197	2.694
lnDUR	0.289	0.000	0.276	0.693
lnGUR	3.837	1.099	3.726	6.958
lnHUM	2.860	2.465	2.872	3.352
lnOPE	2.652	1.655	2.624	4.180
lnFIN	-0.143	-0.951	-0.190	1.012

16.5.2　结果分析

16.5.2.1　基准回归

本章基于豪斯曼检验，选择个体固定效应进行基准回归。由表 16-14 可知，无论是否纳入控制变量，人口城镇化、数字城镇化和绿色城镇化均在 1% 水平下显著为正，经济城镇化在 1% 水平下显著为负，且正面效应总和远高于负面效应，说明新型城镇化的推进有助于提升水生态文明水平。具体而言，人口城镇化和数字城镇化提高 1%，水生态文明水平分别提高 0.384% 和 0.556%。可见，人口城镇化和数字城镇化均有利于水生态文明水平提升。前者可能是因为人口城镇化的聚集效应有助于促进城市内知识和技术交流，提升了城市创新效率，从而推动水资源集约高效利用和水污染治理等领域技术创新，进而提升用水效率和治污能力。后者可能是由于数字城镇化有助于企业实现绿色高效率生产，在提高用水效率的同时降低非期望产出，避免水资源浪费和水污染的产生；数字城镇化也有益于政府实时监控水环境质量，提升水生态环境监管效率，提高水生态环境治理水平；数字城镇化还有助于政府、企业和民众加强水生态环境保护领域的协同治理,营造良好的水生态环境保护氛围,提升水生态文明水平。绿色城镇化对水生态文明也具有积极促进作用,绿色城镇化提高1%,水生态文明水平提高0.068%。原因可能是绿色域镇化有助于降低企业在应用清洁技术方面的成本,促使企业从源头进行绿色生产,并及时对废污水排放量进行末端治理,以降低对水环境质量的影响,推动水生态修复;绿色城镇化还能够使企业在产出不变的条件下,通过重复利用和减少水资源消耗,以达到提升水资源利用效率的目的。进一步从表16-14的解释变量回归系数可知,数字城镇化>人口城镇化>绿色城镇化,表明数字技术赋能新型城镇化后,发挥数字红利,释放数字效应,有助于数字城镇化从供给端和需求侧着手,为提升水生态文明提供新的发展契机。在供给端,由于数字城镇化可借助互联网、大数据、云计算等新兴数字技术形成规模经济,能够在改变粗放型经济发展模式的同时降低传统高耗水型和重污染型产品对用水量的依赖与水污染;在需求侧,数字城镇化通过搭建绿色消费平台、拓展绿色消费服务和开发绿色产品,引领大众对智能化、集约化和绿色化美好生活的需要,进而实现企业绿色生产转型,释放生态红利。经济城镇化对水生态文明具有显著抑制作用,即经济城镇化提高1%,水生态文明水平下降0.170%,这表明江西省仍处于环境库兹涅茨曲线左边,经济城镇化体量的增大易导致水资源需求和生态环境压力增加,致使出现水资源匮乏和生态系统失衡,但考虑到经济城镇化为数字城镇化建设所需的基础设施和绿色城镇化所需的生态环境保护、绿色技术研发支出提供了资金保障,其引发的负面效应(-0.170)可被数字城镇化(0.556)和绿色城镇化(0.068)释放的正面效应所"遮掩",且经济城镇化体量的增大有助于帮助该地区成为吸纳高端人才、高新企业、研发资本等创新要素的聚集地,进而全面提升城市在用水效率、减污降排等方面的创新能力和科研成果转化率,为水生态文明建设提供创新保障,因此该负面效应在新型城镇化进程中属于可接受范围。

表 16-14　多维城镇化对水生态文明的基准回归结果

变量	人口城镇化	经济城镇化	数字城镇化	绿色城镇化	人口城镇化	经济城镇化	数字城镇化	绿色城镇化
lnNUR	0.366*** (0.099)	−0.173*** (0.039)	0.544*** (0.093)	0.061*** (0.015)	0.384*** (0.098)	−0.170*** (0.037)	0.556*** (0.092)	0.068*** (0.015)
lnHUM	—	—	—	—	0.132 (0.108)	0.061 (0.088)	0.191** (0.070)	0.319*** (0.094)
lnOPE	—	—	—	—	−0.045** (0.018)	−0.019 (0.016)	−0.036** (0.015)	−0.031* (0.017)
lnFIN	—	—	—	—	0.009 (0.021)	0.002 (0.018)	0.014 (0.017)	0.015 (0.019)
常数项	−0.091 (0.088)	0.611*** (0.084)	0.077** (0.027)	−0.001 (0.058)	−0.362 (0.348)	0.480 (0.299)	−0.376* (0.207)	−0.853** (0.319)
固定效应	YES	YES	YES	YES	YES	YES	YES	YES
R^2	0.271	0.465	0.388	0.320	0.336	0.477	0.444	0.404
F 统计量	13.592	19.894	34.048	16.383	8.107	14.767	19.405	15.270
N	110	110	110	110	110	110	110	110

注：*、**和***分别表示在10%、5%和1%水平下显著，括号内为稳健标准误。下同。

从控制变量来看，虽然人力资本和金融支持均有利于水生态文明水平提升，但人力资本只能在数字城镇化和绿色城镇化下通过显著性检验，而金融支持则未能通过任何显著性检验。究其原因在于人力资本在数字城镇化和绿色城镇化下更易发挥规模经济效应和技术进步效应，在数字城镇化和绿色城镇化下人力资本更易促进节水用水技术和水污染治理技术的创新与扩散，而后者可能是由于江西处于欠发达地区，生态金融基础薄弱，融资效率低下，未形成完善的金融支持水生态文明建设的长效机制。对外开放对提升水生态文明水平具有显著的负面作用，主要是因为江西处于长江中游地区，不具备沿海地区优越的地理位置，凭借着自身水资源总量充沛，主要从事高耗水低附加值的劳动密集型产品出口，易出现水质性缺水和水环境污染，因此，江西亟须转变其传统外贸发展方式，向环境友好、资源节约和高附加值方向跃进。

16.5.2.2　稳健性检验

为了保证上述实证结果的可靠性,本章采用以下四种方法验证。一是重新测度被解释变量。运用熵值法代替主成分分析法测度水生态文明。二是剔除水生态文明试点城市。在估计新型城镇化对水生态文明的影响过程中,不可避免会受到水利部于2013年开始实施的水生态文明试点城市政策干扰,使估计结果产生高估或低估。此外,基于我国政策普遍具有事前倾向和延续性,故本章在剔除2013年之后入选国家水生态文明试点城市南昌、新余和萍乡时,一并将2011~2013年南昌、新余和萍乡样本删除。三是缩尾和截尾处理。为了避免被解释变量存在异常值易导致结果产生偏差,对水生态文明其值分别使用双边缩尾1%和双边截尾1%的方式对异常值进行剔除。四是逐步加入控制变量。在基准回归基础上,依次加入外商直接投资(lnFDI)和人均道路面积(lnSPA)这两个可能会影响水生态文明水平的控制变量[①]。由表16-15至表16-17可知,以上四种稳健性检验均证实本章结论是稳健的,其核心解释变量的估计系数和显著性水平与基准回归结果并无显著性差异。

表 16-15　重新测度被解释变量和剔除水生态文明试点政策的稳健性检验

变量	重新测度被解释变量				剔除水生态文明试点城市			
	人口城镇化	经济城镇化	数字城镇化	绿色城镇化	人口城镇化	经济城镇化	数字城镇化	绿色城镇化
lnNUR	0.159*** (0.042)	-0.076*** (0.014)	0.252*** (0.053)	0.031*** (0.005)	0.427** (0.150)	-0.172*** (0.039)	0.565*** (0.142)	0.058** (0.017)
控制变量	YES	YES	YES	YES	YES	YES	YES	YES
常数项	0.192 (0.119)	0.559*** (0.098)	0.173* (0.086)	-0.053 (0.094)	-0.353 (0.327)	0.481* (0.217)	-0.394 (0.245)	-0.686 (0.372)
固定效应	YES	YES	YES	YES	YES	YES	YES	YES

①　采用实际利用外资金额衡量外商直接投资。

续表

变量	重新测度被解释变量				剔除水生态文明试点城市			
	人口 城镇化	经济 城镇化	数字 城镇化	绿色 城镇化	人口 城镇化	经济 城镇化	数字 城镇化	绿色 城镇化
R^2	0.340	0.560	0.529	0.504	0.385	0.525	0.482	0.451
F 统计量	11.241	9.287	8.099	30.342	45.381	10.015	11.408	12.996
N	110	110	110	110	80	80	80	80

表 16-16 双边缩尾和截尾处理的稳健性检验

变量	上下缩尾 1%				上下截尾 1%			
	人口 城镇化	经济 城镇化	数字 城镇化	绿色 城镇化	人口 城镇化	经济 城镇化	数字 城镇化	绿色 城镇化
lnNUR	0.384 ***	-0.170 ***	0.556 ***	0.068 ***	0.336 ***	-0.154 ***	0.499 ***	0.062 ***
	(0.098)	(0.037)	(0.092)	(0.015)	(0.080)	(0.045)	(0.115)	(0.014)
控制变量	YES	YES	YES	YES	YES	YES	YES	YES
常数项	-0.362	0.480	-0.376 *	-0.853 **	-0.211	0.529 *	-0.263	-0.663 *
	(0.348)	(0.299)	(0.207)	(0.319)	(0.300)	(0.266)	(0.244)	(0.301)
固定效应	YES	YES	YES	YES	YES	YES	YES	YES
R^2	0.336	0.477	0.444	0.404	0.310	0.456	0.409	0.412
F 统计量	8.113	14.773	19.408	15.282	10.566	6.498	7.305	17.331
N	110	110	110	110	107	107	107	107

表 16-17 逐步加入控制变量的稳健性检验

变量	外商直接投资				外商直接投资和人均道路面积			
	人口 城镇化	经济 城镇化	数字 城镇化	绿色 城镇化	人口 城镇化	经济 城镇化	数字 城镇化	绿色 城镇化
lnNUR	0.321 **	-0.152 ***	0.503 ***	0.061 ***	0.210 *	-0.119 ***	0.355 ***	0.038 **
	(0.107)	(0.034)	(0.095)	(0.017)	(0.096)	(0.034)	(0.063)	(0.014)
控制变量	YES	YES	YES	YES	YES	YES	YES	YES
lnFDI	0.144 *	0.152 **	0.090	0.076	0.070	0.085	0.050	0.048
	(0.069)	(0.056)	(0.051)	(0.053)	(0.067)	(0.077)	(0.062)	(0.049)

续表

变量	外商直接投资				外商直接投资和人均道路面积			
	人口城镇化	经济城镇化	数字城镇化	绿色城镇化	人口城镇化	经济城镇化	数字城镇化	绿色城镇化
lnSPA	—	—	—	—	0.215** (0.071)	0.165** (0.066)	0.169** (0.063)	0.185** (0.062)
常数项	-0.441 (0.294)	0.289 (0.273)	-0.426* (0.204)	-0.844** (0.319)	-0.889** (0.359)	-0.221 (0.410)	-0.780** (0.318)	-1.069** (0.358)
固定效应	YES	YES	YES	YES	YES	YES	YES	YES
R^2	0.369	0.517	0.456	0.412	0.487	0.584	0.520	0.486
F 统计量	12.091	14.029	16.722	13.870	12.014	17.003	55.880	13.221
N	110	110	110	110	110	110	110	110

16.5.2.3 异质性分析

（1）时间异质性。

新型城镇化发展具有明显的阶段性特征，从重速轻质向以人为核心转变。为考察新型城镇化对水生态文明的影响是否会受到新型城镇化阶段不同产生异质性，本章以《国家新型城镇化规划（2014—2020 年）》（以下简称《规划》）首次提出的时间为界，将研究样本分为 2011~2014 年和 2015~2020 年检验，具体结果如表 16-18 所示。由表 16-18 中列（1）和列（2）可知，2015~2020 年新型城镇化对水生态文明水平的促进作用明显较大。究其原因，一方面，《规划》的提出使新型城镇化建设由探索阶段进入实施阶段，其更加注重提升城镇化质量，在城镇化进程中减污降碳，保护水生态环境；更加注重水资源绿色集约安全利用与重复循环利用。其中人口城镇化和绿色城镇化通过人口聚集和绿色技术进步等提升水生态文明的作用就越发显著。另一方面，规划出台之前，数字城镇化基础设施薄弱，数字产业化和数字化治理处于初始发展阶段，致使其对水生态文明水平的提升效果有限，随着规划政策的执行和配套方案的落地，数字城镇化释放的数字红利逐渐凸显，并通过数字技术赋能各行业，提高了水资源绿色利用效率，促进了水生态文明水平提升。

表 16-18 异质性分析

变量	时间		水资源禀赋		城市性质			
	（1）	（2）	（3）	（4）	（5）	（6）	（7）	（8）
	year≤2014	year>2014	稀缺	充沛	资源型	非资源型	老工业基地	非老工业基地
人口城镇化	0.224**	0.274**	0.330**	0.323*	0.312**	0.484*	0.277**	0.523**
	(0.082)	(0.090)	(0.133)	(0.149)	(0.103)	(0.198)	(0.080)	(0.157)
经济城镇化	−0.015**	−0.196***	−0.163*	−0.147***	−0.149**	−0.199**	−0.184*	−0.160**
	(0.006)	(0.043)	(0.082)	(0.039)	(0.053)	(0.056)	(0.077)	(0.043)
数字城镇化	0.094	0.735***	0.524**	0.469**	0.519**	0.607**	0.476*	0.602***
	(0.083)	(0.144)	(0.167)	(0.144)	(0.150)	(0.114)	(0.176)	(0.128)
绿色城镇化	−0.007	0.080***	0.079**	0.049***	0.063*	0.071**	0.055	0.083***
	(0.011)	(0.018)	(0.029)	(0.016)	(0.023)	(0.023)	(0.029)	(0.018)
控制变量	YES	YES	YES	YES	YES	YES	YES	YES
固定效应	YES	YES	YES	YES	YES	YES	YES	YES
样本数	44	66	50	60	50	60	40	70

（2）水资源禀赋异质性。

水资源禀赋作为推动水生态文明建设的关键因素，影响着居民用水习惯、企业生产方式和绿色技术创新水平。为考察新型城镇化对水生态文明影响是否受地区水资源禀赋不同产生异质性，本章借鉴田贵良等（2022）的衡量方式，用人均水资源量衡量地区水资源禀赋，并将该指标分为二等分，一等分为水资源稀缺的地区，二等分为水资源充沛的地区。由表 16-18 中列（3）和列（4）可知，新型城镇化对水生态文明水平的提升效应在水资源稀缺的地区更显著。主要原因有两点：一是水资源稀缺的地区易受水资源量约束的影响，其产业结构偏向于环境友好型和资源节约型发展，而这些产业往往都是以提高用水效率、保护水环境质量和维护水生态平衡为基础要求；二是较之水资源充沛的地区，水资源稀缺的地区环境规制更为严格，其参与环境治理投资和绿色技术进步等领域的积极性越高。因此，新型城镇化对水生态文明的提升效应在该类地区越发明显。

（3）城市类型异质性。

为考察新型城镇化对水生态文明影响是否受城市类型不同而产生异质性，本章借鉴史丹和李少林（2020）的划分标准，将研究样本分为资源型与非资源型城市、老工业基地与非老工业基地。由表 16-18 中列（5）至列（8）可知，相对资源型城市、老工业基地，新型城镇化对水生态文明的促进作用在非资源型城市、非老工业基地更为明显。前者可能是资源型城市主要依赖自然资源发展相应行业，如景德镇陶瓷、新余钢铁、萍乡煤炭、赣州稀土和宜春锂矿等，这些行业多是污染型或耗水型行业，影响了新型城镇化过程中水生态文明的提升效应。资源型城市还可能受"资源诅咒"的影响，其技术创新水平、要素配置效率和环境规制力度等方面往往落后于非资源型城市，制约了新型城镇化对水资源利用效率和水污染治理促进作用的发挥，致使新型城镇化对水生态文明的提升效果不明显。后者可能是非老工业基地较之老工业基地产业结构更为合理化和高级化，同时非老工业基地经济活力相对强劲，市场化程度相对发达，使得该类地区在新型城镇化建设中环境规制更为严格和环境质量诉求更为强烈，倒逼企业绿色技术创新和应用清洁生产技术，提高用水效率，减少水污染排放，对水生态文明水平的提升效应较大。

16.5.2.4 拓展性分析

为了更加准确评估新型城镇化对水生态文明的影响，本章将新型城镇化试点建设作为外生冲击，借助多期双重差分模型检验新型城镇化试点政策对水生态文明的"净效应"。具体而言，本章将 2014~2016 年江西省先后入选新型城镇化试点地区的地级市设定为实验组，其他地级市则设定为控制组，借鉴 Sun 和 Yan（2019）做法，构建如下多期双重差分模型：

$$\ln\text{WEC}_{it} = \beta_0 + \beta_1 \text{NUS}_i \times \text{SSZ}_t + \sum \rho_i \text{Control}_{it} + \nu_i + \varepsilon_{it} \qquad (16-13)$$

其中，WEC 表示水生态文明；NUS 表示哑变量，如果城市 i 属于新型城镇化试点城市，则该值为 1，否则为 0；SSZ 表示哑变量，试点前该值为 0，否则为 1；Control 表示一系列控制变量，与前文一致。

表 16-19 的前两列估计结果显示，无论是否纳入控制变量，新型城镇

化试点政策的估计系数均显著为正，即新型城镇化试点政策对水生态文明的
"净效应"为正，说明该政策的实施显著提升了水生态文明水平。表 16-19 的
最后一列为使用反距离权重的空间杜宾模型进行双重差分的估计结果，该
结果再次证明了上述观点；进一步从空间相关系数 ρ 显著为正可知，该试点
政策具有显著的空间正向溢出效应，即入选新型城镇化试点城市，本地区
水生态文明的提升有助于促进邻近地区水生态文明的提升。

表 16-19　新型城镇化试点政策对水生态文明影响的多期双重差分检验

变量	传统面板多期 DID		空间面板多期 DID
NUS×SSZ	0.139 *** （0.033）	0.140 *** （0.028）	0.058 *** （0.020）
Direct NUS×SSZ	—	—	0.073 *** （0.019）
Indirect NUS×SSZ	—	—	0.283 *** （0.091）
LM 误差检验	—	—	50.309 ***
LM 滞后检验	—	—	44.103 ***
空间关联系数 ρ	—	—	0.494 ***
控制变量	NO	YES	YES
常数项	0.207 *** （0.007）	-0.151 （0.385）	—
固定效应	YES	YES	YES
R^2	0.214	0.255	0.103
F	17.698	10.989	—
N	110	110	110

上述利用多期双重差分模型实证评估新型城镇化试点政策效果的前提
条件之一是满足平行趋势假设，即需要满足控制组与实验组在新型城镇化
试点政策实施前趋势相同的假设。但由于多期双重差分模型与双重差分模
型的区别在于新型城镇化试点政策实施并不是集中发生在某一年内，因此，

需要为各试点城市设定新型城镇化试点政策实施的相对时间虚拟变量。本章构造式 16-4 进行平行趋势假设检验：

$$\ln WEC_{it} = \gamma + \sum_{k=-2}^{k=6} \delta_k NUS_i \times SSZ_{t+k} + \beta Control_{it} + \mu_i + \varepsilon_{it} \qquad (16-14)$$

考虑到本章研究区间为 2011~2020 年，首批新型城镇化试点城市的政策年份为 2014 年，即存在部分试点城市没有多余-3 期的样本值。因此，将其他城市-3 期之前的时间合并至-3 期。且为了避免多重共线性，剔除这一虚拟变量，这使得以政策-2 期和-1 期作为平行趋势假设检验的参考年份。此外，由于新型城镇化试点政策后 6 年的数据较少，将政策实施后 6 年的数据也同样归并至第 6 期。图 16-1 给出了最终绘制的置信区间 95% 的平行趋势假设检验图，由图 16-1 可知，新型城镇化试点政策实施前各系数估计值不显著，说明实验组与控制组在水生态文明水平上无显著差异，即该试点政策符合平行趋势假设。进一步可知，新型城镇化试点政策并未在实施当年对水生态文明水平产生明显的提升效果，而是具有一定的滞后性，随着试点政策的推行，新型城镇化试点政策对水生态文明水平的正向估计系数整体处于不断上升的过程，表明新型城镇化试点政策能够促进水生态文明水平提升。

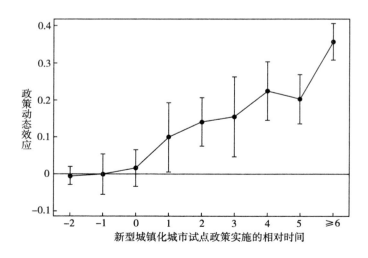

图 16-1　平行趋势假设检验结果

16.6　本章小结

首先，基于长江经济带 2011~2020 年 11 个省域面板数据，运用双向固定效应模型、门槛回归模型和空间杜宾模型实证检验了新型城镇化对水生态文明的影响。研究发现：新型城镇化显著促进了水生态文明发展，且该结论在考虑内生性问题和经历极值处理、重新测度解释变量、剔除特殊样本和更换计量模型等一系列稳健性检验后仍成立。其中，人口、经济和空间城镇化对水生态文明的促进效应显著，而社会和数字城镇化对水生态文明的促进效应不显著。异质性分析表明，新型城镇化的促进效应在长江中上游地区、高水平财政投入地区、高水平环境规制地区、低水平新型城镇化地区及低分位点的水生态文明地区更为明显。进一步研究发现，新型城镇化的促进效应存在绿色技术创新水平的门槛效应，新型城镇化通过正向空间溢出效应助推了周边地区的水生态文明发展。

其次，基于 2011~2020 年江西省地级市数据，探究新型城镇化对水生态文明的影响，进一步将新型城镇化试点建设作为外生冲击，检验了新型城镇化试点政策对水生态文明的"净效应"。结果发现：新型城镇化有助于水生态文明水平的提升，其中人口、数字和绿色城镇化能够显著促进水生态文明水平的提升，经济城镇化阻碍水生态文明的提升，该结论在一系列稳健性检验下仍成立；异质性分析显示，新型城镇化提升水生态文明水平的作用在新型城镇化规划实施后、水资源禀赋稀缺的城市、非资源型城市和非老工业基地城市更为明显；进一步研究发现，新型城镇化试点政策不仅有助于提升本地区水生态文明水平，而且还可借助政策溢出效应，提升邻近地区水生态文明水平。据此，第一，立足城市特征，实施差异化政策。一是考虑城市水资源禀赋差异。倡导建立长期有效的跨区域水权交易制度，力求保障水资源稀缺地区在新型城镇化建设中用水需求，持续发挥新型城镇化对水生态文明的正向效应。抓住新型城镇化建设红利，鼓励水资源充沛的地区加快实现向环境友好型和资源节约型产业转型，提升该地区参与环境治理投资和绿色技术进步等领域的积极性。二是兼顾城市类型差异。一方面鼓励资源型城市和老工业基地城市加快产业结构升级，淘汰落后产能，关停取缔高耗能、高污染和高耗水型企业；另一方面引导资源型城市和老工业基地城市的企业摒弃资源优势依赖，向资本密集型、技术密集型产业转型发展，提高用水效率，减少水污染，促进水生态文明水平提升。第二，打破行政壁垒，发挥试点政策的空间溢出效应。以新型城镇化试点城市为标杆，加强新型城镇化建设经验交流，促进试点城市与非试点城市开展务实合作，在推动新型城镇化发展过程中，打破地区行政壁垒，促进资源要素跨地区流动，提高由此产生的要素集聚效应、技术进步效应和市场化效应，实现区域新型城镇化协同发展，以进一步发挥新型城镇化试点政策对水生态文明的正向空间溢出效应。

17 长江经济带新型城镇化与水生态文明的耦合协调分析

如何在城镇化进程下提高水资源利用效率，保护水资源、改善水生态环境，实现水资源可持续利用，成为长江经济带亟待解决的问题之一。本章进一步探究长江经济带新型城镇化与水生态文明之间的耦合协调关系能否得到改善？若能，那这种改善作用会因地区不同而产生异质性吗？基于此，本章借助状态协调度函数分析了新型城镇化与水生态文明的静态和动态协调，并构建计量模型实证分析了协调度的驱动因素及异质性，为长江经济带及与其具有类似特征的其他地区提供促进水资源集约安全可持续利用的实证依据。

17.1 研究方法

17.1.1 状态协调度函数

状态协调度函数是借助模糊数学中隶属度的概念建立的，通过考察两系统协调发展的优劣程度，对系统的协调状态进行判定，从而克服传统耦合协调度模型人为赋予权重而造成结果的偏差。鉴于此，本章运用状态协调度函数分析长江经济带新型城镇化与水生态文明的静态与动态协调度。具体公式为：

$$U\left(\frac{i}{j}\right) = \exp\left[-\frac{(x_i - x_i')^2}{s^2}\right] \qquad (17-1)$$

其中，$U(i/j)$ 表示新型城镇化系统 i 对水生态文明系统 j 的状态协调系数，x_i 表示新型城镇化实际值，x_i' 表示水生态文明系统所要求的新型城镇化协调值，s^2 表示实际方差。实际值越接近协调值，$U(i/j)$ 值越大，长江经济带新型城镇化对水生态文明的协调度越高。但其还不能反映长江经济带新型城镇化与水生态文明相互间的协调度 $U(i,j)$，可利用如下公式得到相互间协调度：

$$U(i,\ j) = \frac{\min\left\{U\left(\frac{i}{j}\right),\ U\left(\frac{j}{i}\right)\right\}}{\max\left\{U\left(\frac{i}{j}\right),\ U\left(\frac{j}{i}\right)\right\}} \qquad (17-2)$$

其中，$U(i,\ j)$ 值越大，长江经济带新型城镇化与水生态文明相互间协调度越高，$U(i,\ j)$ 值越小，相互间协调度越低。$U(i,\ j)$ 值仅是在某一时刻的长江经济带新型城镇化与水生态文明相互间的静态协调度。一般静态协调度取值在 0~1，其中 $0<U(i,\ j)\leqslant0.3$，表示长江经济带新型城镇化与水生态文明间协调度低，两者不协调；$0.3<U(i,\ j)\leqslant0.5$，表示长江经济带新型城镇化与水生态文明间基本不协调；$0.5<U(i,\ j)\leqslant0.8$，表示长江经济带新型城镇化与水生态文明间基本协调；$0.8<U(i,\ j)\leqslant1$，表示长江经济带新型城镇化与水生态文明间协调度高，两者协调发展，具体如表 17-1 所示。

表 17-1　新型城镇化与水生态文明的静态协调度分类

新型城镇化与水生态文明取值情况	耦合模式
$0<U\ (i,\ j)\ \leqslant0.3$	不协调
$0.3<U\ (i,\ j)\ \leqslant0.5$	基本不协调
$0.5<U\ (i,\ j)\ \leqslant0.8$	基本协调
$0.8<U\ (i,\ j)\ \leqslant1$	协调

由于长江经济带新型城镇化与水生态文明是时序动态过程，因而还需计算两者的动态协调度 U（i, j/t），具体公式如下：

$$U\left(i, \frac{j}{t}\right) = \frac{1}{T}\sum_{i=0}^{T-1} U\left(i, \frac{j}{t-i}\right) \tag{17-3}$$

其中，U(i, j/t)值越大，长江经济带新型城镇化与水生态文明相互间协调度越好，一般动态协调度取值也在 0~1，如果在两个不同时刻 t_1 和 t_2，$t_1 < t_2$，有 U(i, j/t_1)<U(i, j/t_2)，则说明长江经济带新型城镇化与水生态文明两者一直处于协调发展轨迹中。

17.1.2 模型构建和变量选择

考虑到目前鲜有文献研究新型城镇化与水生态文明耦合协调的驱动力因素，因此本章借鉴相关的研究成果，以静态协调度(U)为被解释变量，选取对外开放(Open)、产业结构升级(Ind)、市场化指数(Market)、人力资本(Edu)、外商直接投资(Fdi)、人口增长(Pop)、城乡收入差距(Urin)等驱动力因素构建面板模型。此外，考虑到量纲的统一性和对称性，对所有变量均取对数处理，以避免异方差和多重共线性导致结果出现误差，其中被解释变量 lnU 和驱动力因素城乡收入差距 lnUrin 的计算公式分别为 ln(U+1)、ln(Urin+1)。具体模型构建如下：

$$\ln U = \alpha_0 + \alpha_1 \ln Open_{it} + \alpha_2 \ln Ind_{it} + \alpha_3 \ln Market_{it} + \alpha_4 \ln Edu_{it} +$$
$$\alpha_5 \ln Fdi_{it} + \alpha_6 \ln Pop_{it} + \alpha_7 \ln Urin_{it} + u_i + \gamma_t + \varepsilon_{it} \tag{17-4}$$

其中，下标 i、t、u_i、γ_t 和 ε_{it} 分别表示第 i 个省市、第 t 年（样本区间为 2011~2020 年）、个体效应、时间效应和随机误差项。

具体而言，对外开放（Open）不仅有助于扩大城镇化市场需求规模，学习发达国家先进的城镇化建设经验，提升城镇化质量，而且还有益于凭借资源丰富、要素市场低和市场潜力大的优势从事高耗水型的低附加值劳动性密集产品的加工贸易，选取进出口总额与国内生产总值的比重表示；产业结构升级 （Ind） 是破解城镇化进程中易造成水生态恶化、水环境污染的根本路径，有助于改善生态环境，选取第三产业增加值与国内生产总值的比重表示；市场化指数（Market）在要素配置和价格形成中起着关键作用，有助于推动资本、劳动力和技术等生产要素在市场自由流动，从而加快新型城镇化和水生态文明的建设，选取《中国分省份市场化指数报告（2021）》中的市场化指数表示；人力资本（Edu）的提升有助于增强公众环境保护意识，鼓舞地区环境治理技术创新和监督政府环境规制执行，选取地方财政教育支出与地方财政一般预算支出的比重表示；外商直接投资（Fdi）可能会为了规避母国的环境规制，将一些低附加值和高污染、高排放的企业转移至东道国，从而造成东道国环境污染，选取外商直接投资与国内生产总值的比重表示；人口增长（Pop）能够增添劳动力数量、改善劳动力结构、缓解人口老龄化，为新型城镇化和水生态文明建设提供充足的劳动力和复合型人才，从而提升耦合协调度，选取人口自然增长率表示；城乡收入差距（Urin）是衡量地区民生福祉的直接表现，城乡收入差距的缩小有助于城乡居民需求层次的不断提升，更加注重城乡基础设施、公共服务条件改善，对生态修复和环境治理等领域越发关注，从而实现协调发展，选取泰尔指数衡量城乡收入差距。上述变量数据源自《中国统计年鉴》、《中国人口和就业统计年鉴》、《中国环境统计年鉴》、《中国水资源公报》、长江经济带各省份统计年鉴和各省份水资源公报等。表 17-2 给出了各变量的描述性统计结果。

表 17-2 变量描述性统计

变量	均值	标准差	最小值	中值	最大值
lnU	0.578	0.127	0.124	0.628	0.693
lnOpen	-1.692	0.938	-3.611	-1.929	0.387
lnInd	3.878	0.149	3.523	3.870	4.292
lnMarket	2.132	0.219	1.420	2.171	2.479
lnEdu	2.806	0.129	2.397	2.811	3.049
lnFdi	0.548	0.843	-1.775	0.764	1.504
lnPop	1.607	0.621	-2.120	1.776	2.216
lnUrin	0.090	0.043	0.019	0.085	0.205

17.2　新型城镇化与水生态文明耦合
协调度的时空演变

17.2.1　耦合协调度时序演变分析

为了使用式（17-1）至式（17-3）计算长江经济带及各地区的新型城镇化与水生态文明的静态和动态协调度，以新型城镇化和水生态文明得分互相作为被解释变量和解释变量，运用面板回归方程计算出新型城镇化和水生态文明分别所要求的水生态文明取值和新型城镇化取值，代入式（17-1）至式（17-3），从而可判断其协调度，具体结果如表 17-3 和图 17-1 所示。

表 17-3　2011~2020 年长江经济带新型城镇化与水生态文明的静态协调度

年份	长江经济带		长江上游		长江中游		长江下游	
	U (i, j)	耦合模式	U (i, j)	耦合模式	U (i, j)	耦合模式	U (i, j)	耦合模式
2011	0.745	基本协调	0.559	基本协调	0.834	协调	0.865	协调
2012	0.791	基本协调	0.646	基本协调	0.879	协调	0.870	协调
2013	0.832	协调	0.738	基本协调	0.906	协调	0.870	协调
2014	0.841	协调	0.769	基本协调	0.928	协调	0.848	协调
2015	0.846	协调	0.838	协调	0.906	协调	0.808	协调
2016	0.877	协调	0.927	协调	0.894	协调	0.815	协调
2017	0.842	协调	0.913	协调	0.851	协调	0.764	基本协调
2018	0.814	协调	0.897	协调	0.820	协调	0.725	基本协调
2019	0.708	基本协调	0.870	协调	0.572	基本协调	0.648	基本协调
2020	0.671	基本协调	0.923	协调	0.476	基本不协调	0.564	基本协调

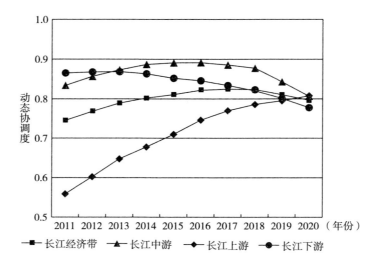

图 17-1 2011~2020 年长江经济带新型城镇化与水生态文明的动态协调度

首先，整体而言，由表 17-3 可知，长江经济带新型城镇化与水生态文明的静态协调度始终在 0.6~0.9，处于基本协调和协调阶段。长江经济带静态协调度呈现波动上升后回落的走势，主要经历了"基本协调（2011~2012年）—协调（2013~2018 年）—基本协调（2019~2020 年）"的演变过程。究其原因可能在于 2011~2012 年，城镇化进程虽然仍以粗放型和外延性发展为主，但其导致水资源开发利用率、地下水开采系数、污废水排放量增加和水资源利用效率降低等负面效应均处于生态环境承载范围之内，短时间内可通过生态自我修复功能缓解水资源压力。而 2013~2018 年长江经济带静态协调度均高于 0.8，跨越了门槛值，由基本协调阶段迈进协调阶段，这主要是因为水生态文明城市建设的试点工作和新型城镇化建设都由探索期进入发展期，水生态文明建设水平不断提升，新型城镇化投入产出结构趋于合理，使得两者进入协调阶段。与此同时，近年来有关加强美丽中国建设、打造生态文明示范区、推进新型城镇化建设等政策的实施，有助于各地区在提升城镇化质量的同时，注重培育公众节水意识，规范水资源利用，保护水生态系统，提升水环境质量，弘扬水生态文明思想。但

2019～2020年又重新回到基本协调阶段，可能是此时长江经济带新型城镇化已具备较高水平，呈现边际效应递减，不利于水生态文明水平的提升。就动态协调度而言，长江经济带新型城镇化与水生态文明的动态协调度并不是一直处于协调发展的轨迹上，其中2011～2017年两者的动态协调度呈现平稳上升的轨迹，即$U(i, j/t_2)>U(i, j/t_1)$，说明这段时间内新型城镇化与水生态文明处于协调发展，随后在2018～2020年两者的动态协调度轨迹出现了略微下降，此时的$U(i, j/t_2)<U(i, j/t_1)$，说明此时的新型城镇化与水生态文明偏离的协调发展的轨迹。

其次，分地区看，长江上游地区静态协调度呈上升趋势，上升幅度最为明显，经历了基本协调阶段（2011～2014年）和协调阶段（2015～2020年）的演变历程。虽然在2011～2014年处于基本协调阶段，但其静态协调度由2011年的0.559增加至2014年的0.769，即将跨过协调阶段所要求的门槛值，原因是长江上游降水充沛，人均水资源丰富，同时该地区以山地和丘陵为主，工业化水平较低，城镇化进程较为缓慢，对生态环境并未造成巨大冲击；而2015～2020年处于协调阶段，其静态协调度也由2015年的0.838提升至2020年的0.923，究其原因可能是得益于《国家新型城镇化规划（2014-2020年）》发布和实施，国家对长江上游地区的新型城镇化建设大力扶持，使其基础设施和公共服务供给得到较大改善，不断优化产业结构，侧重于第三产业的发展，改变传统的经济发展模式。与此同时，由于长江上游地区人口密度低，重化工及污染企业较少，水资源自然禀赋丰富，水资源开发利用率始终保持在合理水平，使两者的协调度得到显著提高。而长江中游和长江下游地区在2011～2016年都处于协调阶段，2017年之后长江下游地区协调度率先发生改变，主要可能因为长江下游地区在加快产业结构转型的过程中，忽视了城镇化进程中各要素资源合理配置，导致城镇化建设负外部性效应较为明显，但凭借着长江下游地区前期建立的水生态文明长效机制，以致长江下游地区处于基本协调阶段。随后长江中游地区的静态协调度在2019年也由协调降至基本协调甚至基本不协调，这可能是因为长江中游地区近几年作为产业转移的集聚地，转移的企业多为劳动密集型企业、重化工企业和低质量的外资企业，导致工业用水量、居民用水量激增，废水中污染物排放量增加，而为了解决阻碍水生态文明建设的负面影响，就必须加快城镇化进程，完善基础设施的建设，尤其增加排水管道、污水处理设施、非常规水收集器，节水器具等提升处理污水率和水资源利用效率的设施，但这些提升水生态文明建设的举措并非短时间内达到预期效果，同时这些基础设施的完善和后续项目的推进过程会消耗大量水资源，这也就造成长江中游地区在新型城镇化增幅最大时，水生态文明建设增幅却为最小值的原因，从而打破了原来协调发展的平衡点。就动态协调度而言，长江上游地区的动态协调度呈现直线上升态势，说明该地区新型城镇化与水生态文明一直处于协调发展的轨迹上，即新型城镇化与水生态文明的 $U(i, j/t_2) > U(i, j/t_1)$。长江中游地区 2011~2016 年的新型城镇化与水生态文明的 $U(i, j/t_2) > U(i, j/t_1)$，而 2017~2020 年则为 $U(i, j/t_2) < U(i, j/t_1)$，说明长江中游地区 2011~2016 年的新型城镇化与水生态文明的动态协调度处于协调发展轨迹上，随后就偏离了协调发展轨迹。长江下游地区 2011~2013 年新型城镇化与水生态文明的 $U(i, j/t_2) > U(i, j/t_1)$，其余时期内两者的 $U(i, j/t_2) < U(i, j/t_1)$，说明长江下游地区 2011~2013 年两者的动态协调度处于协调发展的轨迹，其余时期则偏离了协调发展的轨迹。

17.2.2　耦合协调度空间格局演化分析

由图 17-2 可知，从静态协调度的空间分布来看，2011 年长江经济带新型城镇化与水生态文明的静态协调度共涉及四个阶段，其中处于不协调和基本不协调阶段的贵州省和云南省，占研究样本的 18.18%，这可能是因为相对贵州省和云南省的水生态文明水平，两省份新型城镇化更低所致；处于基本协调阶段的省市包括上海市、安徽省和江西省，占研究样本的27.27%；处于协调阶段的为浙江省、江苏省、湖北省、湖南省、重庆市和四川省，占总样本的 54.55%；值得注意的是上海市并未处于协调阶段，原因可能是上海市作为长江经济带的"领头羊"，依靠区位优势，新型城镇化高于其他省份，与其配套的基础设施和公共服务体系也较为完善，但过快的城镇化进程中经济增长、人口集聚和社会发展使得居民生活用水、工业生产用水和生态补水等增加，造成水生态环境的压力高于处于协调阶段的省份。2014 年和 2017 年长江经济带新型城镇化与水生态文明的静态协调度得到进一步改善，且未出现不协调的省份，处于协调阶段的省份居多，占研究样本的 72.72%，表明在该时期内长江经济带各省份积极抓住新型城镇化和水生态文明建设的红利，形成了协调发展的集聚效应。到 2020 年，长江经济带新型城镇化与水生态文明的静态协调度分级逐渐凸显，处于协调阶段的有重庆市、贵州省、四川省和云南省，主要是因为这些省份水环境质量高，政府在水生态保护和水环境治理方面的能力不断提升，加之最近几年来长江上游人口不断向长三角地区集聚，极大地缓解了用水压力。而江西省、湖南省和湖北省退化为基本协调或基本不协调阶段，究其原因是长江中游地区承接了沿海地区大量重污染企业的转移，但又不具备沿海地区的地理优势、资源禀赋、创新水平、人力资本和基础设施。此外，这些省份本身就是我国的能源和制造企业的集聚地，制造业增加值明显高于其他地区，不利于落实新型城镇化过程中水生态文明的建设。

从静态协调度的空间演变来看，2011 年长江经济带新型城镇化与水生态文明的静态协调度的空间分布区位差异较大，呈现中心向两边递减的趋势，其中，长江中游地区的协调度较高，而长江下游地区由于上海和安徽处于基本协调阶段，拉低了整体的协调度，使其略低于长江中游地区；协调度最低的区域则为长江下游，因为贵州省和云南省分别处于不协调和基本不协调阶段，大幅降低了其协调度。2014 年长江经济带上中下游地区的协调度空间分布区位差异逐渐缩小，处于协调阶段和基本协调阶段的省市不断自东向西扩散，具体为长江上游地区（安徽省）和长江中游地区（江西省）由基本协调阶段上升为协调阶段，长江下游地区的贵州和云南分别由不协调、基本不协调上升至基本协调阶段。2017 年长江经济带各地区的静态协调度再一次发生变化，长江上游地区（上海市）由基本协调阶段降为基本不协调阶段，长江中游地区（湖北省）和长江上游地区（重庆市）

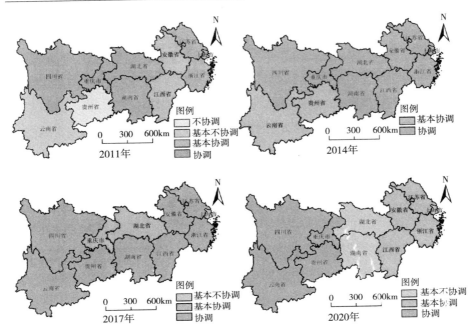

图 17-2　2011~2020 年长江经济带新型城镇化与水生态文明
耦合协调度的空间演变格局

注：该图基于国家测绘地理信息局标准地图服务网站下载的审图号为 GS（2019）1822 号的标准地图制作，底图无修改。

由协调阶段跌至基本协调阶段，而长江上游地区（贵州省和云南省）同步从基本协调阶段跃升为协调阶段。2020 年长江经济带各地区协调度空间分布区位差异非常显著，空间集聚效应明显，长江上游地区的省份均处于协调阶段，协调度在长江上游、下游和中游地区呈现出依次递减，与 2011 年情况完全相反，其中长江中游地区（湖北省和江西省）和长江上游地区（安徽省、浙江省和江苏省）均下降一个层次，而长江中游地区（湖南省）由协调阶段降至基本不协调阶段。总体来说，2011~2020 年处于协调阶段的省份空间分布维持稳定，只有四川省处于该阶段；2011 年处于基本协调阶段的为安徽省和江西省，虽然在演化过程中曾一度提升至协调阶段，但最终仍回落至基本协调阶段；而贵州省和云南省由最初的不协调或基本不协调阶段逐步提升为协调阶段，浙江省和江苏省由 2011 年的协调阶段降为 2020 年的基本协调阶段，湖南省、湖北省和上海市由 2011 年的协调或基本协调阶段退化为 2020 年的基本不协调阶段。重庆市则由协调阶段降为基本协调阶段，最终又变化为协调阶段。

17.3 新型城镇化与水生态文明耦合协调度的驱动力因素分析

17.3.1 单位根和协整检验

为了避免出现伪回归现象和使得结果更加准确，本章分别采用同质面板单位根（Breitung、HT）和异质面板单位根（Fisher-ADF、Fisher-PP）对各变量进行单位根检验，发现部分变量并未拒绝原假设，即存在单位根，因此，取各变量的一阶差分继续进行单位根检验，发现各变量的一阶差分均拒绝原假设，说明不存在单位根，即一阶单整，记作 I（1），具体结果如表 17-4 所示。

表 17-4 各变量一阶单位根检验

变量	面板单位根检验			
	Breitung	HT	Fisher-ADF	Fisher-PP
lnU	−2.653 (0.004)	−4.178 (0.000)	74.077 (0.000)	73.769 (0.000)
lnOpen	−1.900 (0.029)	−2.510 (0.006)	123.063 (0.000)	49.906 (0.000)
lnInd	−3.310 (0.000)	−3.950 (0.000)	80.659 (0.000)	49.382 (0.000)

续表

变量	面板单位根检验			
	Breitung	HT	Fisher-ADF	Fisher-PP
lnMarket	−3.289 (0.000)	−1.356 (0.088)	84.493 (0.000)	102.740 (0.000)
lnEdu	−2.118 (0.017)	−1.983 (0.024)	78.749 (0.000)	76.833 (0.000)
lnFdi	−2.848 (0.002)	−3.500 (0.000)	40.528 (0.000)	97.021 (0.004)
lnPop	−1.379 (0.004)	−4.843 (0.004)	65.188 (0.004)	76.803 (0.000)
lnUrin	−3.238 (0.000)	−7.000 (0.000)	121.518 (0.000)	43.527 (0.004)

注：括号内为各统计量的 p 值。

此外，为了确定各变量之间是否存在长期均衡关系，采用 Pedroni、Kao、Westerlund 检验进行面板协整关系检验。结果显示，三种检验均拒绝原假设，说明静态协调度、对外开放、产业结构升级等变量存在长期均衡关系，故可进行面板模型回归。

17.3.2 整体回归结果

为了得到有效的回归结果，分别采用混合效应、固定效应和随机效应模型对参数进行估计，同时，考虑到传统的固定效应模型中忽视不随个体改变但随时间而变的变量问题，因此本章也将兼顾个体效应和时间效应的双向固定效应模型归纳考虑，回归结果如表 17-5 所示。首先，通过 F 统计量、LM 统计量其 P 值均为 0.000，表明固定效应和随机效应模型均优于混合效应；其次，通过 Hausman 检验发现其值 P 也为 0.000，说明固定效应模型优于随机效应；最后，根据 LR 检验结果，发现拒绝原假设，说明时间效应也显著。基于此，本章选择双向固定效应模型进行结果的解读。

表 17-5　面板回归分析的结果

变量	混合效应模型	固定效应模型	双向固定效应模型	随机效应模型
lnOpen	-0.024 (0.017)	-0.039 (0.043)	-0.099 ** (0.039)	-0.034 (0.029)
lnInd	-0.520 *** (0.101)	-0.789 *** (0.162)	0.060 (0.286)	-0.550 *** (0.134)
lnMarket	0.367 ** (0.145)	0.225 (0.177)	0.527 *** (0.162)	0.237 (0.240)
lnEdu	0.089 (0.089)	0.380 ** (0.127)	0.166 (0.164)	0.212 (0.138)
lnFdi	-0.071 *** (0.016)	-0.023 (0.039)	-0.055 ** (0.023)	-0.073 *** (0.023)
lnPop	0.046 * (0.025)	0.043 * (0.023)	-0.034 * (0.018)	0.052 ** (0.027)
lnUrin	-0.644 (0.687)	-4.214 ** (1.497)	-7.201 *** (1.277)	-1.856 (1.427)
常数项	1.544 ** (0.629)	2.350 ** (0.906)	-0.442 (1.257)	1.680 ** (0.812)
样本数	110	110	110	110
调整后的 R^2	0.470	0.559	0.757	—
个体效应	—	控制	控制	—
时间效应	—	—	控制	—

注：*、**和***分别表示在10%、5%和1%的水平下显著，括号内为聚类稳健标准误。下同。

由表 17-5 可知，对外开放 lnOpen 和外商直接投资 lnFdi 的回归系数均在 5% 的水平上显著为负，表明对外开放和外商直接投资不利于长江经济带耦合协调度的提升。前者可能是由于长江经济带作为我国从事加工贸易的主要地区，在城镇化进程中未完全转变其贸易模式，仍以高耗水型的低附加值劳动性密集产品和重化工产品为主，导致用水总量增加和水污染严峻，且在学习发达国家先进的城镇化建设经验时，并未考虑各地区经济发展水平、政治历史因素等影响，盲目追求城镇化规模和速度，忽视城镇化质量；后者可能是跨国公司为了规避母国的环境规制，将部分污染性产业转移至长江经济带发展，使其非期望产出显著增加，从而增加该地区污水排放量。此外，外商直接投资虽然有助于新型城镇化的发展，解决了长期以来新型城镇化发展过程中的困境——提供充足的就业岗位，具体表现为外商直接投资多为劳动密集型产业，能够吸引更多的农村剩余劳动力从事非农产业，形成"人口迁移"，但在此过程中由于人口的激增，易导致水资源需求和生态环境压力增加，出现水资源匮乏和生态系统失衡。值得注意的是，对外开放和外商直接投资作为促进长江经济带经济规模增长的驱动力，却由于该地区产业发展长期位于全球产业链低端，给生态系统造成负面影响，抑制长江经济带耦合协调度的提升，因此，该地区的产业发展急需由全球产业链低端向全球产业链高端迈进，加快实现由制造大国向制造强国的华丽转变。市场化指数 lnMarket 的回归系数在 1%的水平下显著为正，表明市场化指数的提升对推动长江经济带耦合协调度具有促进作用。随着市场化进程的不断深入，推动新型城镇化和水生态文明建设的资本、劳动力和技术等生产要素在市场上自由流动，提高了资源配置效率，进而提升了长江经济带耦合协调度。人口增长 lnPop 的回归系数在 10%的水平下显著为负，表明人口增长对长江经济带耦合协调度具有抑制作用，主要由于长江经济带人口规模持续扩大，人口密度趋于峰值，人口空间聚集效应显著，易造成土地资源短缺，不断压缩生态用地空间，使得植被覆盖率降低，进而导致土壤保土储水能力下降。与此同时，虽然人口增长能够增添劳动力数量、改善劳动力结构、缓解人口老龄化，给该地区新型城镇化与水生态文明建设提供充足的劳动力，但其人口数量的激增给水资源用水量、水资源利用效率、水环境治理能力造成的"贿赂效应"大于"福利效应"。城乡收入差距 lnUrin 的回归系数在 1%的水平上显著为负，表明城乡收入差距是制约长江经济带耦合协调度的重要因素。原因在于城乡收入差距的扩大不仅阻碍了农业农村现代化的发展，不利于农田节水器具的推广普及，从而导致农业用水量增加，农业用水效率降低；而且还导致农村居民在生产和生活方式抉择时优先考虑增加自身收入，而忽视对生态环境的保护。产业结构升级 lnInd 和人力资本 lnEdu 的回归系数均为正，但未通过显著性水平检验，前者可能在于长江经济带大部分城市虽然通过优化产业结构，淘汰落后产能的高污染产业，引入高新技术和环境友好型企业，减少水污染排放物和水资源消耗，但当前该地区仍处于工业化阶段，抑制了其提升长江经济带耦合协调度的正面效应。后者是因为样本期间长江经济带人力资本水平虽然提升了，但整体水平仍然不高，制约了节水用水和水污染治理技术的创新与扩散，影响到了耦合协调度。

17.3.3 分地区回归结果

由前文分析可知，长江经济带新型城镇化与水生态文明的耦合协调度存在明显差异性，因此，为了考察区域之间的异质性，分别对长江下游、长江中游和长江上游地区进行分析，具体结果如表 17-6 所示。对模型选择上的问题，前文已详细地阐述，在此不再赘述。

表 17-6 三大地区面板回归结果分析

变量	长江下游地区	长江中游地区	长江上游地区
lnOpen	−0.096*** (0.033)	0.045 (0.048)	0.052 (0.083)
lnInd	−0.727*** (0.241)	0.010 (0.427)	1.045 (0.489)
lnMarket	−0.217** (0.110)	0.487 (0.349)	0.754*** (0.113)
lnEdu	0.448*** (0.142)	0.080 (0.194)	0.484* (0.153)
lnFdi	0.155*** (0.038)	−0.134*** (0.038)	0.003 (0.052)
lnPop	0.018 (0.016)	0.188*** (0.015)	−0.028 (0.026)

续表

变量	长江下游地区	长江中游地区	长江上游地区
lnUrin	−5.247*** (1.359)	4.066*** (0.703)	−19.968*** (3.258)
常数项	2.712* (1.533)	−1.170 (1.224)	−2.809 (1.792)
样本数	40	30	40
调整后的 R^2	—	—	0.906
个体效应	—	—	控制
时间效应	—	—	控制

由表 17-6 可知，对外开放对长江下游地区新型城镇化与水生态文明提升耦合协调度具有显著的负向作用，与整体回归结果一致，对长江中游和长江上游地区提升耦合协调度具有促进作用，但并未通过显著性检验，原因在于这两个地区从事高耗水型产品的加工贸易体量远小于长江下游地区，其使用的水资源量和产生的污水都在承受范围内。产业结构升级对长江下游地区提升耦合协调度具有显著的抑制作用，说明该地区虽然由第二产业向第三产业转型的进程快于其他地区，但可能其服务对象仍以重工业为主，未能真正促进产业结构高级化；对长江中游和长江下游地区提升耦合协调度具有不显著的积极作用，表明长江中游和长江上游地区仍需通过产业结构向环境友好、资源节约和高附加值方向跃进，在提高水资源利用效率、改善水生态环境的同时为新型城镇化发展提供产业经济支撑。市场化指数对长江下游地区提升耦合协调度有显著的抑制效果，对长江上游地区提升耦合协调度具有显著的促进作用，说明市场化指数并不是越大越好，市场化指数越大，其地区市场经济越发达，与新型城镇化和水生态文明建设相应的基础设施、原材料和劳动力供给等生产要素的流转速度就越快，从而加快新型城镇化与水生态文明建设速度，使得用水设备普及、公共市政设施与服务业发展高于预期，导致水资源量增加，与此同时，对生态环境的破坏力度也超出其承受范围；不利于生态自我修复；对长江中游地区提升

耦合协调度具有促进作用，但不显著，表明长江中游地区还需加快市场化体系改革，释放市场活力，以此提升该地区耦合协调度。人力资本对长江下游和上游地区提升耦合协调度具有积极促进作用，且分别在1%和10%的水平上显著；对长江中游地区提升耦合协调度具有不显著的积极作用，表明人力资本对提升耦合协调度具有异质性，具体表现为长江下游地区较长江上游地区人力资本优势明显，科技创新、技术进步效应显著，有助于通过产业升级、产业优化全面提升新型城镇化建设中用水效率，从而提升耦合协调度的促进作用更为明显，与此同时，虽然长江中游和长江上游地区人力资本相差不大，但由于长江上游地区水资源自然禀赋优于长江中游地区，有益于水生态文明的建设，从而带来的边际效益优于长江中游地区。外商直接投资对长江下游地区提升耦合协调度具有显著的促进作用，对长江中游地区提升耦合协调度具有显著的抑制作用，主要在于长江下游地区环境规制逐渐增强，迫使其将低质量、高污染的外商投资转移至长江中游地区发展，不利于该地区水生态文明建设，从而不利于提升耦合协调度，而长江下游地区由于淘汰了低质量和高污染的外商投资后，倒逼出中高质量的外商投资和内资企业实现转型升级，探索出一条既符合当前环境规制要求又具有更高效率和可持续发展的道路，进而对提升耦合协调度具有积极影响。人口增长仅对长江中游地区提升耦合协调度具有促进作用，表明人口增长有助于长江中游地区人口结构转型，缓解人口老龄化，改善劳动力质量，为该地区新型城镇化和水生态文明建设提供充足的劳动力供给和复合型人才，是新型城镇化和水生态文明建设的内生动力。城乡收入差距对长江下游和长江上游地区提升耦合协调度具有遏制作用，前者主要在于该地区贫富差距较小，城乡经济结构相对平衡，进一步缩小城乡收入差距会使得该地区所付出的综合代价与得到边际效应不对等，反而还阻碍新型城镇化与水生态文明建设进程，后者在于该地区城乡收入差距过大，致使人口流失最为严重，具体表现为高质量劳动力稀缺，不利于该地区通过技术进步、科技创新、经济增长和产业结构等效应提升耦合协调度，而对长江中游地区提升耦合协调度具有积极促进作用，可能在于该地区城乡收入分配制度较为完善，其面对的主要矛盾不再是人民日益增长的美好生活需要和不平衡不充分的发展而是逐渐转变为对良好生态环境的需求，具体表现为更加注重城乡基础设施和公共服务条件改善，对生态修复和环境治理等领域越发关注，从而有益于通过建立新型城镇化与水生态文明建设的长效良性互动机制促进耦合协调度提升。

17.4　本章小结

　　学术界围绕新型城镇化水平、水生态文明评价及新型城镇化与生态文明的耦合关系进行了丰富的研究，但鲜有文献对长江经济带新城镇化与水生态文明耦合协调度进行分析；另外，现有文献多是基于耦合度模型或耦合协调度模型，赋予城镇化系统与生态文明系统相同的权重进行分析，但这可能会忽视两个系统权重在时间上的关联，从而造成结果出现误差。因此，本章以长江经济带为研究对象，运用状态协调度函数分析新型城镇化与水生态文明耦合协调度的时空演变格局，并进一步实证研究新型城镇化与水生态文明耦合协调度的驱动力因素。结果表明：

　　第一，长江经济带的静态协调度呈现波动上升后回落的态势，主要经历了"基本协调（2011～2012年）—协调（2013～2018年）—基本协调（2019～2020年）"的变化过程。同时，它的动态协调度并不是一直处于协调发展的轨迹上，而是在2011～2017年处于协调发展，随后几年就偏离了协调发展轨迹。从空间分布来看，上游地区静态协调度呈现上升趋势，且上升幅度最为明显，由基本协调跨越至协调，而中游和下游地区的静态协调度由协调降为基本协调甚至基本不协调。同时，上游地区的动态协调度始终处于协调发展轨迹上，而中游地区动态协调度虽然在2011～2016年处于协调发展轨迹，但随后偏离了协调发展轨迹，下游地区动态协调度在2011～2013年处于协调发展轨迹，其余时间也均偏离了协调发展轨迹。此外还发现，长江经济带静态协调度空间分布由 2011 年的集中连片变化为 2020 年的明显分级，具有显著的聚集特征。本篇得到的长江经济带静态协调度的结果与 Han 等（2019）、Lv 等（2022）的研究结论一致。原因可能在于：一方面，随着长江经济带开始进行新型城镇化建设，生态环境各方面都取得不错的进展，有助于可持续发展战略的推进；另一方面，水生态和水污染都属于水生态文明的内容，既然新型城镇化与水生态、水污染的耦合协调性都不断提升，那么新型城镇化与水生态文明协调性也在提升就显而易见了。然而在空间分布上，本篇得出下游地区由协调下降至基本协调或者基本不协调的结论却与邓宗兵等（2019）、Li 等（2022）完全相反，究其原因在于后者采用了离差系数协调度模型，而该模型本身有个别参数由研究者自己决定。

第二，对外开放、外商直接投资、人口增长和城乡收入差距不利于改善长江经济带新型城镇化与水生态文明的协调度，市场化指数、产业结构升级和人力资本有益于提升协调度，但遗憾的是后两者并未通过显著性检验。异质性检验结果显示，对外开放、产业结构升级和市场化指数对协调度的抑制作用在上游地区更为显著；而外商直接投资对协调度的促进作用在上游地区更为明显。人口增长和城乡收入差距的缩小对协调度的提升作用在中游地区较为显著，而外商投资水平却不利于该地区的协调度提高。市场化指数和人力资本对协调度的提升作用在下游地区更为明显，城乡收入差距的缩小对该地区协调度的抑制作用最为显著。

18 研究结论与政策建议

18.1 研究结论

本篇首先梳理了新型城镇化和水生态文明的相关文献，明确了新型城镇化和水生态文明的概念，从理论上分析了新型城镇化对水生态文明的影响机理并提出了相应的研究假设。其次通过构建新型城镇化与水生态文明指标体系，利用熵值法测度出长江经济带 2011~2020 年 11 个省份的新型城镇化和水生态文明现状，并基于测度结果，借助自然断裂法、重心迁移模型和标准差椭圆等空间分析法探究新型城镇化与水生态文明的时空演变特征。利用双向固定效应模型、门槛回归模型和空间杜宾模型实证分析了长江经济带新型城镇化对水生态文明影响。最后运用状态协调度函数研究了长江经济带新型城镇化与水生态文明耦合协调度的时空演变，并通过构建面板模型，对耦合协调度的驱动力因素进行分析。主要得出以下结论：

第一，从整体来看，新型城镇化发展水平显著提升。空间分布格局由 2011 年和 2014 年低水平区域集中连片逐渐演变为 2017 年和 2020 年的较高水平和高水平区域集中聚集，分级逐渐凸显，整体呈现"下游—中游—上游"依次递减的态势。水生态文明发展水平明显提升。空间分布格局由

2011 年低水平区域集中连片逐渐演变到 2017 年和 2020 年的中等水平和较高水平区集中聚集，分级逐渐凸显，整体呈现"下游—上游—中游"依次递减的态势。

第二，从空间来看，各地区新型城镇化发展水平显著提升。长江上游和长江中游新型城镇化发展水平由 2011 年低水平区为主演化成 2020 年中等水平和较高水平区占多数，其中四川省由低水平区跨越两个层级上升至较高水平区，云南省、重庆市和贵州省由低水平区均提升至中等水平区，而长江中游整个地区均由低水平区跃迁至较高水平区。长江下游地区提升明显，其中南北两翼变化最为显著，江苏省和浙江省由 2011 年中等水平区提升至 2020 年高水平区，安徽省由低水平区上升至较高水平区。新型城镇化扩散态势明显，空间分布上相对稳定，呈现以湖北的东南部为界，东强西弱的空间分布特征。其中，椭圆面积表明椭圆外部地区的新型城镇化对提升长江经济带整体新型城镇化作用较强，呈现由聚集到扩散的演变趋势；长短轴表明新型城镇化在东北—西南方向和东南—西北方向都呈现扩张态势；方位角表明长江经济带东北部新型城镇化提升的速度优于西南部。

第三，从空间来看，各地区水生态文明发展水平显著提升。长江上游和长江中游水生态文明发展水平由 2011 年以低水平区为主演变成 2020 年中等水平区占多数，其中云南由较高水平区上升至高水平区，四川省和江西省分别由低水平和中等水平区提升至较高水平区，重庆市、贵州省、湖南省和湖北省均由低水平区跃迁至中等水平区。长江下游南北两翼变化明显，江苏省和浙江省分别由 2011 年的低水平和中等水平区跨越至 2020 年的较高水平区，而安徽省仅由低水平区提升至中等水平区，上海市保持不变，仍为高水平区。水生态文明聚集态势增强，空间分布上相对稳定，呈现以湖南省的东北部为界，东强西弱的空间分布特征。其中，椭圆面积表明椭圆内部地区的水生态文明对提升长江经济带整体水生态文明作用较强，聚集趋势也在进一步增强；长短轴表明水生态文明在东北—西南方向收缩趋势明显，在东南—西北方向呈现扩张态势；方位角表明长江经济带西南部水生态文明提升的速度优于东北部。

第四，基准回归显示，无论是否纳入控制变量，新型城镇化对水生态文明都具有显著的促进作用，即秉持绿色发展理念的新型城镇化成为助推水生态文明建设的内生动力；工具变量回归显示，在排除双向因果关系和可能存在遗漏变量等内生性问题后，基准回归结果仍成立；稳健性检验显示，经历极值处理、重新测度解释变量、剔除特殊样本和更换计量模型等一系列稳健性检验后，上述四种方法均显示新型城镇化对水生态文明的估计符号未发生改变，仅是估计系数的大小发生微妙变化，结果仍然是新型城镇化有助于提升水生态文明水平；其中，人口、经济和空间城镇化对水生态文明的促进效应显著，而社会和数字城镇化对水生态文明的促进效应不显著；异质性分析显示，新型城镇化对水生态文明的促进效应在长江中上游地区、高水平财政投入地区、高水平环境规制地区、低水平新型城镇化地区及低分位点的水生态文明地区更为明显；门槛回归模型显示，新型城镇化对水生态文明的促进效应存在绿色技术创新水平的门槛效应，即当门槛变量绿色发明申请量和绿色专利申请量分别低于 5.844 和 6.750 门槛值时，新型城镇化的估计系数分别为 0.823 和 0.729，但当门槛变量超过门槛值时，新型城镇化的估计系数明显下降，分别为 0.690 和 0.594；空间相关性检验显示，新型城镇化的莫兰指数在 1% 的水平上显著，且为正值，说明长江经济带省域间新型城镇化发展具有空间集聚效应，呈现正相关的空间依赖性；空间杜宾模型显示，新型城镇化不仅能够促进本地区水生态文明发展，还可以通过空间外溢效应推动邻近地区的水生态文明发展。

　　第五，从耦合协调度时序演变来看，长江经济带新型城镇化与水生态文明静态协调度呈现波动上升后回落的态势，主要经历了"基本协调（2011~2012 年）—协调（2013~2018 年）—基本协调（2019~2020 年）"的演变过程；长江经济带新型城镇化与水生态文明动态协调度并不是一直处于协调发展的轨迹上，而是在 2011~2017 年处于协调发展，随后几年就偏离了协调发展轨迹。从空间分布来看，长江上游地区静态协调度呈现上升趋势，且上升幅度最为明显，由基本协调跨越至协调，而长江中游和长江下游地区的静态协调度竟由协调降为基本协调甚至出现基本不协调；长江上游地区的动态协调度始终处于协调发展轨迹上，长江中游地区在2011~2016年动态协调度处于协调发展轨迹，随后偏离了协调发展轨迹，长江下游地区在2011~2013年处于协调发展轨迹，其余时期内则偏离了协调发展轨迹。

第六，从耦合协调度空间格局演变来看，长江经济带各地区新型城镇化与水生态文明静态协调度发展处于良好态势，由2011年所涉及的4种协调度演变为2020年的3种协调度，且未出现处于不协调阶段的省份，静态协调度分级逐渐凸显，具有明显的空间聚集特征，其中长江上游地区尤其是贵州和云南静态协调度空间演变较大。具体表现为，始终处于协调阶段的仅有四川省，属于基本协调阶段的有安徽省和江西省，而贵州省和云南省由最初的不协调或基本不协调阶段逐步提升为协调阶段，浙江省和江苏省由2011年的协调阶段降为2020年的基本协调阶段，湖南省、湖北省和上海市由2011年的协调或基本协调阶段退化为2020年的基本不协调阶段。

第七，从驱动力因素分析来看，长江经济带整体回归结果显示，对外开放、外商直接投资、人口增长和城乡收入差距不利于改善耦合协调度，唯有市场化指数有助于提升耦合协调度，而产业结构升级和人力资本对提升耦合协调度未产生明显影响；区域异质性回归结果显示，对外开放和产业结构升级对长江下游地区提升耦合协调度具有抑制作用，对长江中游和长江上游地区提升耦合协调度不显著；市场化指数对长江下游地区和长江上游地区具有不同影响，前者不利于改善耦合协调度，后者有助于促进提升耦合协调度，对长江中游地区不显著；人力资本有助于促进长江下游和长江上游地区提升耦合协调度，对长江中游地区不显著；外商投资对长江下游地区提升耦合协调度具有积极促进作用，对长江中游地区提升耦合协调度具有遏制作用，对长江上游地区不显著；人口增长仅有助于提升长江中游地区的耦合协调度，对长江上游和长江下游地区不显著；城乡收入差距不利于提升长江下游和长江上游地区的耦合协调度，却对提升长江中游地区具有显著的促进作用。

18.2 政策建议

18.2.1 积极落实新型城镇化战略

长江经济带各级政府应注重新型城镇化提质增效，推动城镇化发展模式向集约型、低碳型、绿色型和智能型转变，助推新型城镇化成为促进水生态文明发展的新动能。第一，以新型城镇化试点城市为标杆，总结新型城镇化试点城市的成功经验和典型案例，逐步在全国范围内推广新型城镇化试点建设，加强新型城镇化建设经验交流，促进试点城市与非试点城市开展务实合作。第二，以成渝城市群、长江中游城市群和长江三角洲城市群为空间承载，借助城市群的辐射效应带动城镇和农村的发展，促进城市反哺城镇和农村，进而达到城乡一体化协同发展，避免"逆城镇化"发生。

18.2.2 发挥多维城镇化的叠加效应

首先，提升人口质量，巩固人口红利。一方面，在推进新型城镇化建设过程中，落实以人为核心理念，加快户籍制度改革，推动农民市民化，提升人口城镇化质量，发挥人口集聚对水生态文明的正向效应；另一方面，以新型城镇化建设为契机，打破城乡之间劳动力跨区域流动的壁垒，完善劳动力市场体制机制，促进劳动力市场的人口规模效应，提升用人单位和劳动力的匹配概率，形成大一统的完全竞争市场，从而改善劳动力错配，为水生态文明所需的基础设施建设提供人力保障。

其次，优化产业结构，稳固经济体量。一方面，优化传统加工贸易结构，提升环境准入门槛，坚决杜绝为规避母国环境规制将污染性产业转移至长江经济带发展的低质量外商投资，始终秉持"绿水青山就是金山银山"的发展理念；另一方面，摒弃片面追求唯 GDP 考核制度，加快实现产业结构高级化，淘汰落后产能，倒逼高耗能、高污染和高耗水型企业加大技术改造升级，通过资金扶持、贷款免息、技术支持、设备援助、人才供给等政策支持力度，积极发展资本密集型、技术密集型产业和现代服务业，建立资源节约型和环境友好型的现代产业体系，实现经济可持续发展。

再次，集约土地利用，优化空间布局。科学规划土地用途，保障生态绿地建设空间，预留适度城市空间，严格遵守"严控增量、盘活存量、优化结构、提高效率"的准则，实行建设用地总量和强度双控，注重土地利用的经济效益与生态效益相结合，始终把土地集约利用摆在首位，避免出现土地扩张速度与人口扩张速度失衡，防止城市过度蔓延，以此保障城市的防洪排涝和保土储水能力，提升水生态文明的响应能力。

又次，保障公共服务，提升社会福利。一方面，完善农村社会保障制度，深化农村医疗体制改革，减轻农村居民的就医负担，加大公共服务的供给，定期开展医疗养老服务，提升农村居民的幸福感；另一方面，扩大公共服务的覆盖人群，妥善解决好新生代农民市民化的住房、就业、医疗和教育等公共服务，尽可能使其与城市人口享受同等待遇，从而推动基本公共服务均等化，进而改善居民收入初次分配，从源头监督企业污染排放行为，从末端督促政府加大环境治理力度，以此降低水生态文明所受压力和提升水生态文明的响应能力。

最后，深耕数字经济，释放数字潜能。一方面，长江经济带各政府应积极贯彻实施"东数西算"工程，以数字经济一号工程为契机，加快完善数字基础设施建设，大力培育数字产业链条，以互联网、大数据、云计算等新兴数字技术为发展突破点，拓宽数字城镇化的深度和广度，推动数字城镇化高质量发展；另一方面，注重数字化人才的培育，营造有利于培养数字人才的制度环境和社会氛围，积极打造数字技术创新平台和研发基地，从而引领大众对智能化、集约化和绿色化美好生活的需要以及协助企业实现绿色生产转型，发挥数字城镇化的节能减排效应，释放生态红利。此外，倡导省市县水利部门、自然资源部门、生态环境部门合力有序推动公共信息数据的共享，减少政企民之间的信息不对称，畅通群众反馈渠道，发动群众发现水生态环境问题，便于发挥数字城镇化的环境监督效应，从而构建开放共享的协同治理新格局。

18.2.3 因地施策，发挥比较优势

首先，持续发挥长江经济带各地的引领示范作用。长江中上游地区应加快完善基础设施和公共服务体系，建立健全人才激励机制和引进政策，缓解该地区"人才流失"的困境，以此推动新型城镇化建设；长江下游地区应严守生态红线，控制城市扩张速度，提高城市空间利用率，并借助创新红利，发挥其科技创新和技术进步的优势，帮扶中上游地区推进新型城镇化建设，进一步缩小两者之间的差距。

其次，探索新型城镇化与财政投入、环境规制融合发展新路径。一方面，各级政府在鼓励民间资本和社会资本参与新型城镇化建设，激发市场活力，提升项目"造血"和融资能力，进而加快新型城镇化建设进程的同时，应保障环境治理、教育、公共服务和农林水事务等方面的财政投入稳中有升；另一方面，各级政府应把握环境规制实施的力度，既要重视正式环境规制政策也要善于利用非正式环境规制，双管齐下。具体而言，增加水环境污染治理投资，提高水污染排放的准入门槛，强化排污者主体责任，严格落实"谁污染谁治理"环境原则；构建政企民多元主体共同参与的治理体系，充分调动多元主体参与水环境治理的积极性，监督环境规制的有效实施，从而形成良好的社会环保监督氛围。

18.2.4 鼓励绿色技术创新

一方面，各种政府应制定绿色信贷、财政补贴和税收减免政策等引导企业加大对绿色研发项目资金投入，开展绿色技术研发活动，助推企业实现绿色转型发展，提升水生态文明水平；另一方面，人才作为引领创新的第一动力，企业应发挥"领头羊"的牵头作用，借助产学研协同创新平台，联合企业、高校和科研机构共同研发核心绿色创新技术，加快企业研发进行，缩短孵化时间，提高研发成果转化率，助力水生态文明建设。

18.2.5 打破行政壁垒，构建协同治理机制

一方面，充分发挥长江经济带的连通作用，以"点带区、轴带面"的协同发展消除地区封锁行政壁垒，将长江上游、中游和下游地区有机串联起来，建立跨省市的水资源利用和水环境治理长效机制，形成逐优竞争与以邻为优的良性循环；另一方面，探索跨流域水资源生态补偿机制，设立跨流域水资源生态补偿管理机构，引导补偿方和受益方进行水资源生态补偿协议谈判，建立横向生态补偿关系，确保水资源的有序开放利用，规避长江经济带新型城镇化与水生态建设过程中的外部性问题，促进区域间的利益协同和发展协同（李恒臣等，2023），加快水生态文明建设。

参考文献

［1］Ahmed Z, Zafar M W, Ali S. Linking Urbanization, Human Capital, and the Ecological Footprint in G7 Countries: An Empirical Analysis ［J］. Sustainable Cities and Society, 2020 (55): 102064.

［2］Ali R, Bakhsh K, Yasin M A. Impact of Urbanization on CO_2 Emissions in Emerging Economy: Evidence from Pakistan ［J］. Sustainable Cities and Society, 2019 (48): 101553.

［3］An M, Butsic V, He W, et al. Drag Effect of Water Consumption on Urbanization—A Case Study of the Yangtze River Economic Belt from 2000 to 2015 ［J］. Water, 2018, 10 (9): 1115.

［4］Ariken M, Zhang F, Chan N. Coupling Coordination Analysis and Spatio-temporal Heterogeneity between Urbanization and Eco-environment Along the Silk Road Economic Belt in China ［J］. Ecological Indicators, 2021 (121): 107014.

［5］Azizullah A, Khattak M N K, Richter P, et al. Water Pollution in Pakistan and Its Impact on Public Health—a Review ［J］. Environment international, 2011, 37 (2): 479-497.

［6］Balha A, Vishwakarma B D, Pandey S, et al. Predicting Impact of Urbanization on Water Resources in Megacity Delhi ［J］. Remote Sensing Applications: Society and Environment, 2020 (20): 100361.

［7］Bao C, Chen X. Spatial Econometric Analysis on Influencing Factors of

Water Consumption Efficiency in Urbanizing China [J]. Journal of Geographical Sciences, 2017, 27 (12): 1450-1462.

[8] Bao C, Fang C. Integrated Assessment Model of Water Resources Constraint Intensity on Urbanization in Arid Area [J]. Journal of Geographical Sciences, 2009 (19): 273-286.

[9] Berger A R, Hodge R A. Natural Change in the Environment: A Challenge to the Pressure-state-response Concept [J]. Social Indicators Research, 1998, 44 (2): 255-265.

[10] Cai J, Li X, Liu L, et al. Coupling and Coordinated Development of New Urbanization and Agro-ecological Environment in China [J]. Science of the Total Environment, 2021 (776): 145837.

[11] Cai Q, Zhang Y. Impact Mechanism of New Urbanization on Environmental Pollution: Empirical Analysis Based on Spatial Panel Model [J]. Frontiers in Public Health, 2022 (10): 2056.

[12] Caviglia-Harris J L, Chambers D, Kahn J R. Taking the "U" out of Kuznets: A Comprehensive Analysis of the EKC and Environmental Degradation [J]. Ecological Economics, 2009, 68 (4): 1149-1159.

[13] Chai N, Zhou W, Wan B. Research on Performance Evaluation and Obstacle Diagnosis for Urban Water Eecological Civilization Construction Based on GFAHP-cloud-FSE Model: The Case of Shizuishan, China [J]. Stochastic Environmental Research and Risk Assessment, 2022, 36 (10): 3439-3465.

[14] Cheng Z, Wang L. Can New Urbanization Improve Urban Total-factor Energy Efficiency in China? [J]. Energy, 2023 (266): 126494.

[15] Chesney M, Gheyssens J, Pana A. et al. Environmental Finance and Investments [M]. Berlin: Springer, 2016.

[16] Dai D, Sun M, Xu X, et al. Assessment of the Water Resource Carrying Capacity Based on the Ecological Footprint: A Case Study in Zhangjiakou City, North China [J]. Environmental Science and Pollution Research, 2019,

26 (11): 11000-11011.

[17] Deason J P, Schad T M, Sherk G W. Water Policy in the United States: A Perspective [J]. Water Policy, 2001, 3 (3): 175-192.

[18] Dietz T, Rosa E A. Rethinking the Environmental Impacts of Population, Affluence and Technology [J]. Human ecology review, 1994, 1 (2): 277-300.

[19] Ding L, Chen K L, Cheng S G. Water Ecological Carrying Capacity of Urban Lakes in the Context of Rapid Urbanization: A Case Study of East Lake in Wuhan [J]. Physics and Chemistry of the Earth, 2016 (89-90): 104-113.

[20] Ding X, Tang N, He J. The Threshold Effect of Environmental Regulation, FDI Agglomeration, and Water Utilization Efficiency Under "Double Control Actions" — An Empirical Test Based on Yangtze River Economic Belt [J]. Water, 2019, 11 (3): 452.

[21] Dong S, Zheng J, Yu L, et al. Quantitative Analysis of the Coupling Coordination Degree Between Urbanization and Eco-environment in Mongolia [J]. Chinese Geographical Science, 2019 (5): 861 – 871.

[22] Ehrlish P R, Holdren J P. Impact of Population Growth [J]. Science, 1971 (171): 1212-1217.

[23] Fang C L, Xie Y. Sustainable Urban Development in Water-constrained Northwest China: A Case Study along the Mid-section of Silk-Road-He-Xi Corridor [J]. Journal of arid environments, 2010, 74 (1): 140-148.

[24] Feng Y, He S, Li G. Interaction between Urbanization and the Eco-environment in the Pan-Third Pole region [J]. Science of The Total Environment, 2021, 789 (4): 148011.

[25] Grossman G, Krueger A. Economic Growth and the Environment [J]. Quarterly Journal of Economics, 1995, 110 (2): 353-377.

[26] Guan X, Wei H, Lu S, et al. Assessment on the Urbanization Strategy in China: Achievements, Challenges and Reflections [J]. Habitat Internation-

al, 2018（71）：97-109.

［27］Han H, Li H, Zhang K. Spatial–temporal Coupling Analysis of the Coordination between Urbanization and Water Ecosystem in the Yangtze River Economic Belt ［J］. International Journal of Environmental Research and Public Health, 2019, 16（19）：3757.

［28］Han X, Cao T, Yan X. Comprehensive Evaluation of Ecological Environment Quality of Mining Area Based on Sustainable Development Indicators：A Case Study of Yanzhou Mining in China ［J］. Environment Development and Sustainability, 2021, 23（2）：7581-7605.

［29］Hansen B E. Threshold Effects in Non–dynamic Panels：Estimation, Testing and Inference ［J］. Journal of econometrics, 1999, 93（2）：345-368.

［30］Hayashi M, Rosenberry D O. Effects of Ground Water Exchange on the Hydrology and Ecology of Surface Water ［J］. Groundwater, 2002, 40（3）：309-316.

［31］He J, Wang S, Liu Y, et al. Examining the Relationship between Urbanization and the Eco–environment Using a Coupling Analysis：Case Study of Shanghai, China ［J］. Ecological Indicators, 2017（77）：185-193.

［32］Hu R. Pollution Control and Remediation of Rural Water Resource Based on Urbanization Perspective ［J］. Environmental Technology & Innovation, 2020（20）：101136.

［33］Huang J, Na Y, Guo Y. Spatiotemporal Characteristics and Driving Mechanism of the Coupling Coordination Degree of Urbanization and Ecological Environment in Kazakhstan ［J］. Journal of Geographical Sciences, 2020, 30（11）：1802-1824.

［34］Huang Y, Huang X, Xie M, et al. A Study on the Effects of Regional Differences on Agricultural Water Resource Utilization Efficiency Using Super–efficiency SBM Model ［J］. Scientific Reports, 2021, 11（1）：1-11.

［35］Irfan M, Shaw K. Modeling the Effects of Energy Consumption and Urbanization on Environmental Pollution in South Asian Countries: A Nonparametric Panel Approach [J]. Quality & Quantity International Journal of Methodology, 2017, 51 (1): 1-14.

[36] Jiang J, Zhu S, Wang W, et al. Coupling Coordination between New Urbanisation and Carbon Emissions in China [J]. Science of the Total Environment, 2022 (850): 158076.

[37] Jin W, Zhang H, Liu S, et al. Technological Innovation, Environmental Regulation, and Green Total Factor Efficiency of Industrial Water Resources [J]. Journal of Cleaner Production, 2019 (211): 61-69.

[38] Jin X, Yao Y. Comprehensive Evaluation of Water Ecological Civilization Based on Random Forest Regression Algorithm [C]. 2021 International Conference on Aviation Safety and Information Technology, 2021: 593-596.

[39] Lewbel A. Constructing Instruments for Regressions with Measurement Error When No Additional Data Aare Available, with an Application to Patents and R&D [J]. Econometrica: Journal of the Econometric society, 1997, 65 (5): 1201-1214.

[40] Li D, Cao L, Zhou Z, et al. Coupling Coordination Degree and Driving Factors of New-type Urbanization and Low-carbon Development in the Yangtze River Delta: Based on Nighttime Light Data [J]. Environmental Science and Pollution Research, 2022, 29 (54): 81636-81657.

[41] Li J, Li F, Li J. Does New-type Urbanization Help Reduce Haze Pollution Damage? Evidence from China's County-level Panel Data [J]. Environmental Science and Pollution Research, 2022, 29 (31): 47123-47136.

[42] Liang L, Wang Z, Li J. The Effect of Urbanization on Environmental Pollution in Rapidly Developing Urban Agglomerations [J]. Journal of Cleaner Production, 2019 (237): 117649.

[43] Liao S, Wu Y, Wong S W, et al. Provincial Perspective Analysis on the Coordination between Urbanization Growth and Resource Environment Carrying

Capacity (RECC) in China [J]. Science of the Total Environment, 2020 (730): 138964.

[44] Lin G. Chinese Urbanism in Question: State, Society, and the Reproduction of Urban Space [J]. Urban Geography, 2007, 28 (1): 7-29.

[45] Liu W, Zhan J, Zhao F, et al. Exploring the Coupling Relationship between Urbanization and Energy Eco-efficiency: A Case Study of 281 Prefecture-level Cities in China [J]. Sustainable Cities and Society, 2021 (64): 102563.

[46] Liu X, Guo P, Yue X, et al. Urban Transition in China: Examining the Coordination between Urbanization and the Eco-environment Using a Multi-model Evaluation Method [J]. Ecological Indicators, 2021 (130): 1-10.

[47] Luo L, Li C, Hu J, et al. Study on the Coupling Ddevelopment between Urbanization and Ecosystem—the Comparative Analysis Based on Guizhou, Yunnan, Hunan and Zhejiang Province [J]. Matec Web of Conferences, 2017 (100): 1-5.

[48] Lv L, Chen C, Wang Z. Spatiotemporal Differentiation and the Obstacle Factors Influencing the Coupling Coordination between Economic Development and Water Pollution Control Capability in the Yangtze River Economic Belt [J]. Environmental Science and Pollution Research, 2022, 29 (50): 75681-75698.

[49] Ma X, Li N, Yang H, et al. Exploring the Relationship between Urbanization and Water Environment Based on Coupling Analysis in Nanjing, East China [J]. Environmental Science and Pollution Research, 2022, 29 (3): 4654-4667.

[50] Ma X, Li N, Yang H, et al. Exploring the Relationship between Urbanization and Water Environment Based on Coupling Analysis in Nanjing, East China [J]. Environmental Science and Pollution Research, 2022, 29 (3): 4654-4667.

[51] Martinez-Lagunes R, Rodríguez-Tirado J. Water Policies in Mexico

［J］. Water Policy, 1998, 1 (1): 103-114.

［52］Meinzen-Dick R, Appasamy P P. Urbanization and Intersectoral Competition for Water ［J］. Urbanization and Water, 2002, 32 (6): 27-51.

［53］Merret S. Introduction to the Economics of Water Resources: An International Perspective ［M］. London: UCL Press, 1997.

［54］Merrett S. Introduction to the Economics of Water Resource: An International Perspective ［J］. Geographical Journal, 1997, 165 (1): 103.

［55］Moroteá F, Hernández M. Urban Sprawl and Its Effects on Water Demand: A Case Study of Alicante, Spain ［J］. Land Use Policy, 2016 (50): 352-362.

［56］Nathaniel S, Nwodo O, Adediran A, et al. Ecological Footprint, Urbanization, and Energy Consumption in South Africa: Including the Excluded ［J］. Environmental Science and Pollution Research, 2019, 26 (30): 1-12.

［57］Nilsson C, Svedmark M. Basic Principles and Ecological Consequences of Changing Water Regimes: Riparian Plant Communities ［J］. Environmental management, 2002 (30): 468-480.

［58］Northam R. Urban Geography ［M］. New York: John Wiley and Sons, 1975.

［59］Qi Q, Song S B. Measurement and Influencing Factors of Industrial Water Resource Utilization Efficiency in Yangtze River Economic Belt ［J］. International Journal of Design & Nature and Ecodynamics, 2020, 15 (5): 653-658.

［60］Qi Q, Song S. Development Level Evaluation of Water Ecological Civilization in Yangtze River Economic Belt ［J］. Discrete Dynamics in Nature and Society, 2022 (2022): 1-6.

［61］Qiao R, Li H, Han H. Spatio-temporal Coupling Coordination Analysis between Urbanization and Water Resource Carrying Capacity of the Provinces in the Yellow River Basin, China ［J］. Water, 2021, 13 (3): 376.

［62］Ren F, Yu X. Coupling Analysis of Urbanization and Ecological Total

---

Factor Energy Efficiency—A Case sStudy from Hebei Province in China [J]. Sustainable Cities and Society, 2021, 74 (4): 103183.

[63] Rogers P, De Silva R, Bhatia R. Water Is an Economic Good: How to Use Prices to Promote Equity, Efficiency, and Sustainability [J]. Water policy, 2002, 4 (1): 1-17.

[64] Ruffing K. Indicators to Measure Decoupling of Environmental Pressure from Economic Growth [J]. Sustainability Indicators: A Scientific Assessment, 2007 (67): 211.

[65] Sahoo M, Sethi N. The Dynamic Impact of Urbanization, Structural Transformation, and Technological Innovation on Ecological Footprint and PM2.5: Evidence from Newly Industrialized Countries [J]. Environment, Development and Sustainability, 2022, 24 (3): 4244-4277.

[66] Shao S, Yang L, Yu M, et al. Estimation, Characteristics and Determinants of Energy-related Industrial CO_2 Emissions in Shanghai (China), 1994-2009 [J]. Energy Policy, 2011, 39 (10): 6476-6494.

[67] Shao W, Zhou Z, Liu J, et al. Changing Mechanisms of Agricultural Water Use in the Urbanization and Industrialization of China [J]. Water Policy, 2017, 19 (5): 908-935.

[68] Shao Z, Ding L, Li D, et al. Exploring the Relationship between Urbanization and Ecological Environment Using Remote Sensing Images and Statistical Data: A Case Study in the Yangtze River Delta, China [J]. Sustainability, 2020, 12 (14): 5620.

[69] Sikder M T, Kihara Y, Yasuda M, et al. River Water Pollution in Developed and Developing Countries: Judge and Assessment of Physicochemical Characteristics and Selected Dissolved Metal Concentration [J]. CLEAN-Soil, Air, Water, 2013, 41 (1): 60-68.

[70] Singh P, Kikon N, Verma P. Impact of Land Use Change and Urbanization on Urban Heat Island in Lucknow City, Central India, A Remote Sensing

Based Estimate [J]. Sustainable Cities and Society, 2017 (32): 100-114.

[71] Solley W B, Pierce R R, Perlman H A. Estimated Use of Water in the United States in 1995 [M]. New York: US Geological Survey, 1998.

[72] Song M, Tao W, Shang Y, et al. Spatiotemporal Characteristics and Influencing Factors of China's Urban Water Resource Utilization Efficiency from the Perspective of Sustainable Development [J]. Journal of Cleaner Production, 2022 (338): 130649.

[73] Su Y, Gao W, Guan D, et al. Dynamic Assessment and Forecast of Urban Water Ecological Footprint Based on Exponential Smoothing Analysis [J]. Journal of Cleaner Production, 2018 (195): 354-364.

[74] Sun L, Chen J, Li Q, et al. Dramatic Uneven Urbanization of Large Cities throughout the World in Recent Decades [J]. Nature communications, 2020, 11 (1): 1-9.

[75] Sun Y, Yan K X. Inference on Difference-in-Differences Average Treatment Effects: A Fixed-b approach [J]. Journal of Econometrics, 2019, 211 (2): 560-588.

[76] Tam V T, Nga T T V. Assessment of Urbanization Impact on Groundwater Resources in Hanoi, Vietnam [J]. Journal of Environmental Management, 2018 (227): 107-116.

[77] Tian P, Wu H, Yang T, et al. Evaluation of Urban Water Ecological Civilization: A Case Study of Three Urban Agglomerations in the Yangtze River Economic Belt, China [J]. Ecological Indicators, 2021 (123): 107351.

[78] Tone K. A Slacks-based Measure of Efficiency in Data Envelopment Analysis [J]. European Journal of Operational Research, 2001, 130 (3): 498-509.

[79] Tong C. Review on Environmental Indicator Research [J]. Research on Environmental Science, 2000, 13 (4): 53-55.

[80] Treglia M, Landon A, Fisher R, et al. Multi-scale Effects of Land Cover and Urbanization on the Habitat Suitability of an Endangered Toad [J]. Bi-

ological Conservation, 2018 (228): 310-318.

[81] Wang J, Wang S, Li S, et al. Coupling Analysis of Urbanization and Energy-environment Efficiency: Evidence from Guangdong Province [J]. Applied Energy, 2019 (254): 113650.

[82] Wang K, Yin H. The Impact of Urbanization and Land Intensive Use on Environmental Pollution a Case Study on 35 Cities in China [A] //International Conference on Industrial Economics System & Industrial Security Engineering (IEIS) [C]. IEEE, 2017: 1-7.

[83] Wang Q, Wang X, Liu Y, et al. Urbanization and Water Consumption at National-and Subnational-scale: The Roles of Structural Changes in Economy, Population, and Resources [J]. Sustainable Cities and Society, 2021 (75):103272.

[84] Wang S Y, Chen W M, Wang R, et al. Study on the Coordinated Development of Urbanization and Water Resources Utilization Efficiency in China [J]. Water Supply, 2022, 22 (1): 749-765.

[85] Wang S, Zhou L, Wang H, et al. Water Use Efficiency and Its Influencing Factors in China: Based on the Data Envelopment Analysis (DEA) —Tobit Model [J]. Water, 2018, 10 (7): 832.

[86] Wang W Z, Liu L C, Liao H, et al. Impacts of Urbanization on Carbon Emissions: An Empirical Analysis from OECD Countries [J]. Energy Policy, 2021 (151): 112171.

[87] Wang X, Xu L, Ye Q, et al. How Does Services Agglomeration Affect the Energy Efficiency of the Service Sector? Evidence from China [J]. Energy Economics, 2022 (112): 106159.

[88] Wang Y. Urban Land and Sustainable Resource Use: Unpacking the Countervailing Effects of Urbanization on Water Use in China, 1990-2014 [J]. Land Use Policy, 2020 (90): 104307.

[89] Wei J, Lei Y, Yao H, et al. Estimation and Influencing Factors of Agricultural Water Efficiency in the Yellow River Basin, China [J]. Journal of

Cleaner Production, 2021 (308): 127249.

[90] Wilson C. The Ddictionary of Demography [M]. Oxford: Basil Blackwell Ltd., 1986.

[91] Wu P, Tan M. Challenges for Sustainable Urbanization: A Case Study of Water Shortage and Water Environment Changes in Shandong, China [J]. Procedia Environmental Sciences, 2012 (13): 919-927.

[92] Xiao Y, Huang H, Qian X M, et al. Can New-type Urbanization Reduce Urban Building Carbon Emissions? New Evidence from China [J]. Sustainable Cities and Society, 2023 (90): 104410.

[93] Yang L, Zhang X, Pan J, et al. Coupling Coordination and Interaction between Urbanization and Eco-environment in Cheng-Yu Urban Agglomeration, China [J]. The Journal of Applied Ecology, 2021, 32 (3): 993-1004.

[94] Yang Q, Gao D, Song D, et al. Environmental Regulation, Pollution Reduction and Green Innovation: The Case of the Chinese Water Ecological Civilization City Pilot policy [J]. Economic Systems, 2021, 45 (4): 100911.

[95] Yang X, Jia Z, Yang Z. How New-type Urbanization Pilots Reduce Carbon Emissions: A Technology Progress Paths Perspective [J]. Journal of Cleaner Production, 2023 (401): 136663.

[96] Yang Y, Tang D, Yang X. Investigating the Spatio-temporal Variations of the Impact of Urbanization on Haze Pollution Using Multiple Indicators [J]. Stochastic Environmental Research and Risk Assessment, 2021, 35 (3): 703-717.

[97] Yang Z, Li W, Li X, et al. Assessment of Eco-geo-environment Quality Using Multivariate Data: A Case Study in a Coal Mining Area of Western China [J]. Ecological Indicators, 2019, 107 (12): 1-13.

[98] Yao J, Xu P, Huang Z. Impact of Urbanization on Ecological Efficiency in China: An Empirical Analysis Based on Provincial Panel Data [J]. Ecological Indicators, 2021 (129): 107827.

[99] Yu B. Ecological Effects of New-type Urbanization in China [J].

Renewable and Sustainable Energy Reviews, 2021 (135): 110239.

［100］Zhang K, Shen J, He R, et al. Dynamic Analysis of the Coupling coordination Relationship between Urbanization and Water Resource Security and Its Obstacle Factor ［J］. International Journal of Environmental Research and Public Health, 2019, 16 (23): 4765.

［101］Zhang Y, Chen X. Spatial and Nonlinear Effects of New-type Urbanization and Technological Innovation on Industrial Carbon Dioxide Emission in the Yangtze River Delta ［J］. Environmental Science and Pollution Research, 2023, 30 (11): 29243-29257.

［102］Zhao G, Liang R, Li K, et al. Study on the Coupling Model of Urbanization and Water Environment with Basin as A unit: A Study on the Hanjiang Basin in China ［J］. Ecological Indicators, 2021, 131 (3): 108130.

［103］Zhao J, Wang Y, Zhang X, et al. Industrial and Agricultural Water Use Efficiency and Influencing Factors in the Process of Urbanization in the Middle and Lower Reaches of the Yellow River Basin, China ［J］. Land, 2022, 11 (8): 1248.

［104］Zhao Y, Wang S, Ge Y, et al. The Spatial Differentiation of the Coupling Relationship between Urbanization and the Eco-environment in Countries Globally: A Comprehensive Assessment ［J］. Ecological Modelling, 2017 (360):313-327.

［105］Zhu Y, He G, Zhang G, et al. Research on Coupling Coordination and Spatial Differentiation of New-type Urbanization and Ecological environment in Wanjiang Demonstration Area ［J］. GeoJournal, 2020 (2): 1-13.

［106］Zou C, Zhu J, Lou K, et al. Coupling Coordination and Spatiotemporal Heterogeneity between Urbanization and Ecological Environment in Shanxi Province, China ［J］. Ecological Indicators, 2022 (141): 109152.

［107］埃比尼泽·霍华德. 明日的田园城市 ［M］. 金经元, 译. 上海: 商务印书馆, 2010.

［108］白俊红, 张艺璇, 卞元超. 创新驱动政策是否提升城市创业活

跃度——来自国家创新型城市试点政策的经验证据［J］．中国工业经济，2022（6）：61-78.

［109］鲍超，贺东梅．京津冀城市群水资源开发利用的时空特征与政策启示［J］．地理科学进展，2017，36（1）：58-67.

［110］蔡绍洪，谷城，张再杰．西部新型城镇化与乡村振兴协调的时空特征及影响机制［J］．中国农业资源与区划，2022，43（12）：202-213.

［111］操信春，崔思梦，吴梦洋等．水足迹框架下稻田水资源利用效率综合评价［J］．水利学报，2020，51（10）：1189-1198.

［112］曹康博，何沅晶．城镇化对水资源利用的影响——基于31个省份面板数据的分析［J］．中国经贸导刊（中），2020（7）：130-132.

［113］曹祺文，鲍超，顾朝林，管卫华．基于水资源约束的中国城镇化SD模型与模拟［J］．地理研究，2019，38（1）：167-180.

［114］钞锦龙，李乐乐，杨朔，雷添杰，赵德一，李浩杰．汾河流域城市化与水资源耦合协调关系研究［J］．地理科学，2022，42（3）：487-496.

［115］陈红梅，李青．基于空间异质性的新疆城镇化与水资源利用效益的协调度分析［J］．塔里木大学学报，2018，30（3）：95-104.

［116］陈家敏，王知桂．长江经济带新型城镇化综合发展水平评价［J］．发展研究，2021（1）：90-99.

［117］陈龙，方兰，李军．基于主成分分析法的关中城市群水生态文明评价［J］．水利发展研究，2018，18（5）：16-21.

［118］陈威，杜娟，常建军．武汉城市群水资源利用效率测度研究［J］．长江流域资源与环境，2018，27（6）：1251-1258.

［119］成金华，王然．基于共抓大保护视角的长江经济带矿业城市水生态环境质量评价研究［J］．中国地质大学学报（社会科学版），2018，18（4）：1-11.

［120］程承坪，陈志．中国城镇化对环境质量的影响及其机理检验——基于中国2005-2015年省际面板数据的实证研究［J］．湘潭大学学报（哲学社会科学版），2018，42（6）：24-28.

[121] 初楠臣，张平宇，吴相利，李鹤，杨奇峰．俄罗斯东部城镇化与生态环境协调发展的时空演变特征［J］．生态学报，2021，41（24）：9717-9728.

[122] 丛东来，于少鹏，陈曦等．哈尔滨市水资源开发利用与城镇化发展的响应关系［J］．水土保持通报，2020，40（1）：269-275.

[123] 崔文彦，刘得银，梁舒汀，张鹏宇，孔凡青．永定河流域水生态环境质量综合评价［J］．水生态学杂志，2020，41（2）：23-28.

[124] 戴一鑫，吕有金，卢泓宇．长江经济带服务业集聚对新型城镇化的影响研究——空间溢出效应的视角［J］．长江流域资源与环境，2022，31（7）：1413-1425.

[125] 邓淇中，张玲．长江经济带水资源绿色效率时空演变特征及其影响因素［J］．资源科学，2022，44（2）：247-260.

[126] 邓荣荣，张翔祥．中国城市数字经济发展对环境污染的影响及机理研究［J］．南方经济，2022（2）：18-37.

[127] 邓晓兰，车明好，陈宝东．我国城镇化的环境污染效应与影响因素分析［J］．经济问题探索，2017，414（1）：31-37.

[128] 邓宗兵，苏聪文，宗树伟，宋鑫杰．中国水生态文明建设水平测度与分析［J］．中国软科学，2019（9）：82-92.

[129] 邓宗兵，宗树伟，苏聪文，陈钲．长江经济带生态文明建设与新型城镇化耦合协调发展及动力因素研究［J］．经济地理，2019，39（10）：78-86.

[130] 邸勃，袁晓玲，王书蓓．城镇化影响环境质量的典型机制与差异化研究［J］．当代经济科学，2021，43（3）：94-106.

[131] 刁艺璇，左其亭，马军霞．黄河流域城镇化与水资源利用水平及其耦合协调分析［J］．北京师范大学学报（自然科学版），2020，56（3）：326-333.

[132] 董直庆，王辉．环境规制的"本地—邻地"绿色技术进步效应［J］．中国工业经济，2019，370（1）：100-118.

［133］杜修立，张昱昭．中国城镇化率提升的动力分解与新发展阶段趋势预测——基于国际比较的一种新方法［J］．统计研究，2022，39（2）：33-47．

［134］樊学瑞，张珂涵，赵兴罗．新型城镇化建设对城市能源利用效率的影响研究［J］．工业技术经济，2022，41（11）：130-136．

［135］范柏乃，邓峰，马庆国．可持续发展理论综述［J］．浙江社会科学，1998（2）：42-46+58．

［136］方创琳，杨玉梅．城市化与生态环境交互耦合系统的基本定律［J］．干旱区地理，2006，29（1）：1-8．

［137］方典昌，王国荣．城乡要素双向流动：城镇化与乡村振兴的协调发展［J］．乡村振兴，2022（1）：84-85．

［138］方奕舟，陈志和，熊育久．基于AHP-模糊综合评价法的中山市水生态文明城市建设评估［J］．中山大学学报（自然科学版），2021，60（3）：88-98．

［139］封亦代．中国新型城镇化对能源效率的非对称性影响研究［D］．南昌：南昌大学，2023．

［140］冯浩源，石培基，周文霞，陈佳银，张学斌．水资源管理"三条红线"约束下的城镇化水平阈值分析——以张掖市为例［J］．自然资源学报，2018，33（2）：287-301．

［141］冯文文，郭梦，钱会等．西安市城市化与水资源环境耦合关系研究及预测［J］．水资源与水工程学报，2019，30（4）：113-118+123．

［142］傅春，罗勇，裴伍涵等．水资源系统对鄱阳湖流域城镇化的响应关系研究［J］．中国农村水利水电，2021（6）：55-60+68．

［143］高云福．城市化发展与水系统的演变［J］．城市勘测，1998（3）：5-8．

［144］耿娜娜，邵秀英．黄河流域生态环境—旅游产业—城镇化耦合协调研究［J］．经济问题，2022，511（3）：13-19．

［145］郭炳南，唐利，张浩．中国八大综合经济区水资源利用效率的

区域差异及影响因素研究 [J]. 生态经济, 2022, 38 (1): 153-161.

[146] 郭峰, 王靖一, 王芳, 孔涛, 张勋, 程志云. 测度中国数字普惠金融发展: 指数编制与空间特征 [J]. 经济学 (季刊), 2020, 19 (4): 1401-1418.

[147] 郭泽呈, 魏伟, 张学渊, 李振亚, 周俊菊, 颉斌斌. 基于 RS 和 GIS 的石羊河流域生态环境质量空间分布特征及其影响因素 [J]. 应用生态学报, 2019, 30 (9): 3075-3086.

[148] 海热提·涂尔逊. 城市生态环境规划——理论、方法与实践 [M]. 北京: 化学工业出版社, 2005.

[149] 海霞, 李伟峰, 王朝, 周伟奇, 韩立建, 钱雨果. 京津冀城市群用水效率及其与城市化水平的关系 [J]. 生态学报, 2018, 38 (12): 4245-4256.

[150] 韩冬. 城镇化高质量发展水平测度——基于京津冀城市群的实证 [J]. 统计与决策, 2022, 38 (4): 93-97.

[151] 韩海彬, 吴伟波. 新型城镇化与土地集约利用交互效应分析——基于 PVAR 模型的京津冀城市群综合评价 [J]. 城市问题, 2020 (7): 11-20.

[152] 何刚, 杨静雯, 鲍珂宇, 周庆婷. 新型城镇化对区域生态环境质量的空间相关性及效应分析 [J]. 安全与环境学报, 2020, 20 (5): 1958-1966.

[153] 何伟, 王语苓. 黄河流域城市水资源利用效率测算及影响因素分析 [J]. 环境科学学报, 2021, 41 (11): 4760-4770.

[154] 胡泊. 吉林省城市化发展与水资源可持续利用研究 [D]. 长春: 吉林大学, 2009.

[155] 胡祥福, 余陈燚, 蒋正云, 周杰文. 江西省新型城镇化与生态环境耦合协调度及空间分异研究 [J]. 生态经济, 2020, 36 (4): 75-81.

[156] 黄丹, 肖翔. 云南省新型城镇化与生态环境协调度研究 [J]. 中国农业资源与区划, 2021, 42 (3): 190-198.

［157］黄河东．中国城镇化与环境污染的关系研究——基于31个省级面板数据的实证分析［J］.管理现代化，2017，37（6）：72-75.

［158］黄金川，方创琳．城市化与生态环境交互耦合机制与规律性分析［J］.地理研究，2003（2）：211-220.

［159］黄显峰，贾永乐，方国华．基于投影寻踪法的城市水生态文明建设评价［J］.水资源保护，2016，32（6）：117-122.

［160］黄莘绒，管卫华，陈明星，胡昊宇．长三角城市群城镇化与生态环境质量优化研究［J］.地理科学，2021，41（1）：64-73.

［161］姜亚俊，慈福义，史佳璐，唐永超．山东省新型城镇化与生态环境耦合协调发展研究［J］.生态经济，2021，37（5）：106-112.

［162］焦士兴，王安周，李青云，尹义星，李中轩，赵荣钦，张建伟．河南省城镇化与水资源耦合协调发展状况［J］.水资源保护，2020，36（2）：21-26.

［163］金巍．时空差异下水资源对城镇化进程的约束效应研究［J］.南京邮电大学学报（社会科学版），2020，22（6）：89-102.

［164］阚大学，吕连菊．城镇化对水资源利用的非线性影响——基于面板平滑转换回归模型研究［J］.华中科技大学学报（社会科学版），2017，31（6）：126-134.

［165］阚大学，吕连菊．中国城镇化对水资源利用的影响［J］.城市问题，2018（7）：4-12.

［166］蕾切尔·卡森．寂静的春天［M］.韩正，译．杭州：浙江工商大学出版社，1962.

［167］李长亮．中国省域新型城镇化影响因素的空间计量分析［J］.经济问题，2015（5）：111-116.

［168］李存贵．中国城镇化对环境污染的空间溢出与门槛效应研究［J］.生态经济，2021，37（3）：197-206.

［169］李恒臣，何理，赵文仪等．基于价格协商型动态博弈的水资源生态补偿模型［J］.中国人口·资源与环境，2023，33（11）：209-218.

［170］李华，高强，吴梵．环渤海地区海洋经济发展进程中的生态环境响应及其影响因素［J］．中国人口·资源与环境，2017，27（8）：36-43.

［171］李建新，梁曼，钟业喜．长江经济带经济与环境协调发展的时空格局及问题区域识别［J］．长江流域资源与环境，2020，29（12）：2584-2596.

［172］李菁，张毅．长三角城市群新型城镇化与生态效率耦合协调及驱动因素研究［J］．生态经济，2022，38（3）：109-114+141.

［173］李丽丽，陈雯雯，李东风．长三角城市群水生态文明建设水平及其时空分异［J］．环境污染与防治，2022，44（4）：546-551.

［174］李丽丽，戴梦圆，李东风．浙江水环境承载力与新型城镇化协调发展研究［J］．中国农村水利水电，2021（11）：43-48.

［175］李宁，张建清，王磊．基于水足迹法的长江中游城市群水资源利用与经济协调发展脱钩分析［J］．中国人口·资源与环境，2017，27（11）：202-208.

［176］李珊珊，马海良，侯雅如．北京市城镇化与水资源系统的动态耦合分析［J］．人民长江，2018，49（1）：60-64.

［177］李硕硕，刘耀彬，骆康．环鄱阳湖县域新型城镇化对碳排放强度的空间溢出效应［J］．资源科学，2022，44（7）：1449-1462.

［178］梁龙武，王振波，方创琳，孙湛．京津冀城市群城市化与生态环境时空分异及协同发展格局［J］．生态学报，2019，39（4）：1212-1225.

［179］梁雯，孙红，刘宏伟．中国新型城镇化与物流协同发展问题研究——以长江经济带为例［J］．现代财经（天津财经大学学报），2018，38（8）：69-80.

［180］刘昌明，何希吾等．中国 21 世纪水问题方略［M］．北京：科学出版社，1998.

［181］刘春雨，刘英英，丁饶干．福建省新型城镇化与生态环境的耦合分析［J］．应用生态学报，2018，29（9）：3043-3050.

［182］刘国锋，冶建明，琚望静，楚光明．资源利用—生态环境—新

型城镇化耦合协调发展分析与预测——以新疆为例［J］.资源开发与市场，2021，37（7）：800-806.

［183］刘海猛，方创琳，李咏红.城镇化与生态环境"耦合魔方"的基本概念及框架［J］.地理学报，2019，74（8）：1489-1507.

［184］刘洁，谢丽芳，杨国英等.丰水区城镇化进程与水资源利用的关系——以江苏省为例［J］.水土保持通报，2016，36（3）：193-199.

［185］刘培桐，薛纪渝，王华东.环境学概论［M］.北京：高等教育出版社，2008.

［186］刘翔宇，张延飞，丁木华，颜七笙.长三角中心区生态环境质量评价与空间格局分析［J］.人民长江，2021，52（5）：30-36.

［187］刘勇，刘玉邦，徐云锋等.基于复合协调模型的新型城镇化水资源支撑评价［J］.节水灌溉，2017（6）：68-72.

［188］刘云江，邓光耀.水足迹视角下世界主要经济体的水资源利用效率研究［J］.科学决策，2021（5）：125-140.

［189］卢瑜，向平安.城镇化和生态环境的协同耦合研究——以长株潭城市群为例［J］.城市发展研究，2020，27（1）：1-6.

［190］吕洁华，孙喆，张滨.新型城镇化与生态环境协调发展及关键因素判别［J］.生态经济，2020，36（6）：83-88.

［191］吕有金，高波.新型城镇化对环境污染的直接影响与空间溢出——以长江经济带108个城市为例［J］.大连理工大学学报（社会科学版），2021，42（5）：41-51.

［192］吕有金，孔令池，李言.中国城镇化与生态环境耦合协调度测度［J］.城市问题，2019（12）：13-22.

［193］马国勇，王颖.新型城镇化质量影响因素研究——基于东、西部地区的比较［J］.预测，2021，40（6）：61-67.

［194］马海良，丁元卿，王蕾.绿色水资源利用效率的测度和收敛性分析［J］.自然资源学报，2017，32（3）：406-417.

［195］马骏，彭苏雅.新型城镇化、水资源利用效率与经济增长的关

系研究［J］. 水利经济，2021，39（4）：8-13.

　［196］马胜春，赵思悦，胡娟. 西部地区新型城镇化发展质量评价及其空间溢出效应分析［J］. 统计与决策，2023，39（5）：61-64.

　［197］马世俊，王如松. 社会—经济—自然复合生态系统［J］. 生态学报，1984，4（1）：1-9.

　［198］马艳. 长江经济带城镇化与生态环境耦合协调效应测度与交互胁迫关系验证［J］. 长江流域资源与环境，2020，29（2）：275-286.

　［199］马远. 干旱区城镇化进程对水资源利用效率影响的实证研究——基于 DEA 模型与 IPAT 模型［J］. 技术经济，2016，35（4）：85-90.

　［200］聂春霞，刘晏良. 水资源约束下的新疆城市化过程预测［J］. 干旱区资源与环境，2012，26（6）：193-197.

　［201］聂春霞，秦春艳. 天山北坡城市群水资源对城镇化的胁迫力研究［J］. 人民黄河，2020，42（1）：57-62.

　［202］潘桂行，申涛，马雄德，乔晓英. 人类活动和自然因素对海流兔河流域生态环境影响分析［J］. 干旱区资源与环境，2017，31（4）：67-72.

　［203］乔标，方创琳. 城市化与生态环境协调发展的动态耦合模型及其在干旱区的应用［J］. 生态学报，2005（11）：211-217.

　［204］乔睿楠，金明姬. 基于 DEA-Malmquist 指数模型的吉林省水资源利用效率分析［J］. 中国农村水利水电，2022（9）：162-167.

　［205］秦腾，章恒全，佟金萍，马剑锋. 城镇化进程中用水量增长的门槛效应与动态作用机制分析［J］. 中国人口·资源与环境，2017，27（5）：45-53.

　［206］秦腾，章恒全，佟金萍等. 长江经济带城镇化进程中的水资源约束效应分析［J］. 中国人口·资源与环境，2018，28（3）：39-45.

　［207］秦腾，章恒全，佟金萍等. 城镇化进程中居民消费对水资源消耗的影响效应研究［J］. 软科学，2016，30（12）：29-33.

　［208］任丽霞，卢宏玮，要玲等. 基于绿色发展理念的山西水资源利

用效率区间多指标评价研究〔J〕.中国农村水利水电，2021（10）：33-41+49.

〔209〕任祁荣，于恩逸.甘肃省生态环境与社会经济系统协调发展的耦合分析〔J〕.生态学报，2021，41（8）：2944-2953.

〔210〕任亚文，曹卫东，张宇，苏鹤放，王雪微.长江经济带三大城市群城镇化与生态环境时空耦合特征〔J〕.长江流域资源与环境，2019，28（11）：2586-2600.

〔211〕任志安，张世娟.安徽省人口城镇化与水资源利用效率关系〔J〕.合肥学院学报（综合版），2016，33（4）：35-40.

〔212〕荣慧芳，陶卓民，刘琪，许源，程海峰.皖南地区旅游产业—城镇化—生态环境耦合协调的时空演变〔J〕.水土保持研究，2019，26（4）：280-285.

〔213〕尚海龙，蒋焕洲.西藏新型城镇化与生态环境耦合演进及解耦分析〔J〕.西北师范大学学报（自然科学版），2019，55（4）：118-126.

〔214〕邵佳，冷婧.湖南武陵山片区新型城镇化与生态环境耦合协调发展〔J〕.经济地理，2022，42（9）：87-95.

〔215〕邵帅，李欣，曹建华等.中国雾霾污染治理的经济政策选择——基于空间溢出效应的视角〔J〕.经济研究，2016，51（9）：73-88.

〔216〕邵帅，刘丽雯.中国水污染治理的政策效果评估——来自水生态文明城市建设试点的证据〔J〕.改革，2023（2）：75-92.

〔217〕沈菊琴，裴磊，张兆方.长江经济带城镇化与水资源的耦合协调关系〔J〕.资源与产业，2019，21（1）：1-9.

〔218〕史丹，李少林.排污权交易制度与能源利用效率——对地级及以上城市的测度与实证〔J〕.中国工业经济，2020（9）：5-23.

〔219〕苏聪文，邓宗兵，李莉萍，文江雪，曹宇芙.中国水生态文明发展水平的空间格局及收敛性〔J〕.自然资源学报，2021，36（5）：1282-1301.

〔220〕孙斌，徐渭，薛建春，侯思杰.黄河流域城市群城镇化与生态

环境耦合协调预测〔J〕. 地球科学与环境学报，2021，43（5）：887-896.

〔221〕孙克，张信为，聂坚，等. 中国省域水资源利用绩效评价及空间分异和驱动因素分析〔J〕. 水资源保护，2023，39（4）：102-110+186.

〔222〕孙学涛，于婷，于法稳. 新型城镇化对共同富裕的影响及其作用机制——基于中国281个城市的分析〔J〕. 广东财经大学学报，2022，37（2）：71-87.

〔223〕孙喆. 黑龙江省新型城镇化与生态环境耦合协调发展研究〔D〕. 哈尔滨：东北林业大学，2021.

〔224〕唐要家，王钰，唐春晖. 数字经济、市场结构与创新绩效〔J〕. 中国工业经济，2022（10）：62-80.

〔225〕田贵良，赵秋雅，吴正. 乡村振兴下水权改革的节水效应及对用水效率的影响〔J〕. 中国人口·资源与环境，2022，32（12）：193-204.

〔226〕田艳芳，周虹宏. 上海市城市生态环境质量综合评价〔J〕. 生态经济，2021，37（6）：185-192.

〔227〕万光侠. 可持续发展理论的价值观架构〔J〕. 山东社会科学，1998（2）：41-44.

〔228〕汪成鹏，吴锦桃. 市场分割对地区环境污染影响的实证〔J〕. 统计与决策，2020，36（23）：66-69.

〔229〕汪克亮，刘悦，史利娟等. 长江经济带工业绿色水资源效率的时空分异与影响因素——基于EBM-Tobit模型的两阶段分析〔J〕. 资源科学，2017，39（8）：1522-1534.

〔230〕王保乾，沈龙泉. 人口、产业和经济城镇化对水资源效益的空间溢出效应〔J〕. 资源与产业，2021，23（3）：1-11.

〔231〕王宾，杨琛. 长江经济带水资源对城镇化的约束效应研究〔J〕. 宏观经济研究，2019（6）：122-131.

〔232〕王宾，于法稳. 长江经济带城镇化与生态环境的耦合协调及时空格局研究〔J〕. 华东经济管理，2019，33（3）：58-63.

〔233〕王常军. 数字经济与新型城镇化融合发展的内在机理与实现要

点［J］.北京联合大学学报（人文社会科学版），2021，19（3）：116-124.

［234］王海宾，陈晓文，于婧.DPSIR框架研究综述［J］.经济研究导刊，2013，201（19）：4-5.

［235］王华星，石大千.新型城镇化有助于缓解雾霾污染吗——来自低碳城市建设的经验证据［J］.山西财经大学学报，2019，41（10）：15-27.

［236］王建康，谷国锋，姚丽等.中国新型城镇化的空间格局演变及影响因素分析——基于285个地级市的面板数据［J］.地理科学，2016，36（1）：63-71.

［237］王建康，韩倩.中国城市经济—社会—环境耦合协调的时空格局［J］.经济地理，2021，41（5）：193-203.

［238］王丽丽，刘笑杰，戚禹林，李丁.中原城市群城镇化生态环境响应的时空演变及影响因素［J］.资源开发与市场，2021，37（5）：550-556+597.

［239］王庆喜，胡安，辛月季.数字经济能促进绿色发展吗？——基于节能、减排、增效机制的实证检验［J］.商业经济与管理，2022（11）：44-59.

［240］王如松，刘建国.生态库原理及其在城市生态学研究中的作用［J］.城市环境与城市生态，1988，1（2）：20-25.

［241］王新越，秦素贞，吴宁宁.新型城镇化的内涵、测度及其区域差异研究［J］.地域研究与开发，2014，33（4）：69-75.

［242］王鑫，魏旺拴，贾璟琪等.乡村振兴背景下我国新型城镇化发展现状与制约因素分析［J］.乡村科技，2018（26）：35-37.

［243］王昀，孙晓华.政府补贴驱动工业转型升级的作用机理［J］.中国工业经济，2017（10）：99-117.

［244］王兆峰，汪倩.长江经济带新型城镇化对旅游业碳排放的门槛效应研究［J］.长江流域资源与环境，2022，31（1）：13-24.

［245］魏后凯等.中国城镇化和谐与繁荣之路［M］.北京：社会科学

文献出版社，2014.

　　[246] 翁异静，汪夏彤，杜磊，周祥祥．浙江省新型城镇化和绿色经济效率协调度研究——基于"两山理论"视角 [J]．华东经济管理，2021，35（6）：100-108.

　　[247] 吴殿廷，赵林，高文姬．新型城镇化的本质特征及其评价 [J]．北华大学学报（社会科学版），2013，14（6）：33-37.

　　[248] 吴青山，吴玉鸣，郭琳．新型城镇化对劳动力错配的影响：理论分析与经验辨识 [J]．经济评论，2022（5）：67-82.

　　[249] 肖攀，苏静．城镇化对生态环境质量影响的实证研究——以环洞庭湖区为例 [J]．财经理论与实践，2019，40（1）：150-155.

　　[250] 谢锐，陈严，韩峰，方嘉宇．新型城镇化对城市生态环境质量的影响及时空效应 [J]．管理评论，2018，30（1）：230-241.

　　[251] 熊尚彦，李拓夫．长江中游经济区生态环境质量评价 [J]．统计与决策，2021，37（10）：84-87.

　　[252] 熊湘辉，徐璋勇．中国新型城镇化水平及动力因素测度研究 [J]．数量经济技术经济研究，2018，35（2）：44-63.

　　[253] 熊鹰，苏孟婷，张方明等．长株潭城市群城镇化进程与水资源利用响应关系研究 [J]．人文地理，2018，33（6）：69-76.

　　[254] 徐维祥，郑金辉，刘程军．环境规制、绿色技术创新与城镇化效率——基于空间计量与门槛效应视角 [J]．浙江工业大学学报（社会科学版），2020，19（1）：31-38.

　　[255] 许英明．水安全理念约束下的城镇化转型路径探讨 [J]．工业技术经济，2013，32（4）：121-124.

　　[256] 杨超，吴立军．中国城市水资源利用效率差异性分析——基于286个地级及以上城市面板数据的实证 [J]．人民长江，2020，51（8）：104-110.

　　[257] 杨万平，赵金凯．中国人居生态环境质量的时空差异及影响因素研究 [J]．华东经济管理，2018，32（2）：58-67.

[258] 杨秀平，张大成，刘利利，贾云婷. 生态脆弱区新型城镇化与生态环境耦合协调性测度 [J]. 统计与决策，2020，36（15）：128-132.

[259] 于强，王金龙，王亚南. 基于水资源足迹分析的河北省城镇化发展路径 [J]. 经济地理，2014，34（11）：69-73.

[260] 于欣鑫，戴梦圆，沈晓梅. 长江经济带水生态文明建设时空特征与优化路径 [J]. 人民长江，2021，52（10）：1-6.

[261] 余江，叶林. 中国新型城镇化发展水平的综合评价：构建、测度与比较 [J]. 武汉大学学报（哲学社会科学版），2018，71（2）：145-156.

[262] 原毅军，刘柳. 环境规制与经济增长：基于经济型规制分类的研究 [J]. 经济评论，2013，179（1）：27-33.

[263] 曾惠，鄢春华，黄婉彬等. 城市化水平与水资源利用效率的关系研究——以珠江三角洲城市群为例 [J]. 北京大学学报（自然科学版），2020，56（3）：561-570.

[264] 曾维和，陈曦，咸鸣霞. "水生态文明建设"能促进水生态环境持续改善吗？——基于江苏省 13 市双重差分模型的实证分析 [J]. 中国软科学，2021，365（5）：90-98.

[265] 张海朋，何仁伟，李光勤，等. 大都市区城乡融合系统耦合协调度时空演化及其影响因素——以环首都地区为例 [J]. 经济地理，2020，40（11）：56-67.

[266] 张晖，李明昕. 新型城镇化模式对城乡收入差距的影响研究：异质性效应与机制分析 [J]. 南京财经大学学报，2023（1）：33-43.

[267] 张金瑞. 我国中部地区新型城镇化发展水平及影响因素分析 [D]. 昆明：云南师范大学，2021.

[268] 张炜，马竞熙. 新型城镇化对水资源利用效率的影响研究 [J]. 人民黄河，2020，42（3）：44-49.

[269] 张雯婕，岳启蒙，温河青，许新宜，田培，刘目兴. 水生态文明城市建设评价方法及其应用研究 [J]. 北京师范大学学报（自然科学版），2020，56（2）：315-323.

［270］章恒全，蔡晓莹，张陈俊．城镇化进程对水资源利用效率影响的实证研究［J］．管理现代化，2020，40（1）：49-52.

［271］章恒全，陈诗情，张陈俊等．长江经济带水资源利用效率与产业结构的耦合协调评价与分析［J］．水利经济，2022，40（5）：1-7+93.

［272］章恒全，李一明，张陈俊．人口、经济、产业城镇化对水资源消耗影响的动态效应及区域差异［J］．工业技术经济，2019，38（1）：83-90.

［273］赵建吉，刘岩，朱亚坤，秦胜利，王艳华，苗长虹．黄河流域新型城镇化与生态环境耦合的时空格局及影响因素［J］．资源科学，2020，42（1）：159-171.

［274］赵金龙，赵慧．基于 DMSP-OLS 和 MODIS 数据的宁夏城市化与生态环境耦合协调分析［J］．测绘通报，2021，535（10）：9-14+27.

［275］赵涛，张智，梁上坤．数字经济、创业活跃度与高质量发展——来自中国城市的经验证据［J］．管理世界，2020，36（10）：65-76.

［276］赵廷宁，丁国栋，马履一．生态环境建设与管理［M］．北京：中国环境科学出版社，2004.

［277］赵亚莉．长三角地区城市建设用地扩展的水资源约束［J］．中国人口·资源与环境，2016，26（5）：123-128.

［278］赵永平，熊帅．市场化、产业集聚与新型城镇化质量［J］．统计与信息论坛，2022，37（1）：13-21.

［279］赵永平，徐盈之．新型城镇化发展水平综合测度与驱动机制研究——基于我国省际 2000—2011 年的经验分析［J］．中国地质大学学报（社会科学版），2014，14（1）：116-124.

［280］郑炜．广东省新型城镇化质量与水资源安全耦合分析［J］．人民长江，2019，50（1）：95-101.

［281］周燕华，施生旭．民族地区城镇化与生态环境耦合协调评价研究——以福建省 10 个县（市）为例［J］．林业经济，2019，41（8）：95-101.

［282］朱斌，吉婷婷，黄浩等．淮河流域水资源生态足迹变化特征［J］．淮阴师范学院学报（自然科学版），2019，18（1）：55-60.

后 记

　　本书的撰写得到了国家自然科学基金项目"长江经济带新型城镇化与水生态韧性的相互影响及耦合协调关系"（项目编号：72363022）；江西省社会科学基金项目"数字经济驱动中部地区水资源集约安全可持续利用研究"（项目编号：22GL56D）；江西省自然科学基金重点项目"中部地区新型城镇化与水生态韧性的耦合协调关系研究"（项目编号：20232ACB203024）；江西省社会科学基金项目"江西多维城镇化对水生态文明影响的理论分析与实证检验"（项目编号：21JL08D）的资助，从本书内容安排、写作、修改直至定稿，是在南昌工程学院各位领导和同事悉心指导帮助下完成的，经济管理出版社在本书出版过程中付出了热切的关注和努力，在此一并郑重致谢。

　　我还要特别感谢我的家人，尤其是我的母亲，她身体不好。身为人子，我只有更努力地学习和工作，才能报答她。感谢丈夫和儿子，长路相随，所有的支持和鼓励，所有的欢欣和期盼，将永伴我心。

　　最后，由于本人学识、能力有限，书稿中依然有不少不足之处，也恳请各位专家学者批评指正，以便我在今后的工作和研究中进一步完善。

吕连菊

2024 年 3 月 12 日